D1727894

HANS-PETER KRÜGER, geboren 1954 in Potsdam, aufgewachsen bei Treuenbrietzen, seit 1963 in Berlin, 1972 Abitur, Studium an der Sektion Philosophie der Humboldt-Universität zu Berlin (bis 1976); erhielt als Forschungsstudent wegen Mitarbeit in einer Oppositionsgruppe von 1976 bis 1979 Publikations- und Lehrverbot; 1979 bis 1981 »Bewährung« an der Hochschule für Ökonomie in Berlin-Karlshorst; 1980 Promotion A; 1981 bis 1989 Mitarbeiter am Institut für Theorie, Geschichte und Organisation der Wissenschaft (ITW) an der Akademie der Wissenschaften der DDR; 1987 Promotion B; im September 1989 zum Professor für Wissenschaftstheorie am ITW berufen; 1990/91 Fellow am Wissenschaftskolleg zu Berlin; seit Januar 1992 Mitarbeiter im Zentrum für Wissenschaftsgeschichte und -theorie, einer Tochter der Max-Planck-Gesellschaft in den neuen Bundesländern; 1992/93 Fellow an der University of Pittsburgh (USA).

Bücher: Kritik der kommunikativen Vernunft (1990); (Hrsg.), Objekt- und Selbst-Erkenntnis (1991); Perspektivenwechsel. Autopoiese, Moderne und Postmoderne im kommunikationsorientierten Vergleich (1992).

Es geht nicht darum, die berühmten Verhältnisse an die vermeintlichen oder tatsächlichen Stärken einer revolutionären Minderheit anzupassen, sondern umgekehrt darum, von den größten Schwächen eines jeden mit dem Schicksal der Endlichkeit Geschlagenen auszugehen. Aber selbst wenn Wirtschaft, Politik und Kultur immer von neuem wettbewerbsförmig gestaltet würden, um gefährliche Monopolisierungen aufzulösen, hätten wir es erst richtig mit den Selbstgefährdungen der Moderne zu tun: Wie läßt sich der politische durch den kulturellen und der wirtschaftliche durch den politischen Wettbewerb regulieren?

Hans-Peter Krüger

Demission der Helden

Kritiken von innen 1983–1992

Aufbau Taschenbuch Verlag

Für Marc

ISBN 3-7466-0175-4

1. Auflage 1992
© Aufbau Taschenbuch Verlag Berlin
Reihengestaltung Sabine Müller, FAB Verlag, Berlin
Einbandgestaltung Frank Odening, FAB Verlag, Berlin,
unter Verwendung der Farblithographie »Café Istanbul« (1990) von
Michael Augustinski
Satz LVD GmbH, Berlin
Druck Elsnerdruck, Berlin
Printed in Germany

Inhalt

Vom Auf- und Abbau der Helden

Hand aufs Herz: Wer von uns wäre nicht gerne ein Held geworden? – Die Welt bedarf der Veränderung zum besseren. Sie ruft nach deinem Einsatz. Allein, selten ergibt sich eine Kombination von Zufällen, die dich – Träger der besseren Tendenzen des Zeitalters – ins Rampenlicht stellt oder dir gar die nötige Machtposition beschert. Und hast du dich überhaupt schon darauf vorbereitet, im Schnittpunkt dieser unwahrscheinlichen Kombination das rechte Wort finden und die richtige Tat ausführen zu können? – Von Talkshow zu Talkshow wechselt die Plausibiliät der Anschauungen. In heldischer Position gerietest du in einen andauernden Entscheidungsstreß. Je großherziger du deiner Gesinnung treu bliebest, je radikaler deine Entscheidungen wider den Kleinmut der alltäglichen Taktik ausfielen, desto folgenschwerer, desto gefahrvoller auch könnte dein Tun für andere oder dich sein. Solche Folgen deines Handelns wolltest du doch gar nicht! Ja, wenn du gewußt hättest! Undank ist der Welten Lohn. Die symbolischen oder wirklichen Gräber der Helden sind häufig nicht einmal Sarkophage. Unter dem Monument der Unbekannten enden? – Du warst eben noch mit einem Bein in die Heldenrolle einer Serie geschlüpft, da hat dich der Schlummer vor jenem langanhaltenden Rauschen bewahrt, das ein Fernseher nach dem Sendeschluß ausstrahlt. Bleibt da nichts als dieses Rauschen?

Nur selten hat mich eine Theateraufführung so bewegt wie die von Heiner Müllers Stück »Der Auftrag. Erinnerung an eine Revolution« 1980 im Dritten Stock der Ostberliner Volksbühne. Ich sehe seither diesen leer laufenden Fernseher, dieses Spruchband mit der Aufschrift »Die Revolution ist die Maske des Todes Der Tod ist die Maske der Revolution«, diesen Aussteiger aus der Rolle des Revolutions-Helden Debuisson (Sohn eines Sklavenbesitzers und

Arzt) alias Jürgen Holtz. Debuisson gehört zu jenen Emissären der Französischen Revolution, die vom Konvent den Auftrag erhalten haben, auf Jamaika den Sklavenaufstand zu organisieren. Mit dem Rücklauf der Revolution in Paris gibt Debuisson seinen Auftrag auf. Er steigt aus seinem heroischen Dasein aus, indem er zur Musik der Callas tanzt, ja, tanzend sein weißes Leinen zerreißt, bis nichts mehr als sein nackter, durch und durch opportunistischer Körper ihn verrät. Mir schien, er enthüllt auch meine, deine, ihre, eure, unsere Verletzbarkeit. Es war, als ob ich aus der Montur eines revolutionären Erzengels in die Gestalt eines allzu menschlichen Hundes gefahren sei, der sich angesichts der Permanenz der Waffen aus Notwehr auf seinen Rücken warf, seine verletzlichste Seite vorzuzeigen: »Ich fürchte mich vor der Schande, auf dieser Welt glücklich zu sein.«

Die höchsten Tugenden menschlichen Daseins konnten nur aus der moralischen Freiheit des einzelnen und unter Wahrung der moralischen Freiheit des anderen hervorgehen. Solche Tugenden waren unter Robespierre an die Macht gekommen. Als die neue Staatsreligion hatten sie sich in den Terror der Guillotinen verkehrt. Das Stück lenkte die Aufmerksamkeit weder nostalgisch zurück auf die noch unbefleckte Tugend, als ob es dieser bei ihrem nächsten Anlauf schon besser glücken werde, noch einfach um auf den Genuß der Früchte der Revolution im Sinne der Erben Dantons, als hätten längst alle einen chancengleichen Zugang zu jenen Früchten. Sasportas, der als schwarzer Sklave die welthistorisch schon wieder Ausgeschlossenen symbolisierte, erklärte dem Verräter Debuisson den blutigen Krieg.

Die Spannung zwischen der Notwendigkeit der Revolution und all der Not, die eine Revolution mit Gewalt und deren Folgen zeitigt, bleibt bestehen. Ich konnte und ich kann diese Spannung nicht auflösen. Noch immer scheint mir um so mehr gewonnen, je mehr sich ihr wenigstens stellen. Vielleicht besteht eine radikal demokratische Kultur eben darin, diese Spannung auszutragen: jenseits des Rausches altrevolutionärer Fegefeuer, wir letzten Gerechten.

Im gewußten Verrat, wir ewig Unschuldigen. Jenseits des Rauschens der Monitore, wir süß Schlafenden. Anfangen wo.

Für welche neue wirtschaftliche, soziale, ökologische, kulturelle oder andere Frage bliebe eine Revolution die einzig mögliche Lösung, da bloße Reformen versagten? – Ohne die öffentliche Beantwortung dieser Frage nach den je historischen Grenzen einer Demokratie wird diese Demokratie nicht fähig sein, ihre Grenzen präventiv zu überschreiten. Statt diese Demokratie weiterzuentwickeln, schwelte unter ihrem Revolutionsverbot ihr mögliches Ende in einem Ausnahmezustand. – Und wenn andererseits Revolution nicht mehr als der verordnete oder selber verheißene Selbst- und Endzweck gelten muß: Ließe sie sich dann auf eine andere Weise als die der Anmaßung einer erhabenen Mission gestalten, die wieder andere ausschließt und dabei Gewalt einsetzen wird? – Dann hinge aber, um der Verkehrung der hehren Tugend in eine neuerlich ungerechte Ausgrenzung anderer zu entkommen, alles von der Demissionierung der Helden dieser Revolution ab.

Das Thema der Demission der Helden ließ mich seit jener Aufführung nicht mehr los. In ihr hat Müller zeitgenössisch und dramatisch auf die erste »Duineser Elegie« geantwortet, in welcher Rilke 1912 geschrieben hatte: »Denn das Schöne ist nichts / als des Schrecklichen Anfang, den wir noch grade ertragen, / und wir bewundern es so, weil es gelassen verschmäht, / uns zu zerstören. Ein jeder Engel ist schrecklich.« Müller war wohl im »Auftrag« (1978/79) seiner frühen Entgegnung auf Rilke in dem Gedicht »Bilder« (1955) unsicher geworden. Dort hatte es noch geheißen: »auf Knochen der Steinträger glücklich / Denn das Schöne bedeutet das mögliche Ende der Schrecken.« Anfang der 60er Jahre, in Müllers Gedicht »Motiv bei A. S.«, schien im ersten Augenblick die Möglichkeit oder auch Not gegeben, auf Engel überhaupt verzichten zu können oder zu müssen: »Immer bleiben die Engel aus am Ende«. Aber ohne ein Engelsmaß, wenngleich nun ein Maß nur noch abwesender Engel ergäbe der Schluß keinen Sinn: »In der Zeit des Verrats / Sind die Landschaften schön.«

Rilkes radikale Umkehrung ausgerechnet der Engel, der Hoffnungsträger auf eine gerechtere Zukunft, ins Schreckliche war mir aus der französischen und russischen Revolutionsgeschichte, die ich in der ersten Hälfte der 70er Jahre studiert hatte, gewiß vertraut. Ich kannte das Erfordernis, die zur Ideologie verkommene Aufklärung erneut und über sich selbst aufklären zu müssen, nur zu gut aus der Entstehungsgeschichte der Hegelschen Dialektik. Auch in dieser spiegelte ich mein Problem, zu einem angemessenen Verständnis der Gegenwart zu gelangen. Ich wußte um den Bedarf an einer permanenten Revision des Projektes der sozialen Revolution im 20. Jahrhundert. Die stalinistischen und neostalinistischen Praktiken hatten eben diese Permanenz der Revision verhindert, weshalb ich im Frühjahr 1974 einer entsprechenden Oppositionsgruppe, einer Nachwehe des Prager Frühlings in der DDR, beitrat. Das historische Wissen darum, wie sich eine einfache (nicht Hölderlins »höhere«) Aufklärung in Revolution und wie sich revolutionäre Gewalt in den unfreien Kampf der Ideologen (idéologues) und Demagogen (démagogues) verkehren kann, provozierte noch keine kritische Befragung des eigenen Anspruches auf Revolutionierung der Gegenwart. Es bestand doch ein Rest von historischer Legitimität der Nomenklatura-Diktatur darin, daß der Stalinismus an der Niederlage des Nationalsozialismus und der Beendigung des Zweiten Weltkrieges entscheidend mitgewirkt hatte. Als ob aus dieser inzwischen falschen Frontstellung nicht auszubrechen gewesen wäre? Ich konnte nicht auf den »Engel der Geschichte« verzichten, den Walter Benjamin 1940 rehabilitiert zu haben schien: »Aber ein Sturm weht vom Paradiese her, der sich in seinen Flügeln verfangen hat und so stark ist, daß der Engel sie nicht mehr schließen kann. Dieser Sturm treibt ihn unaufhaltsam in die Zukunft, der er den Rücken kehrt, während der Trümmerhaufen vor ihm zum Himmel wächst. Das, was wir den Fortschritt nennen, ist *dieser* Sturm.«

Erst Ende der 70er Jahre, inmitten der folgenden Lebenskrise, war mir der Schreckenscharakter auch dieses Bildes voll aufgegangen: Das Paradies als die unabänderliche

Naturgewalt eines Sturmes, das Fatum des Fortschritts, in dem sich die Flügel des Engels verfangen hatten. Bis zum Ende der 70er Jahre bedurfte ich lebensgeschichtlich einer Position, die sich gegen die Anfeindungen seitens der offiziellen Ideologen dadurch behaupten konnte, daß sie sich selber noch geschichtsphilosophisch privilegierte. Und sei es auch nur in der Gestalt von Engeln, die aus negativen Erfahrungen hervorgegangen waren und durch das gewußte Paradox ihrer Abwesenheit glänzten. Die Disziplinierungstechniken der neostalinistischen Diktatur – Demütigung, Angst, Isolation, Krämerei – provozierten bei den Exkommunizierten Versuche, sich vor ihren Selbstzweifeln durch eine Art Sendungsbewußtsein zu schützen. Dieses konnte sich schnell zu einer der Diktatur gegenüber zwar »wahren« oder »neuen«, aber eben doch wieder alleinigen Mission auswachsen: Wenigstens einige müßten doch wissen und durch das rigorose Beispiel ihrer Lebensführung bezeugen können, wohin es in dem kleinmütigen Schlamm der Aller-Welts- und Werkel-Tage gehen sollte.

Opponieren erforderte in der DDR einen enormen psycho- und soziokulturellen Aufwand, um die dafür erforderliche Kraft im Unterschied zur Mehrheit der »Mitläufer« und im Gegensatz zur fast allmächtigen Nomenklatura gewinnen zu können. Diese Oppositionsart kann weder mit dem Widerstandskampf gegen das Dritte Reich noch mit der innerdemokratisch regulären Oppositionsform gleichgesetzt werden. Es war – wider die alltäglichen Versuchungen und Erpressungen der offiziellen Ordnung – die reine Tugend, die solche kleinen und konspirativen Gruppen Mitte der 70er Jahre regierte. Ihr Handicap bestand darin, sich weniger aus eigener, positiv gestaltender Kraft als vielmehr durch ihre Abgrenzung von der Diktatur und durch deren Reaktionen definieren zu können. Häufig handelte es sich um eine Oppositionsform der in den intellektuellen Mittelstand aufstrebenden jüngeren Generation. Die meisten der ihr Angehörenden hätten wohl, wäre ihnen Macht zugefallen, zum Glück wie Hamlet gezaudert, statt es den alten Diktatoren gleichzutun. Ohne Massenbasis blieb diese

11

Oppositionsform versucht, für die ihr fehlenden Anderen sprechen zu wollen, wo sie doch eher nur von sich sprach. Sie war der Not der Anmaßung ausgeliefert, es schon im Namen der Mehrheit besser als die alte Garde richten zu können. Jede Kritik an ihr erschien ihren Mitgliedern als ein Opportunismus, der aus Verrat stammen oder in Verrat münden müsse. Unser Oppositionszirkel wurde nach zweieinhalb Jahren im Herbst 1976 durch die Stasi aufgelöst. Ich brauchte drei weitere Jahre, um meine äußere Krise auch als innere annehmen zu können. Was hatten wir nicht alles an Wahrem, Gutem und Schönem gegen die herrschende Nomenklatura konzipiert. Aber wie wenig hatten wir uns selber strukturell davor gefeit, gegebenenfalls nur eine neue Nomenklatura werden zu müssen!

Bei der Annahme meiner Krise half die Wahrnehmung der nicht beabsichtigten Kasteiung des eigenen Körpers. Zu lieben hieß, mit den Augen der Geliebten den Verfall zu sehen. Ohne ihre Versöhnung mit meinem ausgefallenen Haar und mit meinen ausgemergelten Gliedern hätte ich den inzwischen eingetretenen Selbsthaß nicht mehr überwinden können. Ich lernte wieder, ohne revolutionäre Ungeduld von Mensch zu Mensch zu reden, ob in Kneipen und Ferienjobs, bei Abenteuern und auf Reisen, beim Einkauf und im Hausflur. Zweibeiner waren Zweibeiner, bevor und nachdem sie philosophisch, politisch, sozial, kulturell oder sonstwie zu dieser und jener Rubrik gehören mochten. Die Engel gab es tatsächlich auf der Straße, aber sie wurden nie einen Pferdefuß los. Sie ähnelten eher Kentauren auf dem Wege zur U-Bahn. Ihre Flügel waren von der Schwerkraft ihrer Körper hoffnungslos überfordert, weshalb sie sich mit allerlei Technik umgaben, in deren Nutzung die archaischen Ängste ihrer Stammesgeschichte hervorbrachen. Plötzlich enttäuschte mich nicht mehr dieses Bild, auf welchem Engel Körper besitzen, denen ihre Flügel nicht gewachsen sind. Kentauren haben Körper, die lieben können. Es gibt auf Erden den Augenblick der erfüllten Zeit. Wenn ihnen existentiell etwas fehlt, dann sind es solche Augenblicke, in denen ihnen Flügel erst wachsen.

Ich gewann meine alte Neugier auf die seltsamsten Symbiosen zwischen Menschen zurück, die desto anziehender waren, je mehr sie mich zu überraschen vermochten. Selbst Gesprächen mit Leuten, die ich früher zu verachten gelernt hatte, konnte ich wieder etwas abgewinnen. Ein Professor der marxistisch-leninistischen Philosophie stellte mir nach meinem dreijährigen Lehr- und Publikationsverbot die zunächst taktlos anmutende Frage, ob ich Typhus gehabt hätte. Wäre der Mann nicht opportunistisch und zudem auch noch faul, d. h. durch und durch menschlich gewesen, er hätte jene Frage nicht – wie sich herausstellte – besorgt gemeint haben können. Selbst mein Stasi-Verhörer hatte 1976 recht, wenngleich ihm – institutionell geblendet – die Wahrheit seiner Aussage über ihn selbst noch verborgen geblieben war: »Sie handeln aus einem übermenschlichen Sendungsbewußtsein.« Dabei hatte er mir – nicht ohne ein gewisses Vergnügen – den Wurmcharakter meiner Existenz vorgeführt.

Es fällt kaum etwas schwerer, als die Wahrheit, die ausgerechnet in der Beobachtung von Gegnern enthalten ist und demütigend wirken kann, als eine Wahrheit anzuerkennen. Warum denn die Wurmseite verbergen? Es galt, Formen des Umgangs miteinander zu finden, die diese Seite unserer Existenz respektierten statt auszukosten. Mir dämmerte – inzwischen aus Lebenserfahrung –, daß das Problem nicht allein in der Bewährung meiner Gesinnung vor dem Feind bestand, sondern mehr noch in der Überwindung der uns zur Feindschaft verdammenden Struktur. Gewiß war diese Überwindung das Ziel aller Opposition. Aber dieses Ziel wurde schnell in eine Zukunft vertagt, die um so rosiger erschien, je mehr die Gegenwart von einer präventiven Konspiration dominiert wurde, die nicht nur den Abbruch der Kommunikation mit Regimeträgern, sondern auch mit der Bevölkerungsmehrheit bedeutete. Die konspirativen Mittel, zu denen die Diktatur nötigte, widersprachen dem Ziel, das nur für alle gültig und damit durch alle geltend gemacht werden konnte. Das Ziel der sozialen Chancengleichheit für alle ließ sich nicht von der Mehrheit aller, den nichtoppositionellen Anderen, abkoppeln. Seine Verwirklichung konnte nur hier und heute mit den anderen, die auch in uns selber waren, beginnen, oder sie begänne nie. Der Selbstwiderspruch, in den die Opposition unter einer Diktatur getrieben wird, macht sie rigoros im Sinne einer ethisch höheren Gesinnung oder erfinderisch in der Öffnung ihrer Zirkel. Die meisten Mitglieder des Zirkels, den ich kennengelernt hatte, neigten schließlich nicht zur Rigorosität. Sie konnten die Mehrheit der anderen, die auch in ihnen selbst war, nicht verdrängen. Sie begegneten – teils gefühlt, geahnt oder gewußt – selber widerwillig der Gefahr, den mental und strukturell größten Fehler der alten Avantgarde wiederholen zu sollen:

Die geschichtsphilosophische Vertagung des schönen Ziels versprach eine erlösende Zukunft. Diese Zukunft mag in modernen Gesellschaften noch im Medium der Religion ästhetisch erlebt werden können. Aber sie kann nicht im Medium der Machtpolitik realisiert werden, ohne sich in ihr Gegenteil zu verkehren. Die alte Avantgarde lebte jedoch von der praktischen Konfusion zwischen Religion und Machtpolitik, einer Konfusion, die fälschlicherweise auch noch im Namen der Wissenschaft betrieben wurde. Diese amoderne Praxis des »Alles in Einem« nivellierte alle modernen Differenzierungsgewinne zwischen Wirtschaft, Recht, demokratischer Politik, Wissenschaften und pluraler Kultur. Realiter entlastete die Vertagung den gegenwärtigen Kampf von seinem moralisch hohen und universellen Anspruch. Die Gegenwart wurde nicht in ihrer Widersprüchlichkeit wahrgenommen, sondern vorwiegend unter dem Aspekt ihrer Instrumentierung für das eine höhere Ziel in der Ferne. Die Instrumentierung von Mitmenschen aber, selbst wenn diese nichts weiter als Regime-Mitläufer oder gar Regime-Träger sein können, ist amoralisch. So würden Mitmenschen wieder als Erziehungs-Objekte behandelt, im Krisenfalle gar als Objekte machtpolitisch bearbeitet. Jedenfalls kam ihnen hier und heute noch keine moralische Autonomie von Subjekten zu. Was anderen als die unglaubliche Anmaßung der Mission einer Avantgarde erscheinen muß, erleben deren Vertreter als eigene übermenschliche Aufopferung, die infolge des unterentwickelten Bewußtseins der Mehrheit nicht einmal gedankt wird.

Als ich Debuisson 1980 tanzen sah, fühlte ich, daß ich Abschied nehmen müsse und würde, ohne es zu können. Der Abschied betraf mich selbst, der seinen oppositionellen Freunden das »Alles in Einem«, das hen kai pan, verdankte. Die Schmach Ende 1976, als ich aus ihrer politischen Arbeit ausgestiegen war, bestand nur in meinem persönlichen Versagen. Ich war zu schwach, um in einem künftigen Ernstfalle nicht weichgeklopft werden zu können, weshalb ich solche Freunde darum bitten mußte, mich von sie gefährdenden Informationen freizuhalten. Daran, daß die politisch-moralischen Maßstäbe der revolutionären Opposition letzten Endes die höchsten waren, zweifelte ich noch nicht: Als hätte ich meine persönliche Schmach im Rückzug auf einen Beitrag zur intellektuellen Vorbereitung der wirklichen Revolution wiedergutzumachen. Dieses Mal, 1980, ging der Bruch mit der revolutionären Moral tiefer und ließ auch intellektuell die Hoffnung auf Versöhnung mit ihr zurücktreten. So objektiv notwendig und so subjektiv respektabel politische Opposition war, ihre revolutionäre Moral konnte nicht als letzter und alleiniger Maßstab für alle gelten. Niemand hat diesen Maßstab gepachtet. Wir können ihn nur im Austausch mit den jeweils uns Anderen erzeugen, oder wir enden im amoralischen Gesinnungskrieg.

Während Debuisson tanzte, ein jeder – wie mir schien – seiner Haut, die er nur ein einziges Mal verlieren konnte, näherrückte, wurde ihre Unversehrtheit zum nächstliegenden Maßstab. Es galt nicht, die berühmten Verhältnisse an die vermeintlichen oder tatsächlichen Stärken einer revolutionären Minderheit anzupassen, bis sich die Mehrheit zu dieser hinaufgearbeitet hätte und so endlich in einer Art Heldengesellschaft aufginge. Umgekehrt: Diese Verhältnisse waren den größten Schwächen eines jeden der mit dem Schicksal der Endlichkeit Geschlagenen anzupassen. Auf diesem Wege könnte die gegenseitige Gefährdung so gering wie möglich gehalten werden. Eine Revolution der Schwachen für und durch Schwache mochte nicht mehr »Revolution« genannt werden. Aber wenigstens konnte sie hier und heute von Verwundbaren, von Bedürftigen, von Schweigsamen, von Opportunisten begonnen werden. Keine Vertagung mehr; keine höhere Notwendigkeit mehr, die Perioden der Zweck-Mittel-Verkehrung tapfer durch Selbstkasteiung durchstehen, sich und andere aufopfern, den Spieß nur herumdrehen zu müssen. Statt dessen eine radikale Senkung der Schwellen, zur Opposition zugelassen zu werden und sie verkraften zu können, d. h. ihre demokratische Normalisierung. Keine Verschiebung des Genusses der Früchte mehr, sondern die Versöhnung mit unseren schlafsüchtigen und liebebedürftigen Körpern, die immer nur jetzt atmen und immer nur hier sein können, inmitten des Verrats.

Nicht nur von Bildern wie dem des Tanzes wird die »Zone« des Bewußtseins (A. Tarkovskij) von Zeit zu Zeit erhellt, welche Jahreszeit und welches Wetter dort auch gerade herrschen. Es gibt ebenso Gedanken, die das Labyrinth der Gehirnbahnen immer wieder durchhallen. So erging und ergeht es mir mit einer Überlegung des jungen Hegel. Als er diesen Gedanken um 1799 formulierte, war der Auftrag zur Revolution angesichts ihrer desillusionierenden Resultate fraglich geworden. Hegel ging den Varianten der Revolution und denen der Kritik an ihr auf den gemeinsamen kulturgeschichtlichen Grund. Das Christentum hatte beides ermöglicht. Er war schon auf dem Sprunge, den protestantischen Ausgang des Christentums begrifflich zu systematisieren, als er noch einmal der ganzen christlichen Tradition gegenüber eine Distanz wahrte, die ihm das frühe Bildungserlebnis griechisch-antiken Heidentums ermöglicht hatte. In diesem Augenblick schrieb er über den »Geist des Christentums«: »Die höchste Freiheit ist das negative Attribut der Schönheit der Seele, d. h. die Möglichkeit, auf alles Verzicht zu tun, um sich zu erhalten. Wer aber sein Leben retten will, der wird es verlieren. So ist mit der höchsten Schuldlosigkeit die höchste Schuld, mit der Erhabenheit über alles Schicksal das höchste, unglücklichste Schicksal vereinbar.«

Der Respekt vor der Endlichkeit jedes Lebens war der Anfang, der Hybris vermied. Mit dem Verrat leben. Aber ohne die couragierten Ausnahmen von der Regel wüßte niemand, daß er verriet. Sie waren kaum als Machthaber, aber als Symbolträger nötig: die andere Möglichkeit zu leben. Um diese ergreifen zu können, mußte das Opponieren zu einer derart selbstverständlichen Regel werden, daß es nicht mehr das unwiderrufliche Leben verschliß. Die unglückselige Trennung zwischen den auserwählten Helden, die sich von positiven in negative verkehren, und der ewig stumpf scheinenden Masse war endlich aufzubrechen. Es galt, Spielregeln für die Bildung neuer Minderheiten und neuer Mehrheiten zu entwickeln. In jedem den potentiellen Helden sehen, der uns aktual übertrifft, ohne heroisch zu versteinern. Helfen beim Auf- und Abbau der Helden, bis diese Rolle lebensgeschichtlich tragbar und übertragbar wird, ohne im Schicksal der Kreuzigung enden zu müssen. Wo anfangen? – Im nächstliegenden Kleinen.

Sollte ich einem der ehrlichen Engel der Revolution, dem aus politischen Gründen über Jahre der Beruf genommen und dessen existentielle Krise absehbar wurde, nicht helfen, indem ich pragmatisch das Naheliegendste tat? Ich hatte in meiner Art von Opportunismus seine Intention zu achten wie die jeder Minderheit und Handlungsfolgen ihr entsprechend zu kontrollieren. Wollte er im Lande revolutionieren, mußte er so lange überwintern, bis er sich öffentlich der Mehrheit stellen konnte. Durch die Art der Vermittlung einer von ihm gewünschten Arbeitsstelle machte ich mich schmutzig und entlastete ihn vom Kuhhandel: ein Rollenspiel, teils im stillen Einverständnis, teils mit lebensgeschichtlich unversöhnlichen Gesinnungen. Solche konnten seit 1990 diskutiert werden, die zerbrechliche Möglichkeit, mit ihnen vielleicht doch noch produktiv umzugehen. Es war ein schöner Traum, den ein anderer Freund mir noch Mitte der 80er Jahre zurief: »Ihr von innen, wir von außen.« Dieses Zusammengehen funktionierte im Dagegen, immer weniger im Wofür.

Kompromisse haben ihre Grenze. Was ausnahmsweise

im relativ überschaubaren Einzelfall noch glücken konnte, ging im Falle der sich organisierenden Gruppen der Kirchenopposition nicht mehr. Ich ahnte, hier würde es unweigerlich zu dem sich ausschließenden Entweder-Oder kommen, das die machthabende und die opponierende Minderheit in der Konsequenz nur seitenverkehrt vertreten müssen. Als mich zu Beginn der 80er Jahre Stasi-Leute nicht minder als Freunde zum Eintritt in diese neue, schon mehrere Schichten und Weltanschauungen übergreifende Oppositionsform warben, konnte ich weder den einen noch den anderen folgen. Die Fronten würden sich bis zur Selbstzerstörung der Personen ineinander verbeißen. Ich hatte nicht mehr die Kraft, das gegen die Diktatur Richtige der politisch opponierenden Minderheit zu tun. Aber wenn diese nicht eine neue Diktatur errichten wollte, mußte sie symbolisch gewaltlos ihr Normativ vertreten, d. h. das andere Leben der Mehrheit respektieren.

Die Mehrheit lebt im Weder-Noch, in einem Weder-Noch, das sich gegen alle exklusiven Alternativen von Minderheiten wendet. Ihre Konservierung des mehr schlecht als recht Bewährten vermeidet verantwortungslose Experimente. Die Mehrheit in mir verteilt die Risiken und Gefahren eines Neuanfangs auf die Minderheiten in mir. Sie bringt im Endlichen alle noch so idealen und natürlich von Minderheiten entwickelten Maßwerke zum Schmelzen, als hätte es sich wieder nur um eine der Uhren Dalis gehandelt. Vor der Liebe und dem Tod, vor der Geburt, Krankheit und Muße, vor dem gemeinsamen Essen und dem wunderlich anhaltenden Puls dieses Tages versagt jedes noch so gut eingerichtete Uhrwerk.

Gewiß, niemand muß mit den Wölfen heulen. Aber manch einer, der sich darauf hat reduzieren lassen, als Träger der offiziellen Verhältnisse zu funktionieren, konnte lebensgeschichtlich nicht von vornherein wissen, worauf er sich einließ. Warum denn nicht diesem eine Hintertür öffnen, damit auch er seinen unterdrückten Funken an Mitmenschlichkeit entfachen und gegebenenfalls zu einer Distanz gegenüber seiner Funktion ausweiten könnte? Selbst unter

Apparatschiks verbreitete sich während der 80er Jahre ein grundsätzlicher Zweifel an dem Sinn ihrer Funktionen. Vielleicht wäre ihr Abgang gerade dadurch zu befördern, daß er ihnen auf eine weniger demütigende Weise als die, die sie Andersdenkenden zugemutet haben, bereitet würde. Wäre dies aber nicht eine Art von Revolution, die aus dem Kreislauf gewaltsam gesetzten Rechtes und damit auch neuerlichen Unrechtes herauszuführen vermöchte: Der Abschied von der rechts- wie linksextremistischen Hoffnung auf Ausnahmezustand um Ausnahmezustand, an der bereits die Weimarer Demokratie zugrunde gegangen war?

Dann wäre aber nicht nur der unvermeidlichen Missionierung der *neuen* Revolutionäre durch eine Praktik ihrer Demissionierung entgegenzuwirken, auf daß sie ihr menschliches Antlitz nicht verlören. Dann wäre auch die Demissionierung der *alten* Revolutionäre, die als diktatorische Statthalter ihr Antlitz gräßlich verfehlt hatten, nach dem Muster »Des Kaisers neue Kleider« zu besorgen, bis der Landesfürst samt seiner Garde den alle erlösenden Abgang gefunden hätte. Ich konnte damals, seitdem ich Anfang der 80er Jahre langsam aus meiner Krise herauskam, nicht ahnen, daß 1989 in der DDR durch die glückliche Überlagerung mehrerer innen- und außenpolitischer Umstände eine derart besondere Situation eintreten würde. Aber in den 80er Jahren suchte ich – von den Ökonomisten als »idealistischer« Kommunikationstheoretiker bespöttelt und von einigen letzten Marxisten-Leninisten als »Revisionist« disqualifiziert – skeptisch und vage nach einer derartigen Möglichkeit: Diese konnte zwar nicht den realen Geschichtsprozeß in die Katharsis einer Theateraufführung verwandeln. Aber sie konnte doch in einer Situation bestehen, in der sich die realen Akteure durch öffentliche Medien (insbesondere das Fernsehen) zu beobachten erlernen. Vielleicht wäre dann der *Politik der ökonomischen und militärischen Gewalt* durch eine *Politik der Symbole* vorzubeugen, in der sich alle Missionierten gegenseitig demissionieren, bis sie füreinander nackt geworden sind. Der für jeden drohende Bumerang-Effekt, die Scham voreinan-

19

der, die Neugierde oder gar der Appetit aufeinander, das Mitleid miteinander könnten sie davor bewahren, die aufgehäuften und griffbereiten Waffen gegeneinander einzusetzen, und dazu ermutigen, faire Spielregeln für ihre Auseinandersetzungen zu entwickeln.

Wie leicht ein solches Vorhaben scheitern kann, zeigt fast jede Nachrichtensendung. Es hängt von vielen strukturellen und mentalen, darunter wieder sowohl inneren als auch äußeren Bedingungen ab. Durch drei Ereignislinien wurde ich dennoch ermutigt, dieses Bedingungsknäuel theoretisch erschließen zu wollen: Die symbolpolitischen Innovationen insbesondere der Umwelt- und Bürgerrechtsbewegungen im Westen hatten nicht zu den von den Beteiligten erhofften Resultaten geführt. Aber wirkungslos waren sie nicht. Die Einführung des Kriegsrechts in Polen hatte 1981 nochmals Blutopfer gekostet, von dem jedes gewiß eines zuviel war. Und trotzdem ermöglichte gerade dieses katholisch bedeutungsgeladene Opfer dort den Übergang zu einer stark symbolpolitischen Auseinandersetzung. Gorbatschows Politik mag sogar eine zu symbolträchtige gewesen sein, aber sie hat zunächst einmal Eis und Eisen im Inneren wie Äußeren zum Schmelzen gebracht. Die Lage schien nicht mehr so hoffnungslos wie vor den beiden Weltkriegen. Die Vermüllung und das Totrüsten der Wirtschaften und Lebenswelten würde zum Krieg oder einem symbolpolitischen Vermittlungsversuch unter Ausnutzung kultureller Lernpotentiale führen, wahrscheinlich jedoch zum Wechselbad zwischen Gewalt- und Symbolpolitik. In diesem leben wir noch heute.

Angesichts der Stationierung neuer Mittelstrecken-Raketen auf beiden Seiten der Mauer 1983 schien mir nichts mehr wichtiger zu sein, als daß endlich in allen Lagern die aus dem Kalten Krieg stammenden Freund-Feind-Schemata von innen her aufgelöst werden. Wer nur von außen, in einer dem Adressaten gänzlich fremd bleibenden Sprache kritisiert, läuft Gefahr, entweder einfach nicht verstanden zu werden oder just das Freund-Feind-Bild wachzurufen, das die alte Fehlstruktur bestätigt, statt sie in Frage zu stellen. Kulturelle Kritik hat nicht die Aufgabe, das Freund-Feind-Schema zu verfestigen, indem sie die eine Ideologie durch eine entgegengesetzte austauscht. Für dieses Geschäft der Legitimation von Gewaltpolitik gibt es stets genügend Ressourcen, die nicht noch verstärkt zu werden brauchen.

Kulturelle Kritik hat vielmehr das gewaltpolitisch leicht auszunutzende Freund-Feind-Schema selbst durch seine ideologischen Interpretationen hindurch zu öffnen, bis für alle Beteiligten die Chance entsteht, eine historisch weniger menschenfeindliche, eben menschenfreundlichere Struktur des Austausches und Zusammenlebens untereinander zu erlernen. Im Angesicht von Gefahren fängt mit der ideologischen Abrüstung am besten jeder bei sich selber an, ohne auf seinen Alibi-Gegner, d. h. bis es zu spät ist, zu warten. Um wieviel höher steht das Leben eines Menschen als jeder blutige »Endsieg« irgendeiner Doktrin! Wer erführe denn nicht lebensgeschichtlich einen Widerspruch zwischen Ideal und Realität? Diese Erfahrung mag dem historischen Inhalte nach für jeden Menschen ganz verschieden sein, aber sie/er teilt solche Erfahrung mit anderen, wodurch sie/er sich diesen zu öffnen vermag. Zum Glück beherrschen wir – schon allein aus pragmatischen Gründen – mehr Sprachen als die eine, die unsere ideologische Festung gerade zuläßt. Der Beitrag zur Abrüstung beginnt – der alltäglichen Urteilskraft folgend – mit der kleinsten Sprachverschiebung, die gegen das Reglement einer Festungsmentalität verstößt und eine andere Perspektive ins gewohnte Selbstgespräch einbezieht. Steter Tropfen höhlt den Stein. Je mehr du dich auf andere Positionen einläßt, desto stärker werden sie dir in ihrer Fremdartigkeit als allzu menschliche erscheinen und desto fraglicher wird dir die Struktur des feindseligen Ausschlusses anderer Perspektiven werden. Es gibt kein Ende der Ideologien, solange gesellschaftliche Strukturen den kommunikativen Perspektivenwechsel mit anderen im Plural blockieren oder zumindest einschränken. Das Beste, was hier jeder tun kann, besteht darin, von der eigenen Verblendung auszugehen und sich daher auf die strittigste Kommunikation einzulassen. An die Stelle ängstlicher Scheuklappen oder der Anmaßung der Rolle Gottes tritt so ein offeneres Selbst, das eingedenk seiner Endlichkeit und damit auch Fehlbarkeit an der Schaffung kultureller Gegengewichte zu Gewaltlösungen mitwirkt.

Kritiken von innen erinnern an Palimpseste. Ihr Autor beschreibt das Pergament der in seiner historischen Gemeinschaft üblichen Sprache neu. Diese ist als der Unter- und Verstehensgrund noch zu erkennen, aber durch fremde Schriftzüge überzeichnet. Einige bislang vom alten Diskurs ausgeschlossene Perspektiven melden sich zu Wort, drängen sich auf dem Pergament Schriftzug um Schriftzug vor, verändern hier eine allen als unantastbar gegoltene Bedeutung und provozieren dort im Leser eine subjektiv andere Sinngebung, bis der Zusammenhang der Sätze im Absatz und der Zusammenhang der Absätze im Text ins Rutschen kommt, auf daß der zeitgenössische Leser das Pergament an sich risse, es vor dem Schreiberling zu bewahren oder es demselben gleichzutun.

Das parteioffizielle Sprachspiel in der DDR, der Marxismus-Leninismus, war zu anspruchslos und – zumindest in der mir bewußten Lebenszeit seit Ende der 60er Jahre – auch längst zu wenig glaubhaft geworden, um als Pergament verwendet werden zu können. Anders verhielt es sich mit der Vorgeschichte stalinistischer und neostalinistischer Konstrukte in den Werken von Marx und Hegel selber, die noch auf einen zumindest europäischen Diskussionszusammenhang verwiesen, der nun aber im 19. Jahrhundert lag. Die Neuinterpretation dieser, vom Stalinismus ausradierten Vorgeschichte wurde von den 50er bis zu den 70er Jahren zur wichtigsten Revisionsform der ideologischen Legitimation neostalinistischer Diktaturen. Sie lohnte als ein Pergament, dessen urprüngliche Beschriftung im Horizont auch westlicher Hegel- und Marx-Deutungen, vor allem der Erwartungen und Enttäuschungen der 68er Generation, noch in den 70er Jahren zum Leben erweckt werden konnte.

Allein, in den 80er Jahren verblaßte auch diese Kritikform zu einer bloßen Einladung, ein verblichenes Pergament neu beschreiben zu müssen. Alles, was in dieser hegelmarxistischen Kritik als »schlecht« oder »gut« galt, wurde letztlich in ein geschichtsphilosophisches Nacheinander zerlegt, unterbrochen von einer erhofften neuen Revolution mit dem beschriebenen Dilemma jeder alten. Dieses Nacheinander war eine Projektion, je die Widersprüchlichkeit im Gleichzeitigen aufheben und der eigenen Endlichkeit entfliehen zu können. Doch das Paradies kam nicht. Die Krise schenkte keine Revolution, sie wurde permanent. Die endlose Heteronomie des Gleichzeitigen, die ständigen Umschichtungen und Neuproportionierungen des Disparaten in loser Präsenz waren zu leben und zu denken. In den 80er Jahren bildete das Ostberliner Brecht-Zentrum, insbesondere dank dem Einsatz von Frau Inge Jahn-Gellert, eine der Kulturnischen, in denen solche Umorientierungen zu diskutieren und halbwegs zu publizieren waren.

Die noch immer bestehenden Strukturen klassenbedingter Ungerechtigkeiten fielen nicht mit der Moderne als dem Inbegriff der Potentiale für eine permanente soziokulturelle Evolution einfach zusammen. Der Moderne wiederum galten viele Konzeptionen, die durch nicht minder verschiedenartige einer Postmoderne in Frage gestellt wurden, von denen ein Teil mir als ernstzunehmender erschien. Vom Standpunkt einer historischen Phänomenologie und Anthropologie, in den ich lebensgeschichtlich geraten war, kamen andere Probleme in Sicht, als es die politisch häufig wirksame Vorstellung in sich homogener und steuerbarer Sozialsysteme gestattete. Viele Rechnungen der westlichen wie östlichen Systemtheorien waren ohne den Wirt der Gesellschaftssysteme, die lebensweltlich bedürftigen Individuen, gemacht. Das einzige Band in der scheinbar eklektischen Rezeption theoretisch verschiedenartigster Bausteine war der Wechsel der Perspektiven, auf den sich Teilnehmer und Beobachter in verschiedenem Maße einlassen oder auch nicht einlassen können. Es ging um eine kopernikanische Wende (Kant), die uns von der Überanstrengung und gleichermaßen Anmaßung befreit, das Zentrum allen kosmischen Geschehens bilden zu wollen. Aber nicht um den Preis, uns nur noch als ein kosmisches Staubpartikel beobachten zu können, denn wer sonst als ein extramundaner Gott vermöchte auch dies. Die Bildungschancen und -grenzen der fragilen *Wir* im Plural historischer Gemeinschaften, offen für andere *Ihr*, um die Spielregeln miteinander in der dritten Person Plural zu entwickeln, wurden Schritt für Schritt zum Thema. Der hegelmarxistische Diskurs ging immanent zu öffnen, um eine nicht-modische Zeitgenossenschaft mit dem entwickelteren und pluraleren Teil der zumeist westlichen, zuweilen östlichen Diskussion herzustellen, ohne die eigenen System- und Lebenserfahrungen aufzugeben. Letztere wurden im Horizont anderer Erwartungen unterscheidbar. Sie waren vielgestaltiger als nur dem einen staatssozialistischen System geschuldet, weshalb die eigentlichen Probleme erst nach dessen Auflösung beginnen würden.

Wer es mit der Pluralität ernst meint, wird sich ostdeutschen Erfahrungen, die so oder so fortwirken, nicht verweigern, zumal dann, wenn der Versuch, sie zu vermitteln, westliche Diskurse als eine Vergleichsmöglichkeit lange vor 1989 einschloß. Ich war weder vor 1989 zu Apologetik in der Lage, noch bin ich dies heute. Mir hat das eine Paradies gereicht. Ich brauche keine *Politik* der Realisierung eines neuen. Wenn andere geistig noch immer im Kalten Krieg leben, um der Problematik unserer westlichen Gesellschaft auszuweichen, sollten sie sich heute nicht auch noch als die Lehrmeister aufspielen. Der Nachhilfeunterricht ist in diesen Fällen offenbar anders zu verteilen. Ostdeutsche Erfahrungen sind unter den öffentlich gängig gewordenen Schlagwörtern mehr begraben als erhellt worden. Die Schlagworte etwa der »freiheitlich offenen« versus »totalitär geschlossenen« Prägung stammen eher aus einer traumatischen Selbstbeschreibung westdeutscher Geschichte, als daß sie sagen könnten, was den Ostdeutschen fehlt und was diese waren, geschweige, worauf wir in Deutschland und Europa zu orientieren hätten. Ich konnte und kann mit der Illusion derjenigen Westdeutschen nichts anfangen, die meinen, die Osteuropäer und östlichen Mitteleuropäer sollten – bis auf den allbekannten Rahmen moderner Lernprozesse – die Entwicklung der alten Bundesrepublik von den 50er bis zu den 70er Jahren nachvollziehen. Als ob sie dies könnten. Als ob die Westeuropäer davon etwas hätten. Und als ob letztere nur eine Art »Post-Histoire« fortschreiben könnten. Mich beunruhigt jeder, der zum Opfer seiner Vergangenheit geworden ist.

Wer die Kulturgeschichte kennt, weiß um die innovativen Chancen und Risiken derer, die existentielle Umbrüche offizieller Weltordnungen am eigenen Leibe erfahren haben. Er wird sich den daraus geborenen Vergleichsmöglichkeiten, die auch sein Urteilsvermögen entwickeln könnten, kaum entziehen: Die DDR ist überall latent, im Guten wie im Schlechten; ob in der Prämoderne, Moderne oder Postmoderne. Sie war im Sinne einer historischen Anthropologie etwas Menschen Mögliches. Wirklichkeit entsteht und vergeht aus der Realisierung von Kontingenzen, auch die Nachkriegswirklichkeit der westeuropäischen Gesellschaft. Manchen derer, die von der DDR am weitesten entfernt lebten, könnte sie noch bevorstehen. Für andere aus ihr, die sich längst woanders glaubten, hat sie eben deshalb nie aufgehört. Sie ist ein exemplarisches Rätsel, das als Medium der je gegenwärtigen Selbstbefragung strukturelle und mentale Modifikationen veranlassen könnte.

I.

Struktur, Mentalität und Intellektuelle

Zeithistorische Phänomene wie die DDR und ihr noch fol-
genreicher Beitritt können durch den Zusammenhang min-
destens zweier Aspekte erklärt werden: der für das Phänomen
charakteristischen Strukturen, d. h. der im überindividuel-
len Sinne objektiven Möglichkeiten, Wahrscheinlichkeiten
oder Unmöglichkeiten zu handeln, und unter dem Aspekt
der Mentalitäten der historischen Akteure. Letztere haben
kulturgeschichtlich ein bestimmtes Reservoir an lebenswelt-
lichen Orientierungen ausgebildet, nach denen sie handeln
oder unterlassen, etwas für sinnvoll und relevant halten
oder nicht, Probleme wahrnehmen und in einem bestimmten
Zeitrhythmus lösen oder auch nicht. Dabei ist es zur Ver-
meidung von Selbsttäuschungen wichtig, den strukturalen
und mentalen Unterschied, zuweilen Gegensatz zwischen
den Handlungsweisen der Bevölkerungsmehrheit und ihrer
intellektuellen Minderheit zu beachten.

Im ersten Beitrag des folgenden Kapitels beschäftige ich
mich mit der monopolistisch-modernen Doppelstruktur der
DDR und der vor allem protestantischen Mentalität der
ostdeutschen Mehrheit, um der Eigenart der DDR, ihres
Beitritts und der möglichen Folgen desselben auf differen-
ziertere Weise näherzukommen, als dies leider durch die
meisten Meinungsführer der deutschen Öffentlichkeit üblich
geworden ist. Im zweiten Beitrag versuche ich kurz die
Frage zu beantworten, was es heißen kann, Intellektuelle(r)
zu sein, d. h. eine öffentlich kulturelle Aufgabe wahrzu-
nehmen, die in der DDR nur bedingt zu erfüllen war. Im
aktuellen Kontext des Beitritts, aber auch im Vergleich zu
anderen ehemals staatssozialistischen Ländern fällt an der
Mehrheit der DDR-Intellektuellen ihre reformsozialistische
Mentalität als erklärungsbedürftig auf. Im dritten Beitrag
präzisiere ich meine Überlegungen in einer exemplarischen

Vergegenwärtigung der DDR-Philosophie, einiger ihrer Köpfe, politischen, geistigen, institu-tionellen und generationsweise verschiedenen Einsätze. Ich schließe dieses Kapitel mit einem alten Text (1985) über Brechts Fehlinterpretationen des Galilei-Stoffes. Der Streit über das Versagen der Intellektuellen hat sich an Galilei wie an Brecht immer wieder entzündet, auch in der DDR. Ist nun Deutschland unglücklich, da es keine Helden hat, oder ist es glücklich, da es keine Helden nötig hat?

Das strukturelle Rätsel »DDR« und die protestantische Mentalität der ostdeutschen Mehrheit

Noch immer gibt die DDR, dieses verwünschte Klein-Atlantis, Rätsel auf. Sie bestand gut vierzig Jahre, zwei Generationen lang, und schien unter den staatssozialistischen Ländern das wirtschaftlich und politisch stabilste zu sein. Andererseits verschwand sie überraschend schnell und friedlich nach den ersten Massendemonstrationen im November 1989 in weniger als einem Jahr. Wie läßt sich ihre relativ langlebige und stabile Entwicklung mit ihrem raschen und friedfertigen Ende vereinbaren? – Gewiß können beide Seiten des Phänomens »DDR« nicht ohne die deutsche Frage im Kontext der europäischen Teilung seit dem Zweiten Weltkrieg, nicht ohne Berücksichtigung also vor allem der alten Bundesrepublik und der Sowjetunion, verstanden werden. Allein, was ermöglichte von innen beides, Stabilität wie Auflösung der DDR?

Die Doppeldeutigkeit reformsozialistischer Ideen, die in der DDR-Bevölkerung bis zum Dezember 1989 überwogen, gibt einen ersten Wink zur Lösung des Problems. Aber die immanente Auflösung ehemals stabiler Grundstrukturen beantwortete noch nicht die Frage nach einer hinc et nunc machbaren Alternative. Hinsichtlich dieser Frage entschied sich die Mehrheit der DDR-Bevölkerung in den März-, Oktober- und Dezember-Wahlen 1990 (zur letzten Volkskammer, den ersten ostdeutschen Landtagen und dem ersten gesamtdeutschen Bundestag) anders, als es die Mehrheit der west- wie ostdeutschen Intellektuellen erhofft hatte. Seither reißt die Produktion von DDR-Mythen durch die meisten deutschen Medienmacher und auch Intellektuellen nicht mehr ab.

Die Frage nach der DDR-Vorgeschichte der ostdeutschen Bundesbürger ist nicht nur von historischem Interesse. Wenn die DDR wie ein Kartenhaus zusammenfiel, mit welchen ostdeutschen Karten haben wir es im gegenwärtigen und künftigen Deutschland, und dies heißt auch Europa, zu tun? – Sind da, rechnet man die Nazizeit mit, durch fast sechs Jahrzehnte oder drei Generationen hindurch totalitär Geprägte der Bundesrepublik beigetreten, die nun deren politisch-moralisches Niveau gefährden und wirtschaftlich von ihr nassauern? Wie werden sich die beigetretenen Bundesbürger in kritischen Situationen verhalten, die bereits da sind im Hinblick auf die inneren Probleme bei der Gestaltung der Beitrittsfolgen, noch mehr aber wahrscheinlich werden im Hinblick auf die von außen für Deutschland wachsenden Anforderungen? Sind ehemalige DDR-Bürger für neonazistische oder neokommunistische Versprechen besonders anfällig? Oder werden sie sich, gerade wegen ihrer jahrzehntelang negativen Erfahrungen, an die Spielregeln der sozialen Marktwirtschaft und der parteipolitisch repräsentativen Demokratie halten? Wie groß ist das ostdeutsche Potential, in Wiederbelebung der Freiheitserfahrung vom Herbst 1989 solche Spielregeln auf symbolisch gewaltlose Weise auch weiterentwickeln zu wollen?

Im folgenden interessiert mich an diesem von der DDR-Vergangenheit in die Zukunft der ostdeutschen Bundesländer weisenden Fragenbündel nur ein bestimmter *struktur*- und *mentalitäts*geschichtlicher Ausschnitt. Die Strukturen, die objektiv, und die Mentalitäten, die subjektiv eine DDR-Palette an Handlungsarten überhaupt ermöglicht haben, sitzen lebensweltlich tiefer als dieses Staatsgebilde je verinnerlicht war. Mentalitäten werden als eine Lebensform von Subjekten zu Subjekten tradiert. Objektiv reproduzierbare Strukturen, sie mögen von außen oder intersubjektiv eingeführt worden sein, werden generationsweise in der Lebenswelt sedimentiert.

Es vergeht kein Tag, an dem die Massenmedien nicht über ein Geschehnis aus der versunkenen DDR berichten, das uns vor die Frage stellt: Inwiefern kann dieses Geschehen als Handlungsweise individuell zugerechnet und verantwortet werden, und inwiefern war es durch die dama-

ligen überindividuellen Strukturbedingungen der Möglichkeit oder der Wahrscheinlichkeit zu handeln bestimmt? Seit
zwei Jahren kursieren in der deutschen Öffentlichkeit zwei
extreme Unterstellungen, die noch aus der Terminologie
des Kalten Krieges stammen: einerseits die Unterstellung,
DDR-Bürger hätten strukturell betrachtet die idealiter frei-
en westlichen Handlungsmöglichkeiten gehabt, andererseits
die Annahme, DDR-Bürger hätten in nichts als totalitären
Strukturen gelebt.

Ich möchte demgegenüber im ersten Teil des Beitrages
an der These festhalten, daß es sich bei der DDR der 70er
und 80er Jahre um eine *post*totalitäre Diktatur *neo*stalinistischer Art gehandelt hat. Diese konnte im internationalen
wirtschaftlichen, politischen und kulturellen Wettbewerb
nur dadurch peripher bestehen, daß sie intern ihre parteistaatliche Monopolstellung einer spezifisch modernen Differenzierung aussetzte, als deren Parasit sie zunächst überlebte. Andererseits wurde dieses Monopolregime durch seine Modernisierung immanent paralysiert und erodiert, bis
es schließlich zugrunde ging, als dies auch seine außenpolitischen Existenzbedingungen gestatteten. Die neuen
Bundesbürger sind schon von ihrer strukturellen Vorgeschichte her viel differenzierter, als sich dies in dem von
außen aufgesetzten Bewertungsschema »freiheitlich offen«
versus »totalitär geschlossen« zum Ausdruck bringen läßt.

Auch im zweiten Teil meines Beitrages geht es um Differenzierung, die statt der Schablonen von außen dringend not
tut, um die Folgen des Beitritts richtig gestalten zu können.
Der Widerspruch zwischen amoderner Monopolstellung des
Parteistaats und internen Modernisierungsprozessen ist
mehr oder minder in allen neostalinistischen Regimes ausgetragen worden, jedoch auf verschiedene Weise. Am Fall
der DDR fällt im Unterschied zu anderen staatssozialistischen Ländern das weitgehende Fehlen offener Polarisierun-
gen, eruptiver Ausbrüche, gewaltsamer Lösungsversuche
auf. Gewiß hat es diese mit dem begrenzten Aufstand von
1953, präventiv abgeblockt seitens der Diktatur mit dem
Mauerbau 1961 und fortan durch einen Teil der Stasi, gege-

ben. Aber verglichen mit dem Aufstand in Ungarn 1956, mit der Invasion in die Tschechoslowakei des Prager Frühlings 1968, mit dem Kriegsrecht 1981 und der Solidarność-Bewegung in Polen, gar mit der chinesischen und rumänischen Entwicklung und nun mit dem Auseinanderfallen Jugoslawiens und der Sowjetunion handelt es sich um innere Reformversuche, so 1971 durch das Regime selbst, 1976 vor allem durch die literarisch-künstlerische Intelligenz, in den 80er Jahren seitens der Oppositionsgruppen unter dem Dach der Kirche. Diese Reformversuche mündeten 1989/90 schnell und friedlich in eine Implosion statt Explosion und schließlich in eine Auflösung der alten Herrschaftsstrukturen durch Beitritt zur Bundesrepublik Deutschland.

Der alles in allem *reformerische statt revolutionäre Weg der DDR-Bevölkerung* ist nicht nur aus der Anwendung und Androhung von Gewalt, sei es durch sowjetische Panzer oder das SED-Regime, und auch nicht nur aus der historisch variablen Möglichkeit, in den Westen zu emigrieren oder dorthin ausgebürgert zu werden, zu erklären. Beides hat sicherlich zur quantitativen und qualitativen Begrenzung der DDR-Oppositionspotentiale beigetragen. Indessen liegt der springende Punkt für diesen Reformweg woanders: in den kulturgeschichtlich *protestantischen Mentalitäten* der übergroßen Mehrheit der DDR-Bevölkerung, im Unterschied zu den andernorts mehr katholischen oder orthodoxen Mentalitäten. Und eben um diese Mehrheit der zwölf Millionen Erwachsenen geht es auch heute, nachdem absehbar wird, daß in einem rechtsstaatlichen Verständnis bestenfalls einige Zehntausend »Täter« oder einige Zehntausend »Opfer« namhaft gemacht werden können, selbst unter Ausnutzung aller nie rechtsstaatlich geführten Akten der Stasi.

Die überwiegend protestantische Mentalität der DDR- bzw. neuen Bundes-Bürger zeichnet sich durch einen hohen Grad an Rationalisierung und Säkularisierung der christlichen Religion, durch ein weit entwickeltes Vermögen zur Verinnerlichung gesellschaftlicher Widersprüche und durch eine in hohem Maße dezentrale, auf die Grenzen der Gemeinschaft (im Unterschied zur Gesellschaft) fixierte Lebensform aus.[1] Das DDR-Regime hat durch »humanistische« Modifikationen seiner »marxistisch-leninistischen« Praktiken dieser Mentalität Brücken gebaut. Umgekehrt wurden, angesichts der Erfahrung der Mitverantwortung am Dritten Reich und im Maße des Scheiterns historischer Alternativen zur DDR (1953, 1956, 1961, 1968), protestantische Wertorientierungen in den »realen« Sozialismus hineinprojiziert. Durch Rationalität, Gemeinschaftsgeist und individuelle Selbstverwirklichung sollte dieser von innen heraus humanisiert werden. Aus der wechselseitigen Anpassung von Regime und Mentalität entstand eine Art von *protestantischem Sozialismus*, der alles in allem während der 60er und 70er Jahre erfolgreicher als die mentalitätsgeschichtlich mehr katholischen und orthodoxen Arten von Staatssozialismus funktionierte.

Es waren nun aber die gleichen mentalen Voraussetzungen, die seit Mitte der 70er Jahre zu einer anwachsenden Distanzierung der DDR-Bevölkerung vom Regime und zu der für die DDR spezifischen Oppositionsart eines *sozial und demokratisch engagierten Protestantismus* geführt haben. Das Regime konnte keines seiner Versprechen halten, die in der Sprache des Humanismus als des kleinsten gemeinsamen Nenners zwischen Marxismus-Leninismus und protestantischer Mentalität gegeben worden waren. Es wurde in seinem eigenen legitimatorischen Namen beim Wort und protestantisch für das Diesseits ernst genommen. Die vorherrschende Kritikart war immanent, d. h. in der Sprache des großen historischen Kompromisses der kleinen DDR, eines vage modernen Humanismus, formuliert. Die häufig introvertiert gespaltenen Individuen entlasteten sich zunehmend von ihrem Stau an Verinnerlichungen, indem sie ihre offiziellen Rollen de facto und stillschweigend verkehrt spielten. Sie bildeten, über das Problem der wirtschaftlichen Not-Versorgung hinausgehend, informelle Kommunikationsgemeinschaften, die auf dezentrale Weise das Regime lahmlegten. Als Gorbatschow, ihr wahlverwandtschaftlicher Reformillusionär der zweiten Hälfte der 80er Jahre, am 40. Jahrestag der DDR grünes Licht signalisierte, also keine

Gewalt mehr seitens der 450 000 Sowjetsoldaten drohte, gab es auch für die Masse kein Halten mehr.

Die ostdeutsche Mehrheit blieb ihrer protestantischen Mentalität vor allem im Wahljahr 1990 treu, was die meisten west- und ostdeutschen Intellektuellen mißverstanden haben. Dies möchte ich abschließend im dritten Teil meines Beitrages verdeutlichen, um so in die Gegenwart der neuen Bundesbürger zurückzukehren. Wir haben im gegenwärtigen Deutschland strukturell betrachtet weder eine Vereinigung noch eine Kolonialisierung oder einen neuen Anschluß, wohl aber die Folgen des Beitritts den neuen Herausforderungen Deutschlands entsprechend zu gestalten. In der weitgehenden Pattsituation zwischen konservativ-liberaler oder sozialdemokratisch-liberaler bzw. Ampel-Koalition in der alten Bundesrepublik spielen seit 1990 die neuen Bundesländer das Zünglein an der Waage. Die neue Bundesrepublik hat im Unterschied zur alten eine Mehrheit von protestantischen Mentalitäten mit einem entwickelten sozialen und demokratischen Erwartungshorizont, der jedoch aus den bisher verschiedenen Gemeinschaften entsteht. Die Hauptverlierer beider früherer Ordnungen wie auch des Beitritts, die Gruppen der Neonazis, stellen ein gefährliches Potential dar. Nicht deshalb, weil diese Minorität aus sich selbst heraus stark wäre, sondern deshalb, weil die West- und Ostdeutschen sich in einem Kleinkrieg verzetteln, während die internationalen Herausforderungen an die deutsche Demokratie und ihre wirtschaftlich wie kulturell begrenzten Ressourcen enorm wachsen.

1. Parteistaatliches Monopol und Modernisierung
Zur post-totalitären Verschiebung ihres
Zusammenhangs in der DDR der 70er und 80er Jahre

In den deutschen Medien setzen sich mit wenigen Ausnahmen Mythen über die DDR fest, die aus falschen Gleichsetzungen resultieren: zwischen der DDR und dem Dritten Reich oder zwischen der DDR und der stalinistischen Periode der Sowjetunion. Solche Gleichsetzungen kommen durch einen höchst abstrakten Maßstab zustande, der nur zwischen gewaltenteiliger Demokratie einerseits und totalitärer Ordnung mit einem ausschließlichen Macht- und Ideologie-Monopol andererseits unterscheidet. Aber was wäre, diesem Maßstab folgend, nicht alles totalitär: Nazismus, Stalinismus, Neonazismus, Neostalinismus, darunter auch die DDR. Was besagt dies konkret? Selbst die Faschismus-Forschung ist mit der Totalitarismus-These nicht weit gekommen, so daß die These von der polykratischen Organisation Nazi-Deutschlands erprobt wurde.

Wozu führen die Gleichsetzungen der DDR mit den ursprünglichen Gegenständen der Totalitarismus-These? Sie führen zu einer Verharmlosung des originären Nazismus bzw. Stalinismus. Die DDR der siebziger und achtziger Jahre war kein Ausgangspunkt expansionistischer Kriegführung. Sie hatte weder KZs noch einen Archipel GULag. Selbst die Pläne eines Teil der alten Garde, dieser paranoiden Opfer des Faschismus und ewigen Klassenkämpfer, Lager für Oppositionelle einzurichten, waren keine KZ-Planung. Ich möchte angesichts der Zehntausende von Repressionsopfern den Psychoterror der Stasi und die politische Justiz der DDR nicht herunterspielen, aber von regulärer Folter und industriellem Massenmord noch immer unterschieden wissen. Ich wage den makabren Vergleich der extremen Fälle: Um an der innerdeutschen Grenze erschossen zu werden, mußte man hingehen. Um in einem KZ oder in einem Archipel umzukommen, wurde man nach rassistischen oder liquidationspolitischen Kriterien abgeholt.

Gleichsetzungen unter dem Titel des Totalitären führen zu Fehlorientierungen sowohl unter West- als auch Ostdeutschen. Letztere entpuppen sich nicht als die Häftlinge, Aufseher oder Mitläufer eines KZ-Regimes. Es geht weder darum, sie als solche zu verbergen, noch darum, sie als solche zu enthüllen. Sie waren dies einfach nicht. Diejenigen, die tatsächlich Opfer oder Täter des Nazismus oder des Stalinismus waren, haben in der DDR der siebziger und achtziger Jahre keine Entsprechung. Die Annahme der Entsprechung ist dennoch eine die Medien beherrschende Projektion. Diese Projektion schürt unter den Westdeutschen ein unnötiges Mißtrauen gegenüber den Ostdeutschen, als senkten diese das politisch-moralische Niveau der Bundesrepublik. Die Ostdeutschen fühlen sich dadurch nicht verstanden. Sie entziehen sich ihr oder übernehmen die falsche Kategorisierung zu ihrem Vorteil. Die Projektion ist dann das Angebot einer Legende, sie hätten in der DDR nie einen individuellen Spielraum gehabt (Entlastung) oder sie wären immer oppositionell gewesen (Heroisierung).

Unterstellen wir, die DDR der letzten zwei Jahrzehnte war ein totalitäres Regime. Davon könnten Dutzende von Toten (vor allem an der innerdeutschen Grenze) zeugen, rund 30 000 an die Bundesregierung verkaufte DDR-Bürger, auch Tausende illegal nach Westdeutschland Geflohene, vor allem aber die in den Medien immer wieder als Krake beschriebene Stasi. Ist es nun unter dieser Voraussetzung des totalitären Charakters der DDR verwunderlich, daß es zu Rechtsbeugungen, Repressionen, Machtmißbrauch, Heuchelei und Intrigen kam, ja, zu Verordnungen, die dem Völker-, Menschen- und Bürgerrecht widersprechen? Keineswegs. Dies ist dann das zu Erwartende.

Erklärungsbedürftig ist etwas anderes. Wieso hat sich das DDR-Regime seit der Niederschlagung des Prager Frühlings, dieses Versuchs zu einem demokratischen Sozialismus, noch so lange und mit vergleichsweise wenigen Opfern halten können? Und wieso fiel diese Herrschaftsform dann im Herbst 1989 wie ein Kartenhaus zusammen? Weshalb ist der ganze Umschwung so friedlich verlaufen? Und selbst abgesehen von den Sowjettruppen, der DDR-Polizei und -Armee: Warum sollte die Stasi, fast 100 000 gut trainierte und bewaffnete Leute, in der zweiten Hälfte der achtziger Jahre nicht die Macht gehabt haben, einige tausend Oppositionelle unter ihre Kontrolle zu bringen? – Etwa die Hälfte der Oppositionsgruppen bestand aus inoffiziellen Stasi-Mitarbeitern. Die Zahl wird für die ganze DDR-Geschichte auf

300 000, zuletzt auf 100 000 geschätzt. Dies beträfe bis zu jeden dreißigsten Beschäftigten. In den kritisch gesinnten Gruppen, unter den Literaten und Künstlern, Natur- und Technikwissenschaftlern, Sozial- und Geisteswissenschaftlern, Managern und Rechtsanwälten, Pastoren und Katecheten, könnte es jeder fünfte gewesen sein, vielleicht jeder dritte, rechnet man die Kontaktpersonen der Stasi hinzu. Auch hätten die 2,3 Millionen SED-Mitglieder das Regime doch verteidigen müssen! Wie passen solche Zahlen, die eines der totalitärsten Regimes vermuten lassen, zu dem realen Geschichtsverlauf?

Alle diese Fragen lassen sich nicht ohne die früheren Binnenperspektiven der DDR-Bevölkerung beantworten. Es gab in der zweiten Hälfte der 80er Jahre schon längst keine geschlossen handelnde SED, auch nicht SED- und Staatsapparatur, nicht einmal Stasi mehr. Alle drei Apparate des Machtmonopols (Partei-, Staats- und Sicherheitsapparat) waren jeder in sich differenziert und standen zudem – bei aller verfassungsrechtlich vorgeschriebenen führenden Rolle des Parteiapparats – untereinander in personenbezogener Konkurrenzsituation. Der Kampf zwischen der offiziell konservativen und der reformerischen Linie fand in der Mehrzahl der Institutionen und Organisationen statt, je nach Kräfteverhältnis stillschweigend, verhalten oder bereits etwas lauter. Ein Teil der mittleren Funktionärsgeneration filterte zwischen Oben und Unten, hatte zuweilen ein Interesse an der Opposition als einem möglichen Auslöser von Reformen und dachte dabei nicht zuletzt an die eigene Lebensperspektive. In der DDR starben die Söhne vor ihren Vätern (Thomas Brasch). Selbst in den Apparaten war dies kein Geheimnis mehr.

Der Mut und die Kerzen der DDR-Opposition in allen Ehren. Diese Gruppen konnten vom 7. Oktober bis zum 9. November 1989 nur deshalb eine allgemeine Bedeutung erlangen, weil sie inmitten zweier anderer Ereignislinien auftraten. Der wirtschaftliche, politische und kulturelle Modernisierungs-Rückstand der DDR gegenüber der Bundesrepublik wurde von der DDR-Bevölkerung seit Mitte der

80er Jahre als hoffnungslos erfahren. Dies war nicht mehr nur den westdeutschen Massenmedien und den Rentnerbesuchen zuzuschreiben. Nach der ersten großen legalen Ausreisewelle von 1984 stellten Hunderttausende Ausreiseanträge und reisten nach durchschnittlich zwei Jahren beruflicher Benachteiligung legal aus. Der Preis, für den man Bundesbürger werden konnte, war kalkulierbar geworden. Hunderttausende Berufstätige besuchten legal seither jährlich die Bundesrepublik. Zugleich weckte die neue sowjetische Politik unter Gorbatschow die Reformpotentiale in der DDR. Das eine wie das andere führte zu einem rapiden Erosionsprozeß mehr oder minder aller Organisationen und Institutionen, einschließlich SED und Stasi. Die Reformer kamen in der DDR im Vergleich zu anderen Ländern zu spät. Sie hatten angesichts der heiklen deutschen Frage ohnehin keine Chance, wenigstens eine Übergangsrolle zu spielen. Doch paralysierten die Reformer immerhin das alte Regime.

In der DDR konnte sich nicht der polnische Weg durchsetzen. Dieser lebte von der katholischen und nationalen Identität und führte zu einer organisierten Gegen-Gesellschaft mit offener Polarisierung der Gesamtbevölkerung. Das DDR-Potential für eine offene Gegen-Gesellschaft wurde jedesmal, bevor es diese Schwelle überschreiten konnte, nach Westdeutschland abgeschoben. Statt der offenen, zum Teil auch blutigen Polarisierung entstand in der DDR eine ungleich stärkere innere Differenzierung. Sie wurde verinnerlicht, führte zum Selbstwiderspruch, zu Zerreißproben für die individuelle Identität, die in der DDR-Literatur und Kunst dargestellt worden sind. Für diesen Weg der individuellen Verinnerlichung und informellen Gruppenbildung sprach kulturgeschichtlich die mehrheitlich protestantische Mentalität der DDR-Bevölkerung.

Die unglaubliche Ausdehnung der Stasi gehört in diesen allgemeinen Kontext der Spaltung der Individuen, auch und gerade der nachwachsenden Experten und Elitekandidaten. Ein totalitäres Regime verlagerte sein Strukturdefizit an liberalen Wettbewerbsformen auf die Individuen. Es überlebte als Parasit derselben. Je mehr dieses Regime die Individuen durch Mitgliedschaften (in der SED und den Blockparteien, den Massenorganisationen, als inoffizielle Mitarbeiter und Kontaktpersonen der Stasi) disziplinierte, desto stärker provozierte es die Menschen, sich davon zu distanzieren und informelle Kommunikationsgemeinschaften zu bilden. Die gespaltenen Individuen konnten je nach Kräfteverhältnis nun auch umgekehrt ihr Regime paralysieren oder doch stellenweise in die posttotalitäre Erosion treiben. Im Herbst 1989 fand eher eine allgemeine Implosion als Explosion der alten Herrschaftsform statt. Die Mehrheit der gespaltenen Individuen hatte tatsächlich beides getan: die alte Ordnung formell mitgetragen und sie zugleich informell unterlaufen.

Die Stasi als Institution war die totalitärste Komponente der parteistaatlichen Monopolstruktur. Sie erblindete in ihrem Wahn, Gottes Auge sein zu wollen, an der Überinformation von sechs Millionen personenbezogenen Akten. Mit ihren hauptamtlichen und inoffiziellen Mitarbeitern oder Kontaktpersonen war sie nur der Extremfall der allgemeinen, den Individuen immanenten Spaltung. Gewiß herrschte unter den Hauptamtlichen, die eine gesonderte Lebenswelt bildeten, die konservative Haltung vor. Die Inoffiziellen und Kontaktpersonen dagegen teilten alle in der Gesellschaft vorkommenden Lebensformen. Sicher stimmt das Bild vom Spitzel als dem persönlichen Denunzianten, der seiner fachlichen Inkompetenz wegen mit der Stasi kollaboriert, für einen Teil der Inoffiziellen. Allein, solche Beweggründe kannte niemand besser als die Hauptamtlichen. Diese gingen seit den 70er Jahren zu einer massiven »Anwerbung«, meist zur Erpressung von Experten über. Seit 1990 kommen andere Persönlichkeitstypen als Kontaktpersonen und Inoffizielle zum Vorschein: jüngere Reformer in allen Bereichen mit Fachkompetenz ohne besondere Vergünstigungen. Und wenn es stimmt, daß sie Oppositionspotentiale verharmlosten, um deren Überleben zu ermöglichen, und so informierten, daß Reform und Modernisierung ihrer Handlungsbereiche fortgesetzt werden konnten? Wir kommen hier nicht um äußerst sorgfältige Überprüfungen von Einzelfällen herum.

Für komparative Zwecke empfiehlt es sich, die strukturelle Dimension der vorangegangenen historischen Ausflüge moderne-theoretisch zu komprimieren. Natürlich gibt es vom Standpunkt einer pluralen Demokratie gesehen strukturelle Gemeinsamkeiten zwischen dem, was im originären Sinne Nazismus oder Stalinismus genannt wird. Da für mich Moderne nicht dasselbe bedeutet wie Neuzeit, verstehe ich diese strukturellen Gemeinsamkeiten als antimodern. Ich halte Gesellschaften insofern für *modern*, als sie sich durch freie Wettbewerbsformen in Wirtschaft, Politik und Kultur auszeichnen. Im Unterschied zu traditionalen verstetigen moderne Gesellschaften Evolution, die strukturell durch Wettbewerbsformen ermöglicht wird. Jede solcher Wettbewerbsformen unterstellt eine Pluralität von Teilnehmern und tendiert zum Einschluß aller bislang Ausgeschlossenen. Differenzierungs- und Integrationsprozesse sind sowohl Folgen des Wettbewerbs als auch Bedingungen seiner Erneuerung. Ein Modernisierungsprozeß wird durch sich selbst am meisten gefährdet, wenn es einem Wettbewerbssieger gelingt, seine augenblickliche Position zum Monopol zu verfestigen. Das soziokulturelle Modernisierungsniveau insgesamt hängt von der Gestaltung der Interdependenz zwischen kulturellen, politischen und wirtschaftlichen Wettbewerbsformen ab.[2]

Im Falle des originären Nazismus wie auch des originären Stalinismus wurden diese Wettbewerbsformen intern unter ein ausschließendes Ideologie- und Gewaltmonopol subsumiert und schließlich mit kriegswirtschaftlichen Konsequenzen aufgelöst. Die technische und technokratische Modernität dieser totalitären Ordnungen ergab sich teils aus ihrer Vorgeschichte, von der sie zehrten, teils aus ihrer machtpolitischen Konkurrenzsituation zur Außenwelt. Massenliquidierungen nach innen und außen wurden in dem einen Fall rassistisch, in dem anderen durch die Ideologie vom Klassenantagonismus legitimiert.

Die *neo*stalinistisch genannten Ordnungen besaßen bereits eine andere Konfliktlinie: Diese bestand zwischen der alten parteistaatlichen Monopolstruktur, die international betrachtet in eine evolutionäre Sackgasse führte, und einer begrenzten Modernisierung im Innern, um das betreffende Land international über Wasser halten zu können. Das Monopol schloß diesmal bereits Wettbewerbsformen (mit Differenzierung und Integration) ein, instrumentierte diese aber, so daß sie noch keine Formen freien Wettbewerbs waren. Unter diesen Bedingungen traten Konservative für den Primat der Monopolstruktur und ihre raumzeitliche Absonderung vom Weltverkehr ein, Reformer für funktionale Differenzierungen und Autonomien bestimmter Handlungsbereiche im Anschluß an den Wettbewerb im Weltverkehr. Solange die parteistaatliche Monopolstruktur klar die funktionalen Differenzierungen und Autonomien spezieller Handlungsbereiche (Wirtschaft, Wissenschaft, Öffentlichkeit etc.) dominierte, handelte es sich noch um totalitäre Regimes (im Sinne der Typologie von Juan Linz). Geriet nun aber die Dominanz der Monopolstruktur infolge einer zunehmenden Modernisierung ins Wanken, bestand die Möglichkeit, von einem totalitären zu einem post-totalitären, wenngleich noch immer nicht demokratischen Regime überzugehen.

Einen solchen Übergang zur post-totalitären Ordnung hat es in der DDR der 70er und 80er Jahre gegeben. Das Hauptkriterium dafür besteht in der Erosion des Macht- und Ideologie-Monopols zugunsten einer informellen Pluralisierung und Oppositionsbildung. Zunächst bemühte sich das SED-Regime selbst durch seine Reformen zu Beginn der 70er Jahre (Wechsel vom Ulbricht- zum Honekker-Politbüro 1971), einen solchen Übergang einzuleiten. Es war angesichts der Über-Akkumulations-Krise der DDR-Wirtschaft Ende der 60er Jahre, der ostdeutschen Sympathien für den niedergeschlagenen Prager Frühling und der neuen westdeutschen Ost-Politik (Brandt/Bahr) zu Reformen gezwungen. Diese wurden jedoch Mitte der 70er Jahre abgebrochen und mündeten in eine Kompensationsstrategie. Die Partei- und Staatsführung sicherte sich

ihr Herrschaftsmonopol, indem sie Demokratisierungsbe-
strebungen abwehrte und die DDR-Bürger für das Demo-
kratie-Defizit durch die Erweiterung ihres privaten Kon-
sums und ihres privaten Handlungsspielraums entschädigte.
Der anläßlich der Biermann-Ausbürgerung (1976) von der
literarisch-künstlerischen Intelligenz ausgehende Protest
(bis zu den Verbandsausschlüssen 1979) blieb im wesent-
lichen auf diese Intelligenzschicht begrenzt, da die Bevölkerungsmehrheit die Kompensationsstrategie angenommen
hatte. Die Realisierung dieser Strategie brachte eine offizielle
oder halboffizielle Tolerierung subkultureller Welten mit
sich, sofern letztere ihren privaten, informellen und bestenfalls halbformellen Status nicht überschritten, also die Monopolstruktur aktuell nicht bedrohten.

In den 80er Jahren waren die für private Kompensationen
erforderlichen Wirtschaftsressourcen erschöpft. Die SED-
Imitation westlicher Konsumstandards und des Wohlfahrts-
staates entbehrte jeder marktwirtschaftlich effizienten
Grundlage. Die Drosselung der Akkumulationsrate zugunsten der Konsumtionsrate seit den 70er Jahren hatte
dazu geführt, daß die DDR die nächste Runde der wissenschaftlich-technischen Entwicklung samt High-Tech und
einer neuen Infrastruktur mit Umweltschutz verpaßt hatte.
Ohne Industriespionage, Ko-Ko-Unternehmen und westliche Milliarden-Kredite hätte die Honecker-Mittag-Miel-
ke-Riege die 80er Jahre nicht mehr überstanden. Letztere
brauchte auch zur politischen Legitimation nach innen immer deutlicher das Bündnis mit der Bundesregierung, das
in Honeckers Bonn-Besuch 1987 kulminierte. Dies um so
stärker, je höher die Sympathie-Wellen für Gorbatschows
Politik seit 1985 schlugen. Da die Honecker-Riege bereits
die deutsche Karte spielte und damit nolens volens die
Aufgabe der DDR vorbereitete, blieben die meisten inner-
und außerparteilichen Oppositionsgruppen um so irritierter
auf eine reformsozialistische Perspektive der eigenständigen
DDR fixiert. Demgegenüber wurden die großen Ausrei-
sewellen Hunderttausender seit 1984 zum Vorläufer der
Flüchtlingsbewegung vom Sommer 1989 und der Mehr-

heitsentscheidung für den Beitritt 1990. Ob Ausreisende und Flüchtlinge einerseits oder interne Reformer- und Opponenten-Gruppen andererseits, durch beide dezentralen Bewegungen wurden die Pluralisierung und Oppositionsbildung seit Mitte der 80er Jahre zu offiziellen Fakten. Das Macht- und Ideologie-Monopol wurde – trotz und mit der »flächendeckenden Überwachung« der DDR-Bevölkerung durch die Stasi – sichtbar gebrochen.

Der Herbst 1989 und noch mehr das Beitrittsjahr 1990 wären von innen her nicht möglich geworden, wenn die Mehrheit der DDR-Bevölkerung nicht das parteistaatliche Monopol als die strukturell entscheidende Blockierung aller begonnenen und erhofften Modernisierungsprozesse erfahren gehabt hätte. Die Differenz zwischen konservativen, letztlich diesem Monopol dienenden, und reformerischen, letztlich die Modernisierung vorantreibenden Maßstäben gehörte zur Muttermilch der DDR-Bürger. Viele von ihnen bedürfen übergangsweise da eines Glaubens an demokratische Autoritäten, wo Westdeutsche mit jahrzehntelang anderer Sozialisation und Enkulturation längst einen spielerischen Umgang mit marktwirtschaftlichen, parteipolitisch pluralen oder öffentlichen Realitäten entwickelt haben. Die meisten Ostdeutschen nahmen das Fernsehbild der alten Bundesrepublik ernst und messen die Folgen ihres Beitritts eben an diesem öffentlichen Selbstbild der westlichen Gesellschaft. Der Maßstab ihrer alten und neuen Kritik war und ist keiner, der strukturell einem religiösen Fundamentalismus oder nationalem Existenzialismus gleichkäme, politisch eine neue Diktatur und wirtschaftlich eine andere Art von zentraler Kommando-Wirtschaft herbeisehnte. Die Kriterien der Kritik waren bereits in der DDR kompatibel mit der westeuropäischen Entwicklung, was von vielen Kritiken in der ehemaligen Sowjetunion, sei es politisch z. B. durch die Pamjat'-Bewegung oder intellektuell durch Solschenizyn, schon während der 80er Jahre nicht behauptet werden konnte. In der DDR wußte so gut wie jeder, daß eine moderne Wirtschaft Anerkennung von Leistung in realen Geldeinheiten und Gewinneffizienz erfordert, daß ein modernes politisches Leben den Respekt jedes Staatsbürgers voraussetzt und die Entfaltung von Demokratie bedeutet, auch, daß moderne Kultur der internationalen und freien öffentlichen Diskussion bedarf.

2. Vom protestantischen Staatssozialismus zum protestantischen Bedürfnis nach sozialer Demokratie

So widersprüchlich neostalinistische Regimes zwischen parteistaatlichem Monopol und innerer Modernisierung strukturiert waren, so ambivalent wurde ihre ideologische Legitimationspraxis des Marxismus-Leninismus gestaltet. Letzterer enthielt einerseits die offen parteiliche Rechtfertigung der welthistorischen Mission des Proletariats, die sich in der von der Parteiführung ausgeübten Diktatur materialisierte und zu sich selbst kam. Andererseits galt es, dieses offenbar exklusive Sonderinteresse als im Allgemeininteresse liegendes geschichtsphilosophisch darzustellen. Es mußte – nach außen und innen – ein Anschluß an das humanistische und damit auch universalistische versus individualistische Selbstverständnis der Moderne glücken, um deren Errungenschaften für das eigene Überleben ausnutzen zu können. Ein vager humanistischer Diskurs verhüllte phraseologisch die Selbstprivilegierung der Nomenklaturkader und diente als Legitimation für die Übernahme westlicher Errungenschaften oder die Entwicklung deren funktionaler Äquivalente im Land, sofern diese für die Sicherung der eigenen Monopolstellung wichtig waren.

Der so instrumentierte Humanismus weckte indessen auch der Diktatur entgegenstehende Erwartungen und Ansprüche, die nicht auf Dauer immer wieder geschichtsphilosophisch vertagt werden konnten. Das offenbar als machttechnisches Legitimationsinstrument Gemeinte konnte als eine Zwecksetzung ernst genommen werden, von der generationsweise Revisionen des Marxismus-Leninismus ausgingen, die auf eine reformerische Modernisierungspraxis hinausliefen. Die sekundär humanistische Komponente der marxistisch-leninistischen Legitimationspraxis war für die Konservativen das die Reinheit der Lehre bedrohende Einfallstor bürgerlicher Denkweisen und für die Reformer die kulturell entscheidende Ressource für Modernisierungsschübe.

Der Kampf um den Humanismus als Instrument oder als Zwecksetzung wurde in der DDR, aus historischen Günden verständlich, in Gestalt zweier Auswahlprozesse geführt: bei der Rezeption der klassischen deutschen Kultur sowie bei der Selektion der von den Nazis ins Exil getriebenen Kultur. Diese beiden Schwerpunkte des Humanismus-Streits waren von Anfang an gegeben und blieben erhalten. Dazu kam seit den 60er Jahren auch eine Auswahl sowjetischer oder westeuropäischer Literatur und Kunst, seit den 70er Jahren eine der westlichen Pop-Kultur für die Jugend und der Romantik für die Intellektuellen, seit den 80er Jahren schrittweise eine aller westlichen Moden, Modernismen und Postmodernismen. Ohne Berücksichtigung dieser, im weitesten Sinne als Humanismus umstrittenen Komponente des offiziellen kulturellen Lebens, die ständig die geschichtsphilosophische Selbst-Privilegierung des Marxismus-Leninismus unterwanderte, werden die geistigen Auseinandersetzungen in der Geschichte der DDR, einschließlich der kritischen Solidarität vieler Intellektueller, nicht verständlich: die Kämpfe um Ernst Bloch, Bertolt Brecht, Georg Lukács, die Frankfurter Schule, die Klassik- und Romantik-Rezeptionen, die historische Auswahl der durch Nazis oder Stalinisten Exilierten, die Kämpfe um Nietzsche, Modernismen und Postmodernismen.

Diese mehr intellektuellen und expertenkulturellen Auseinandersetzungen in den gebildeteren Schichten der DDR-Bevölkerung hatten eine alltagskulturelle Grundlage. Der *große historische Kompromiß*, der das Überlebens- und Auflösungsgeheimnis *der kleinen DDR* erklärlich werden läßt, bestand in einer wechselseitigen, bis in den Habitus reichenden Anpassung von marxistisch-leninistischer Legitimationspraktik und protestantischer Mentalität der ostdeutschen Mehrheit. Die Diskussion um die antifaschistischen

Gemeinsamkeiten zwischen Marxismus und Christentum hatte noch in den 50er Jahren einen hohen Stellenwert. Nach dem Mauerbau 1961, d. h. der gewaltsamen Verhinderung möglicher Alternativen zur DDR, offerierte die SED-Führung unter Walter Ulbricht zur inneren Befriedung eine an die protestantische Mentalität angepaßte Sozialismus-Konzeption: die »sozialistische Menschengemeinschaft«. Nach dem Scheitern des Prager Frühlings 1968 und im Kontext der sich anbahnenden neuen Ost-Politik der alten Bundesrepublik antworteten die protestantischen Kirchen realpolitisch mit ihrer ebenfalls doppelt kodierten Konzeption »Kirche im Sozialismus«.

Damit war Ende der 60er Jahre der große historische Kompromiß auch offiziell zustande gekommen, in einer von beiden Seiten doppeldeutigen, daher vage humanistischen Sprache. Der in den 60er Jahren aufgebaute *protestantische Sozialismus* wirkte in den 70er Jahren vor allem im Sinne privater und informeller Kompensationen. Das Luther-Jubiläum 1983 im Angesicht der Stationierung neuer Mittelstrecken-Raketen geriet zu seiner letzten gesellschaftlichen Zeremonie. Fortan verkehrte er sich in einen *sozialistischen Protestantismus*, der das offizielle Regime von innen her bis zu dessen vollständiger Auflösung durch Beitritt reformierte. Honeckers zentrale Offerte an die protestantische Mentalität, die seit Anfang der 70er Jahre bis zum Erbrechen in den 80er Jahren wiederholte Phrase »Im Mittelpunkt steht der Mensch«, wurde gegen das quasigöttliche Regime nach dem protestantischen Muster »Gott ist in uns« rationalisiert und säkularisiert: »Wir sind dieser Mensch«. Aus dieser Stimmung vorzugsweise introvertierter Persönlichkeiten und deren informeller Gemeinschaften wurde im Maße der Abwanderung und des republikanischen Oppositionserfolgs seit Oktober 1989: »Wir sind das Volk«. War die protestantische Mentalität der ostdeutschen Mehrheit noch bis in den Herbst 1989 hinein vorwiegend *reformsozialistisch* orientiert, durchlief sie seit Mitte November 1989 einen schnellen Differenzierungsprozeß, in dem die westdeutschen Reform-Angebote und die ostdeutschen Revolutions-Aussichten rational kalkulierend abgewogen wurden. Aus dieser Metamorphose der protestantischen Mehrheitsmentalität im Beitrittsjahr 1990 ging der säkulare Erwartungshorizont einer für diese Mehrheit *sozialhistorisch gerechten Demokratie* hervor. Dieser Erwartungshorizont schließt den durchaus rational kalkulierten Anspruch auf einen sozialhistorischen Lastenausgleich mit den Westdeutschen ein, die objektiv und nicht aus persönlich moralischem Verdienst zwei Generationen lang besser und freier leben konnten. Aus »Wir sind ein Volk« vom Dezember 1989 wurde bereits im ersten Quartal 1990: Die Teilung überwinden heißt Teilen lernen.

Die protestantische Mentalität der ostdeutschen Mehrheit war und ist in sich nicht minder ambivalent, als dies auch die für die DDR typische Legitimationspraxis offiziell und inoffiziell war. Erst wer den jeweils inneren Widerspruch dieser Praktik und jener Mentalität berücksichtigt, wird die historischen Metamorphosen beider verstehen lernen, insbesondere ihren Kompromiß und dessen Auflösung, und wird den heutigen mentalen Erwartungshorizont mit Ausgleichs-Anspruch begreifen können, statt für oder wider ominöse DDR-Identitäten zu streiten. Was von der DDR bleibt? Nun, die folgend beschriebene Mentalität:

Die ostdeutsche *protestantische* Mentalität hat einen hohen *Säkular*isierungsgrad. Sofern sie überhaupt noch religiös motiviert war und sich noch weniger als dies an förmlichen Kirchenbesuchen ablesen ließ: Der Glaube an Gott in der Gestalt Christi, an den vermenschlichten Gott, lebt als ein kathartischer Effekt in den Herzen und in der Vernunft der Gemeindemitglieder fort, die ihr Ideal einer gewissenhaften Lebensführung in der diesseitigen Welt zu bewähren haben. Die im Katholizismus üblichen großen Zeremonien einer zentralen Kirchenorganisation als der Stellvertretung Gottes auf Erden fehlen zugunsten mehr *informeller* und *dezentraler* Zusammenschlüsse derer, die in der diesseitigen Bezeugung und Prüfung ihres Glaubensideals Wahlverwandtschaften eingehen. Im Vergleich zum katholischen fehlt dem protestantischen Glauben eine objektiv eingespielte Kirchenorganisation der religiösen Welt mit allen Techniken des Auslebens von Verzauberung, Beichte und Vergebung irdischer Endlichkeitserfahrungen. Der protestantische Glaube muß angesichts solcher Erfahrungen *intersubjektiv* im Familien-, Freundes- und Bekanntenkreis und *subjektiv* im gewissensregulierten Selbstgespräch erst und stets von neuem erzeugt werden.

Die Verwicklung ins Diesseits ist im Falle der protestantischen Mentalität von vornherein größer und kann auch nicht schnell durch institutionelle Beichte und Bekreuzigung abgewickelt werden. Sie bedarf intersubjektiv anspruchsvoller Prozeduren der *differenzierten Aushandlung von Prioritäten* angesichts widerstreitender Handlungsmaximen. Die Beurteilung der Glaubensbewährung hat es schon immer mit einem hohen Maß der *individuellen Verinnerlichung* sozialer Widersprüche zu tun, einschließlich der damit verbundenen Ängste und Verdrängungen einerseits, dem moralisch rigorosen Gewissensanspruch andererseits. Sie ist nicht vom persönlichen Gewissen der Laien im Sinne einer institutionellen Absolution wegzudelegieren, wenigstens nicht auf Dauer, obschon dieser Wunsch durch moralistische Selbstüberforderung ständig entsteht.

Wem es – aus welchen Gründen auch immer – nicht vergönnt war, an einer informellen Gemeinschaft mitwirken zu können, dem blieben zwei Auswege: entweder die Ausflucht in ein offizielles Gemeinschaftsangebot, in welches ersatzweise alle Glaubensenergie und ein schlechtes Gewissen flossen, wobei in Abhängigkeit vom Reflexionsniveau der Punkt erreicht werden konnte, dieses Substitut als solches zu durchschauen. Dann blieb häufig ein zynischer Sadomasochismus mit privatistischen Kompensationen allein noch übrig. Oder die Introversion steigerte sich bis zum Zerreißen der eigenen Innerlichkeit, die meist in Neurosen und Psychosen, zuweilen im Selbstmord endete. Wer dieser Konsequenz durch einen Rest an familienähnlichen Beziehungen und durch ein hohes Sublimierungsvermögen entgehen konnte, dem wuchs ein Schutzpanzer aus nie völlig authentischer Naivität oder aus einem ins Unermeßliche steigerbaren Narzißmus. In Abhängigkeit vom wachsenden Lebensalter drohte auch dieses Schutzleder völlig undurchlässig zu werden, so daß die betreffende Persönlichkeit in eine Art von Autismus geriet.

Je weniger die religiöse bzw. im protestantischen Falle idealiter moralische Welt kirchenstaatlich von der profanen Welt getrennt gehalten wird, je stärker also das Individuum in nichts als einer informellen und dezentralen Gemeinschaft dem Profanen ausgesetzt ist, desto stärker wird das protestantische Bedürfnis. Es besteht darin, das in seiner Ungewißheit beängstigende, das in seiner Endlichkeit unwiderruflich tödliche, das in seiner Zufälligkeit unbarmherzige *Profane aus eigener Kraft ideal* zu *ordnen.* Die protestantische Mentalität enthält gemeinschaftlich bestätigte und individuell verfügbare Handlungsmuster, die den Umgang mit dem Profanen regeln: *Rationale Kalkulation* und deren *arbeitsame* wie *disziplinierte Verwirklichung* im Diesseits reduzieren die Ängste und Ungewißheiten, die das Profane im Lichte christlicher Erwartungen auslöst, drastisch. Ihr Rationalisierungs- und Arbeitsvermögen ließ die Protestanten bekanntlich zu den Pionieren der europäischen Modernisierung werden (Max Weber). Diese Verhaltenstechniken sind nach außen und innen häufig derart erfolgreich, daß sie an die Stelle der Gewissens- und Gemeinschaftskonflikte treten, aus denen heraus die Zweck- und Sinngebungen eigentlich stets von neuem reformiert werden sollen. Im Fall dieser Zweck-Mittel-Verkehrung kommt die protestantische Mentalität schnell in die Gefahr, in herrschaftstechnisch nicht nur ungefährlichen, sondern höchst nützlichen Automatisierungen und Atomisierungen leerzulaufen. Sie geht dann in einer Art Ersatz für das vor dem persönlichen Gewissen sinnvolle und vor der Gemeinschaft gerechte Leben unter.

Es handelte sich jedoch um keine protestantische Mentalität mehr, würden im Anblick der atomisierten und automatisierten Verhaltensweisen nicht wieder Gewissens- und Gemeinschaftskonflikte entstehen, um Sinn- und Zwecksetzungen im Geiste christlicher Nächstenliebe zu reformieren und verselbständigte Mittel diesem Sinn und Zweck erneut anzupassen. Da bei protestantischer Mentalität eher der Weg nach innen als nach außen beschritten wird, müssen die nach außen gerichteten Ambitionen als persönliche Wahrnehmung einer gemeinschaftlichen Pflicht und Verantwortung anerkannt werden. Anderenfalls haben Selbstbescheidung und Selbstkontrolle Präferenz.

So oder so genießt in der protestantischen Mentalität die *moralische Selbst-Regulation* den höchsten Stellenwert. Da sie pragmatisch von außen ständig in Frage gestellt wird, erfordert dieses Ideal ein vergleichsweise hohes Maß an vorwegnehmender, d. h. an *antizipierender Reflexion.* Diese speist sich wiederum aus den lebensgeschichtlich vorangegangen *Verinnerlichungen* äußerer Konflikte, woraus das Vermögen, die Reaktionen anderer voraussehen zu können, resultiert. Die Folge ist eine – im Vergleich zu südländisch katholischen Temperamenten – nach außen arme und spröde, nach innen aber symbolträchtige, Antizipationen antizipierende Sprache, die es im Regelfall allen Beteiligten gestattet, ihr Gesicht zu wahren, statt ihrem Temperament ungezügelten Lauf zu lassen. Bei der in sich widersprüchlichen Vielstimmigkeit eines protestantischen Gemüts führt jedes Scheitern seines Anspruchs auf moralische Autonomie schnell und tief in Depression und Melancholie hinein. Aus diesen erwacht es normalerweise durch seine Reflexionskraft, die dann je nach erkanntem Grund des Scheiterns auf Selbst-Korrektur, Versöhnung oder rational kalkulierte Revanche setzt, wodurch der mentale Zirkel wieder in Gang gerät.

Ausbrüche aus diesem *mentalen Zirkel* sind sehr selten, dann aber auf Grund der langen Vorgeschichte von Verinnerlichungen ein fürchterlicher *Amoklauf.* Was ausweglos als totale Vernichtung jeglichen moralischen Anspruchs erlebt wurde, kann protestantisch nicht einem Seinsschicksal zugeordnet werden, das laut anderer Mentalität der menschlichen Welt ohnehin als allmächtig vorausgesetzt und immer wieder entrückt wird. Diese Art einer sich völlig entlastenden Schickung in ein nichts als fremdbestimmtes, kein

Fünkchen Moral mehr ermöglichendes Schicksal ist nach protestantischer Mentalität nicht lebbar. Ihr entsprechend gibt es ein Medium der Vermittlung zwischen idealer und realer Welt, eben eine Art Christus, der als Beispiel in uns fortlebt. Entfällt existentiell die letzte Möglichkeit, den eigenen moralischen Anspruch vermitteln zu können, kann im Extremfall der Ausstieg in den *Terror* folgen. Dazu ist es in der DDR – im Unterschied zur bundesdeutschen Terrorszene oder angelsächsisch protestantischen Amokläufern – nicht gekommen. Und dies hat nicht nur den Grund, daß es in der DDR keine Waffen käuflich zu erwerben gab. Auch das offizielle Regime vermied im Regelfall für die Betroffenen völlig ausweglose Situationen und rechnete auf deren antizipatorische Reflexionskraft. Es bot dann gestaffelte Reintegrationen oder Abschiebungen an, oder es inszenierte die Lage so, daß der Einzelne mit seinem eigenen Anteil an derselben beschäftigt blieb, also auf sich oder seine Nächsten zurückgelenkt wurde.

Kommunisten und Christen hatten in der DDR von der mentalen Struktur her eine Affinität, die in einem Missionsglauben mit humanistischer Begründung bestand. Während erstere die Erfüllung ihrer Mission mit einer zentralistischen und gewaltsamen Diktatur regulär verbanden, konnte dies von der protestantischen Mentalität – insofern überhaupt – nur unter den Ausnahmebedingungen der Nötigung eingeräumt werden. Die weitgehend informelle und dezentrale Eigenart protestantischer Gemeinschaftsbeziehungen war der kommunistischen Diktatur zunächst hilflos ausgeliefert, später aber für deren Erosionsprozeß ausschlaggebend. Indessen dürfen wir heute nicht vergessen, daß es eine antifaschistische Gemeinsamkeit des kommunistischen und protestantischen Widerstands im Dritten Reich gab, wenngleich dieser nur eine Minderheit der Gesamtbevölkerung, darunter eine Minderheit der Protestanten und die Mehrheit der Kommunisten, betraf. Zudem hatten die ostdeutschen Kommunisten, bei aller von ihnen und der Sowjetunion betriebenen Zwangsvereinigung, offiziell Zugeständnisse an sozialdemokratische Positionen gemacht und kulturpolitisch ein breites humanistisches Bündnis offeriert, dem sich das schlechte Gewissen der protestantischen Mehrheit nicht leichtfertig zu entziehen wagte.

Es war die humanistische Komponente der staatssozialistischen Legitimation, auf die die protestantische Mehrheits-Mentalität in der Nachkriegszeit eingehen konnte und im Maße der Nötigung (1953, 1961, 1968) aus realpolitischer Kalkulation auch einging. In diese Komponente konnten mental protestantische Wertvorstellungen hineinprojiziert werden, bis die beidseitigen Orientierungen auf Gemeinschaftsgeist, rationale Gestaltung, Arbeitsethos, soziale Gerechtigkeit und individuelle Selbstverwirklichung in noch immer vieldeutigen Formulierungen während der 50er und 60er Jahre ausgehandelt worden waren. Die protestantische Mentalität kam – im Unterschied zur gleichnamigen religiösen Praktik einer kleinen aktiven Minderheit – nicht von außen an die meisten Träger des Regimes heran, sondern war diesen selber eigen. Der Versuch der Kommunisten, seit den 60er Jahren immer mehr Ostdeutsche in ihr Regime einzubinden, war erfolgreicher als in anderen sozialistischen Ländern. Der säkulare, darin gleichermaßen einer Gemeinschaft bedürftige wie auch rational kalkulierende Charakter der protestantischen Mentalität war dafür in einem Umfange aufgeschlossen, den wohl katholisch oder orthodox geschlossene Gegen-Welten zum Diesseits nicht kennen. Die immer besser gelungene Integration der meisten Ostdeutschen setzte in der DDR protestantische Glaubens-, Rationalisierungs- und Arbeitsenergien frei, über die in Relation zur Größe dieses kleinen Landes kein anderes vergleichbares Regime verfügen konnte.

Man kann diese protestantische Mentalität angesichts des Integrationserfolgs durchaus eine opportunistische nennen, wozu sich auch der protestantische Teilnehmer bekennen würde, sofern es nicht um seinen moralischen Anspruch geht, den er als solchen ernst nimmt. Freilich müssen dann auch die beiden, sich an den Opportunismus-Vorwurf unmittelbar anschließenden Fragen gestellt werden: Hatte die DDR-Bevölkerung realpolitisch eine grundsätzlich andere

Chance? – Im Lichte von Prag 1968 oder der insgesamt neostalinistischen Breschnew-Ära gesehen: Nein. Und welche Folgen hatte diese gelungene Integration? – Sie hatte schon kurzfristig, um so mehr aber längerfristig einen ironischen Umkehr-Effekt, der an die berühmte List der Vernunft erinnert:

Je mehr Ostdeutsche durch offizielle Mitgliedschaften integriert wurden, desto protestantischer wurde das ganze Unternehmen »DDR«. Alle humanistischen Versprechungen wurden, strukturell wie ein Wort Christi, todernst genommen und scheiterten natürlich an der parteistaatlich monopolistischen Praxis. Die Erfahrungen des Scheiterns setzten den üblichen *Zyklus* in der Ausschöpfung des mental *protestantischen Repertoires* in Kraft, langwierig und gründlich: Verinnerlichung der äußeren Konflikte, schlechtes Gewissen, kompensatorische Rückzüge ins Private, Bildung informeller Gemeinschaften in und außerhalb der offiziell aufgenötigten Mitgliedschaften, Revisionen und Reformen antizipierende Reflexionskraft, dementsprechend doppeldeutiges Rollenspiel zugunsten einer immanenten Erosion des Regimes, im Falle erneuten Scheiterns depressiv und melancholisch, schließlich doch wieder die Erfolgsbedingungen der immanenten Kritik durchrechnen und handeln, sobald es geht.

Nach diesem zyklischen Muster der protestantischen Mentalität wurde nicht nur die DDR erst auf- und sodann abgebaut, sondern auch der Beitritt vollzogen. Die westdeutschen Versprechen, die 1990 der ostdeutschen Mehrheit den Beitritt als vorteilhaft und als den Wertvorstellungen ihrer Mentalität entsprechend erscheinen ließen, unterliegen seither einem ganz ähnlichen Zyklus ihrer ernsthaften und gründlichen Abarbeitung, allerdings mit dem doppelten und ungemein beschleunigenden Unterschied, daß die ehemaligen DDR-Bürger dies nun schon zum zweiten Mal während ihrer Lebenszeit absolvieren und inzwischen immerhin mit dem Status ostdeutscher Bundesbürger.

Der protestantische Weg mag *kein revolutionärer* sein, weil er eben ein *reformatorischer*, immer erst wieder aus der immanenten Kritik nach entsprechenden Verinnerlichungen auszuarbeitender Weg ist. Er ist aber um so sicherer und beharrlicher, worüber sich niemand täuschen sollte. Bis auf ein für das moralische Selbst peripheres Rollenspiel gelingen der protestantischen Mentalität *keine wirklichen Konversionen*, wie sie bei katholischen oder orthodoxen Mentalitäten unter Kommunisten oder Stalinisten immer wieder beobachtet werden konnten. Dieses grundsätzlich mentale Problem zeigt auch der gegenwärtige deutsch-deutsche Intellektuellen-Streit, u. a. über Christa Wolfs Kritik an »Wendehälsen«. Ein Marcel Reich-Ranicki z. B. kann bei seiner Vorgeschichte und Konversion nie den Lernrhythmus einer Protestantin wie Christa Wolf verstehen.[3] Alles, was früher Konvertierte den heutigen Ostdeutschen vorrechnen, ist doch längst in deren *protestantischem Werk* enthalten. Protestanten »beichten« nicht im Beichtstuhl, auch nicht in einer an Stalinismus oder an eine andere Orthodoxie erinnernden Zeremonie von »Selbstkritik«, sondern antizipatorisch in ihrem Werk. Wer mit Protestanten verkehren möchte, muß sich schon auf ihre Art zu kommunizieren einlassen. In dieser kann ein beredtes, in den Schrei gesteigertes Schweigen, kann ein einziger Nebenblick vom Augenrand wichtiger sein als jedes gefallene Wort. Nicht aus diesem, sondern aus jenem entsteht ein Werk, das die Selbstkorrektur enthält.

3. Mentale Mehrheit und Minderheiten unter den ostdeutschen Bundesbürgern

Auf den ersten Blick scheint meine Gegenwartsdiagnose bezüglich der ostdeutschen Mehrheit nicht mit den Wahlergebnissen in der DDR bzw. den neuen Bundesländern im Verlaufe des Jahres 1990 übereinzustimmen. Hätte sich nicht aus den Metamorphosen der ostdeutschen protestantischen Mentalität bis hin zu dem Mehrheitsbedürfnis nach einer sozialhistorisch gerechten Demokratie ein Wahlsieg der Sozialdemokraten ergeben müssen? – Ja, wenn die Sozialdemokraten diesem Beürfnis Rechnung getragen hätten, so wie es die Bundes-CDU unter Helmut Kohl und die Ost-CDU unter Lothar de Maizière getan haben. Statt dessen waren die westdeutschen Sozialdemokraten in Lafontaine- und Brandt-Anhänger wider und für eine schnelle Einheit Deutschlands gespalten und verfügte die Ost-SPD über keine de Maizière vergleichbare, für die ostdeutsche Mehrheitsmentalität repräsentative Figur, außer in Brandenburg über Manfred Stolpe, der denn auch Ministerpräsident dieses Bundeslandes wurde.

Der ostdeutschen Mehrheit ging es um sachliche, ihrer Mentalität angemessene Grundsatzentscheidungen, nicht um den Import eines parteipolitisch kleinlichen Profilierungsspieles. Sie wollte sich vor jeder Rückkehr des parteistaatlichen Monopols strukturell gesichert wissen, ebenso aber auch auf keinen intellektuell vagen Humanismus mehr einlassen, der sie schon einmal verführt und als Probanden eines welthistorischen Experiments überfordert hat. Die moralistische Maskerade des machtpolitischen Rückzugs der SED in die PDS war ihr zu durchsichtig. Immerhin gelang so die Integration der alten und der jungen Garde in die neue deutsche Demokratie gewaltlos. Ebenso überzeugte die moralistisch selbstgerechte Feier der wirklichen oder vermeintlichen Opfer als Helden, die doch auch nur Menschen gewesen sein konnten und inzwischen viel zu selten als kompetente Fachleute hervortraten, diese Mehrheit nicht. Sie verwechselte ihren moralisch hohen Respekt vor glaubwürdigen Opfern und Oppositionellen der Vergangenheit nicht mit der Frage, inwiefern diese über eine sachpolitische Kompetenz zur Gestaltung der Zukunft verfügten.

Die Mehrheit der Ostdeutschen hatte in der DDR weder das Privileg genossen, der Nomenklatura angehört zu haben, noch war es ihr in der DDR beschieden – durch eine vom Westen kommende Deckung oder durch einen ausweglosen Mut –, nichts anderes als oppositionell, also unbefleckt sein zu dürfen. Die Mehrheit gehörte vor sich selbst, d. h. vor dem je individuellen Gewissen, weder zu den wirklich durch die Vergangenheit Belasteten, deren Teile sich nun reinwuschen, unverbesserlich blieben oder den Wendehals in die freie Marktwirtschaft steckten, noch zu diesen Engeln, die sich aus ihrer Berührungsangst vor dem Irdischen keinen Finger hatten schmutzig machen können oder die aus wirklich moralischer Lauterkeit nun nichts als eine lähmende Beschämung auslösten.

Das für eine Minderheit relativ gute Abschneiden des Bündnis 90 entsprach in keiner Weise der Anzahl tatsächlicher Opfer oder Oppositioneller in der DDR, die im Anblick der Einverleibung durch die alte Bundesrepublik ihrem symbolisch revolutionären Anspruch treu bleiben wollten. Das Bündnis 90 überlebte und wird überleben als Symbol der Scham, und zwar genau in der Proportion, in der sich die ostdeutschen Protestanten im neuen Diesseits nichts anderes als das Symbol ihres schlechten Gewissens leisten können. Es sei denn, dieses Bündnis wechselte von der nur symbolischen Ebene reiner Moral auch zur pragmatischen Ebene der Gestaltung des Diesseits. Letzteres wäre angesichts der realen Problemlage der Ostdeutschen mehr als geboten, auch im Hinblick auf das für dieses Bündnis ursprünglich so reputationsreiche Stasi-Thema, dessen undifferenzierter und vorwändiger Gebrauch für sozial ungerechte Exklusionen immer offenbarer wird.

Worin bestand 1990 das Angebot der Bundesregierung an die Ostdeutschen im Rahmen des Grundgesetzes? Es bestand in einer harten, individuell verfügbaren und universell verwendbaren Währung, dem Statussymbol westdeutscher Identität überhaupt, und in der Staatsbürgerschaft eines demokratischen und föderalen Staates, der mit einem Netz sozialer Wohlfahrt und einem Schutz privater Autonomie ausgestattet ist. Es gab für die ostdeutsche Mehrheitsmentalität – mit ihren schlechten Erfahrungen aus der DDR und der Vergleichsmöglichkeit zu anderen staatssozialistischen Ländern – strukturell und mental kein besseres Angebot als dieses. Die westdeutsche Sozialdemokratie unter Lafontaine blieb aus ostdeutscher Sicht hinter diesem Angebot mit einer unsolidarischen, weil einseitigen und kleinlichen Kostenrechnung zurück. Die CDU offerierte, was strukturell und mental in der alten Bundesrepublik enthalten und in der DDR nicht gelungen war: soziale Demokratie. Sie leitete das größte staatliche Konjunktur- und Wohlfahrts-Programm deutscher Geschichte in die Wege, d. h. ein Programm, das von der Sozialdemokratie erwartet, aber nicht gleistet wurde. Das konservativ-liberale Bündnis schlug die Sozialdemokraten auf deren eigenem Felde, das letztere nurmehr halbherzig und im Nachtrab zurückerobern konnten.

Die meisten Ostdeutschen wußten – dank Lafontaine und dem Bündnis 90 – um den doppelten Preis, den sie bei Annahme des westdeutschen Angebots zu zahlen hatten: den Verlust ihrer eigenen staatlichen Autonomie in Gestalt einer DDR und die Risiken einer schnell eingeführten Marktwirtschaft westdeutschen Produktivitätsniveaus für die eigene Beschäftigungsrate. Der erste Preis wurde ihnen durch zweierlei abgegolten: durch die mit ihrem dezentralen Gemeinschaftsideal korrespondierende Gründung regional- undmentalitätsgeschichtlich sinnvoller Bundesländer und durch ihre neue Rolle des umworbenen, weil entscheidenden Züngleins an der Waage in ganz Deutschland. Der zweite Preis blieb die größte aller zu schluckenden Kröten. Er wurde in der Stimmung einer sozial- und lebensgeschichtlichen Revanche an den Westdeutschen entrichtet, die doch auch nur Menschen waren: Warum also sollten wir Ostdeutsche, die bislang vom welthistorischen Pech Verfolgten, es nicht schaffen, sobald wir die dafür nötigen Mittel haben. In der zwischenzeitlich kritischen Massenarbeitslosigkeit laßt sie, die reichen großsprecherischen und vom Glück verfolgten Westdeutschen zahlen, oder sie sollen all unsere neuen Möglichkeiten als deutsche Bundesbürger kennenlernen!

Ostdeutsche sind durch ihre DDR-Erfahrung geprägt, die in ihren heutigen Reaktionen auf die Beitrittsfolgen nicht überschätzt werden kann. Ihr Schweigen, ihre Naivität und Unbeholfenheit sind nie ganz authentisch, stets auch gespielt, um die Reaktionen anderer zu erproben, ohne sich selbst je ganz offenbaren zu müssen, um also ihre eigene antizipatorische Reflexionskraft zu entwickeln. Dank dieser haben sie ihre Depressionen überlebt und das Regime bis zum Einsturz ausgehöhlt. Sie haben für die äußeren Demütigungen ihrer intern schon immer instabilen Würde das Langzeitgedächtnis eines Elefanten. So gewiß sie auf die Aufkündigung der moralischen Wahlverwandtschaft durch Westdeutsche zunächst depressiv und lamentierend reagierten, ebenso gewiß ist, daß sie jede neuerliche Verletzung ihrer Würde mit einer im stillen eiskalten Kalkulation beantworten, die sie ohne Rücksichtnahme abarbeiten werden. Die den Nerv der ostdeutschen Mentalität treffenden Mahnungen des Bundespräsidenten Richard von Weizsäcker, die Aufgabe der Einheit endlich in Angriff zu nehmen, werden parteipolitisch und von der Mehrzahl westdeutscher Medien noch immer nicht hinreichend oder schlichtweg falsch umgesetzt. Die Mehrheit der Westdeutschen könnte dabei zum Opfer ihres eigenen Selbstbewußtseins werden und in der Permanenz eines nicht mehr kontrollierbaren Kleinkrieges mit der ostdeutschen Mehrheit, also dann schon zu spät, aufwachen. Vermeiden wir den Zusammenfall dieses deutsch-deutschen Kleinkrieges mit den allen bekannten neuen Herausforderungen Deutschlands von außen!

Die protestantische Mentalität der allermeisten Ostdeutschen läßt sich durch eine symbolisch taktvolle und in der Sache differenzierte Beschämung moralisch unglaublich aktivieren und vor Rückfällen in monopolistische Strukturen feien. Es ist ihr jedoch unmöglich, ihren Anspruch auf moralische Selbst-Regulation im Diesseits, nicht in der Wohnküche moralistischer Intellektueller, je abzutreten. Am allerwenigsten an einen Verein von selbsternannten und öffentlichen Gewissens-Verwaltern, die heute inoffiziell vom Monopol der Stasi-Akten-Administratoren leben. So selbstverständlich und richtig die Öffnung aller Akten war, vor allem, um Anhaltspunkte für die öffentliche Rehabilitierung und Anerkennung Geschädigter zu gewinnen, so interpretationsbedürftig bleiben dieselben durch alle historisch Beteiligten und für die Gestaltung einer gemeinsamen pluralen und demokratischen Zukunft. Wo wirkliche

Opfer oder Helden eher beredt schweigen, wirkt die öffentliche Schaustellung solcher Rollen, zumal durch Stellvertreter und im Kontext der falschen Gleichsetzung der DDR mit dem Dritten Reich, nicht mehr moralisch.

Der *Moralismus* schlägt im Diesseits, vor allem *als politische Praxis*, in *amoralische* Konsequenzen um. Vielleicht ist dies überhaupt die *wichtigste Lehre aus der Geschichte der DDR*. Eine protestantische Mehrheit läßt sich durch keine humanistische Phrase mehr moralistisch verführen oder erpressen. Sie ist aus Erfahrung und guten Grundes pragmatisch geworden. Die ostdeutsche Mehrheit hat in der alten Ordnung die Politisierung von oben und von schlichtweg allem erlebt, so daß ihr keine Sphäre privater Autonomie mehr zu bleiben schien. Moral wurde politisch in Dienst gestellt, unter der Flagge des Humanismus. Die Mehrheit der Ostdeutschen hat auf diese Politisierung von oben und von allem zunächst durch eine Moralisierung von unten und von allem reagiert. Die humanistische Ausdrucksform sollte in dieser umgekehrten Wirkungsrichtung Politik wieder einem moralischen Zweck unterordnen. Der alltagskulturell relevante Humanismus-Streit führte in der DDR zu einer Konfusion von Politisierungen und Moralisierungen, die nur im historischen Kontext von jeweils allen Beteiligten aufgelöst werden konnte. Die Nomenklatura moralisierte das bereits von ihr Politisierte. Oppositionelle politisierten das von unten Moralisierte. Die Sterblichen lernten, solche Konfusionen von Fall zu Fall pragmatisch aufzulösen. Dies geschah aber vorwiegend noch auf der Ebene von Gemeinschaften im Unterschied zu der von Gesellschaft oder gar Weltgesellschaft (Wolf Lepenies), eben den Grenzen der Wirklichkeit ostdeutscher protestantischer Lebensformen entsprechend. Die Mehrheit kann sich alltagskulturell die Konfusion zwischen der Politisierung und Moralisierung von tendenziell allem nicht erlauben. Sie erlernt inzwischen, in der Gestaltung der Beitrittsfolgen, den Unterschied und Zusammenhang zwischen Politisierung und Moralisierung im deutschen und europäischen Rahmen.

Wer am Rollenspiel des Moralisten festhält, ohne sich

als Wahlverwandter mit all seinen Schwächen zu erkennen zu geben und ohne die Folgen seiner Rolle für andere heute zu bedenken, besteht seine jetzige moralische Bewährungsprobe nicht. Er mag sich gesinnungsethisch zum Ausdruck bringen, was nötig ist. Aber er handelt so noch nicht verantwortungsethisch, d. h. er übernimmt nicht die Verantwortung für die abschätzbaren Folgen seines Handelns für andere (Max Weber). Wer in Überdramatisierung seines erlittenen Leids die Hand zur Versöhnung, zur Peripetie der Beschämung in Läuterung, verweigert oder auch nur zu lange hinauszögert, übernimmt nolens volens eine andere Rolle. Er erscheint dem diesseitig orientierten Mehrheits-Protestanten als jemand, der symbolisches Kapital nur anhäuft, um es in politisches oder ökonomisches einzutauschen, wodurch er jede moralisch läuternde Wirkung verliert. Sieht der Mehrheits-Protestant seine moralische Autonomie durch eine neue Gesinnungsdiktatur, die zudem auch noch mit moralistischer Erpressung hantiert, gefährdet, schaltet er wie bereits im Falle des Staatssozialismus von der erst wahlverwandtschaftlichen Beziehung um auf rationale Kalkulation. Er verschließt sich jedem weiteren moralischen Lernvorgang.

Vor dieser *Verkehrung* der *richtigen Absicht*, den *moralischen Lernprozeß* unter den *Ostdeutschen* zu *befördern*, kann die gesamtdeutsche Öffentlichkeit nicht genug gewarnt werden. Diese Verkehrung tritt mental zwangsläufig ein, sobald sich irgend jemand die Rolle eines extramundanen Gott-Richters anmaßt, an die kein Ostdeutscher protestantischer Mentalität glaubt, weder unter seinesgleichen, sie mögen geflohen oder daheim geblieben sein, noch unter Westdeutschen, sie mögen früher in die DDR ein Weihnachtspäckchen geschickt oder auch dies noch unterlassen haben. Undifferenzierte Eingriffe von außen durch westdeutsche Entscheidungsträger führen, selbst im Bunde mit ostdeutschen Alibis, zu falschen Solidarisierungen, die sich unter Ostdeutschen informell tatkräftiger als öffentlich wortreich gestalten. Wer frühere Wachsoldaten auch nicht mehr bei der Müllabfuhr beschäftigt, wer international anerkannte Transplantations-Chirurgen wegen nicht hinreichend geklärter Stasi-Vorwürfe vorschnell entläßt, wer überhaupt die DDR-Vergangenheit als Mittel zur Beseitigung heute unliebsamer Konkurrenten oder als Ablenkungsmanöver und Sündenbock mißbraucht, sollte sich über die von ihm selbst provozierten Solidarisierungen nicht wundern. Noch besteht das Bedürfnis der ostdeutschen Mehrheit darin, aus der Logik des Auge um Auge, des Zahn um Zahn, des Unrecht um Unrecht herauszukommen. Demokratie und Rechtsstaat, bleibet beim Verfahrens- statt Gesinnungs-Maß und bei der richtigen Verteilung der Beweislasten, um so mehr als nun die Öffnung der Akten bevorsteht. Bis auf die rechtsstaatlich faßbaren Fälle bedeutet dies, die dringend nötige moralische Differenzierung von neuerlich ungerechten sozialen Sanktionen und Ausschlüssen, die zu demokratiefeindlichen Amokläufern führen können, zu entkoppeln. Geben wir doch dem moralischen Lernprozeß durch Strukturanalysen der historisch veränderlichen Möglichkeiten zu handeln eine Chance, statt mit Moral und im Namen einer höheren Moral Politik zu treiben, d. h. zu heucheln.

Die größten Verlierer unter den Ostdeutschen sind die zumeist jungen, wenig gebildeten und für Modernisierungsprozesse kaum geeigneten Neonazis. Sie waren bereits in der DDR der 80er Jahre (vorher gab es sie nicht) die von allen – ob Konservativen, Reformern oder Oppositionellen – Ausgeschlossenen. Sie kamen sich selbst als die einzig radikale, weil den antifaschistisch-humanistischen Grundkonsens auflösende Alternative vor. Dieser kompromißlerisch humanistische und viel zu selbstverständliche Konsens war als Kritik an den monopolistischen Kontinuitäten und deren mentalen Affinitäten pro domo inkonsequent. Chancenlos Ausgeschlossene bedürfen eines konsequenten Ausdrucks ihrer Lebenslage. Ein solcher war bei der offiziell linken Legitimation und bei der selbst unter Kritikern noch DDR-bezogenen Argumentation nur im Zusammenfall rechter und großdeutscher Ideologeme zu finden. Wer keine Chance in einer reformerischen Modernisierungspraktik sah, da er in derselben auf die Rolle des ewigen Verlierers festgelegt werden konnte, reproduzierte die offizielle Monopolstruktur im Kleinformat einer Gruppe, nur mit inhaltlich umgekehrtem Vorzeichen, d. h. er wurde Neonazi. Da der Beitritt der DDR zu keiner *Wieder*-Vereinigung, der größten Hoffnung dieser Gruppen, führte, blieben die Enttäuschten die erneut Ausgeschlossenen, nur diesmal ideologisch, finanziell, organisatorisch und technisch von ihren westdeutschen Gesinnungsgenossen gestärkt. Was in der DDR als Potential zum symbolischen Amoklauf kleiner Gruppen begann, wird so zur realen Gefahr durchorganisierten Terrors.

Die ostdeutschen Neonazi-Gruppen sind nicht minder beunruhigend als die westdeutschen oder vergleichbare in Westeuropa und den USA, wohl aber weniger beunruhigend als die in der zerfallenden Sowjetunion. Ich meine dies strukturell und mental. Sowenig die westliche moderne Gesellschaft eine Lösung für das Problem gefunden hat, der Verstetigung der Position von Wettbewerbssiegern zu Monopolen vorzubeugen, sowenig hat sie eine Lösung für die andere Seite derselben Medaille, d. h. für das Problem der Verstetigung der Position von Verlierern, oder für diejenigen, die von vornherein an keinem im westlichen Sinn freien Wettbewerb teilnehmen können, weil ihnen die Startbedingungen fehlen. Der relative Vorteil der westlich modernen Gesellschaft besteht in ihrer Kombinatio . aus Marktwirtschaft, parlamentarischer Demokratie und Sozialstaat. Diese Kombination hält die berühmten zwei Drittel der Bevölkerung in mobiler Integration. Neonazis und diesen vergleichbare Gruppierungen, die sich aus dem dritten Drittel rekrutieren, stellen einen gefährlichen Präzedenzfall dar. Dieser sollte in der Öffentlichkeit die historische Kontingenz dieser Kombination zu Bewußtsein bringen, die derzeit die westliche Moderne ausmacht. Was aber geschieht, wenn das dritte Drittel wächst oder wenn – wie im Falle der ehemaligen Sowjetrepubliken – absehbar ist, daß die wirtschaftlichen, politischen und kulturellen Potentiale kaum zu einer Ein-Drittel-Gesellschaft reichen werden?

Ich beneide keinen Apologeten einer Post-Histoire oder

falschen Post-Moderne, niemanden, der die alte Bundesrepublik oder sonst eine liberale Gesellschaft für das Ende der Geschichte hält, in deren Strudel nun alles wieder gerät. Uns Ostdeutschen scheint die undankbare Aufgabe zuzufallen, der Überbringer einer offenbar schlechten Nachricht zu sein: Die Euch so selbstverständliche Kombination ist historisch kontingent. Wir erfuhren es an unseren Leibern: Spiele werden ernst. Es war nicht das Make-up, es war die eigene Haut, mit der wir noch einmal davongekommen. Auf dem Prüfstand der Weltgeschichte steht längst Eure, von uns geteilte Kombination. Verspielen wir sie nicht im Siegesgeschrei.

1 Siehe Lepenies, Wolf: Die Grenzen der Gemeinschaft. Deutsche Zustände zwei Jahre nach der Revolution, in: Frankfurter Rundschau v. 12. 10. 1991, S. ZB 3.

2 Vgl. Krüger, Hans-Peter: Strategien radikaler Demokratisierung. in: Deppe,R./Dubiel, R./Rödel, U. (Hrsg.) Demokratischer Umbruch in Osteuropa, Frankfurt/M. 1991, S. 76–103.

3 Vgl. Anz, Thomas: (Hrsg.), Es geht nicht um Christa Wolf. Der Literaturstreit im vereinten Deutschland, München 1991, S. 35–40.

Ohne Versöhnung handeln, nur nicht leben

Zur Diskussion um DDR-Intellektuelle

1. Schüler und Lehrer

Denke ich doch wieder nur an Deutschland, so frage ich mich, welcher Weg für die Mehrheit der Bevölkerung auf beiden Seiten der bequemste und daher wahrscheinlichste sein wird. Man kann es Politikern in einer parlamentarisch repräsentativen Demokratie nicht verübeln, wenn sie mehrheitsfähig bleiben oder werden wollen. Nach dem Aufbruch in die Geschichte 1989 kam ihr Einbruch. Der Einbruch von Geschichte, wie wir ihn während des letzten Jahres erlebt haben, produziert Unsicherheit. Diese ist, ehe sie in nichts als Gegensätze ausufert, durch überschaubare Muster einzugrenzen.

Das Geschwister-Modell war zu hautnah und anachronistisch. Die meisten Brüder und Schwestern sind nicht einmal zusammen aufgewachsen. Das Kolonialisierungsmodell schlägt Wunden mit geringer Heilungschance und provoziert Befreier nostalgischer Identitäten auf beiden Seiten. Es stört den inneren Frieden, dessen Deutschland der von außen wachsenden Anforderungen wegen bedarf. Am nächsten liegt inzwischen eine Art von Lehrer-Schüler-Verhältnis, in dem die meisten West- und Ostdeutschen auf Vertrautes zurückgreifen können. Es ist je nach Gutwilligkeit weit interpretierbar und könnte bei aller Asymmetrie zwischen Lehrern und Schülern aufs Lernen orientieren.

Für diesen Weg empfiehlt es sich, folgendes – wie in vielen Reden zum ersten Jahrestag des Beitritts geschehen – herauszustellen: Die DDR-Bevölkerung war dasjenige Fünftel der Deutschen, das seit dem Dritten Reich an Diktaturen gelitten hat. In der Nachkriegszeit des Kalten Krieges wurde dieser Teil Kolonie der stalinistischen Sowjetunion. Nach dem Zerfall des sowjetischen Imperiums muß er nun den Modernisierungsprozeß der Bundesrepublik nachholen. Dies haben die Bürger sich verdient als Deutsche im Sinne des Grundgesetzes und wegen der friedlichen Herbstrevolution, die als Andenken bleiben wird.

Der Mehrheit der Ostdeutschen ist so Absolution zu erteilen. Sie gerät historisch in die Lage des Strukturopfers, dem es zu helfen gilt, gegenwärtig in die des Schülers auf Zeit. Der Schüler von heute darf Fehler machen und trägt noch nicht die volle Verantwortung für seine Zukunft. Es handelt sich um eine Entlastungsstrategie, die einstweilen keine volle Selbstbestimmung und Gleichheit mit den Westdeutschen vorsieht, wohl aber überhaupt die Annahme durch die begüterte Vier-Fünftel-Mehrheit bedeuten könnte. Die meisten Westdeutschen geraten in die Rolle des Erziehers oder Lehrers. Schließlich kennen sie eine funktionierende Marktwirtschaft, parlamentarische Demokratie und öffentlich streitbare Kultur. Die Lehrer-Rolle verspricht soviel Selbstbestätigung, daß ihre Inhaber großzügig sein könnten. Diese Großzügigkeit imponiert moralisch und hält Selbstzweifel fern.

Das Bild vom totalitär eingefrorenen und nun aufzutauenden Ostdeutschen ermöglicht es beiden Seiten, vertraute Rollenmuster fortzusetzen. Der Westdeutsche kann sein Grunderlebnis, den Amerikaner des Marshall-Plans, nachspielen. Er ist auch unter den EG-Bürgern während der letzten Jahrzehnte als der großzügige Lehrmeister bekannt geworden. Der Ostdeutsche war in der DDR ohnehin ein Erziehungsobjekt und kennt alle Kniffe, die Schüler-Rolle überzeugend wahrzunehmen, indem er sie auch klammheimlich unterläuft. Seine größte Chance, doch noch zum Westdeutschen zu werden, bestünde darin, daß er die Schulmeister-Rolle gegenüber Osteuropäern mit übernehmen dürfte.

Solange die Steuer- und Kredit-Decke reicht, und wenn jetzt nicht schon wieder Geschichte dazwischenkommt, könnte diese Rollen-Teilung doch erst einmal aufgehen. Und wäre sie nicht ein Fortschritt gegenüber der Enttäuschung familiärer Erwartungen und der Sieger-Besiegten-Stimmung? – Die kritischen DDR-Minderheiten, die der politischen Opposition und die der Intellektuellen, sind bislang in dieser Rollen-Verteilung kaum vorgesehen. Die politischen Oppositionellen würden, nachdem sie bei der Entmachtung der DDR-Eliten geholfen haben, aufs Andenken beschieden. Die Intellektuellen stehen ohnehin unter dem Verdacht, eine machtgeschützte Innerlichkeit gewesen zu sein, von der man auch nicht weiß, wie viele reformsozialistische Flausen sie in einer nächsten historischen Situation wiederbeleben könnte. Da heißt es sieben. Tribunale über sie werden gefordert. Beide, sich persönlich nur teilweise überschneidenden Minoritäten haben Schwierigkeiten, die Offerte der Verjüngungskur zum Schüler auch nur anzunehmen. Bis sie sich positiv entscheiden, bliebe ihnen die Quarantäne existentieller Unsicherheit.

Was in Wirtschaft, Technik, Politik und Kultur an Handlungen oder Operationen gelehrt und gelernt werden kann, wird sich zwischen Schülern und Lehrern asymmetrisch austauschen lassen, ohne die Würde eines Beteiligten zu verletzen. Die genannten Schwierigkeiten beider ostdeutscher Minderheiten deuten indessen auf ein tiefer liegendes Problem hin: Ostdeutsche haben auch, wenngleich in verschiedenem Maße, die Lebenserfahrung errungener Freiheit, sei es mehr in politisch-moralischer oder mehr in geistigkultureller Hinsicht, gemacht. Diese Erfahrung geht in keiner Schüler-Rolle auf. Sie ist unter den Ostdeutschen – wenigstens als Bedürfnis – weiter verbreitet, als es einige symbolische Namen vermuten lassen. Intellektuelle, die diesen Namen verdient haben, sollten nicht kurzsichtig mit Nomenklaturkadern, Legitimationsideologen oder auch Nur-Akademikern gleichgesetzt werden. Die Gleichsetzung der Intellektuellen mit Angehörigen einer Machtelite oder einer Intelligenzschicht trifft nicht einmal auf die DDR, noch weniger auf eine funktionierende Demokratie zu. Auch da, wo diese verschiedenen Tätigkeiten in ein und derselben Lebensgeschichte auftreten, bleiben sie unterscheidbar. Dieser Unterschied, der sich häufig zur ausschließenden Alternative steigert, mochte und mag schmerzen.

2. Zur kulturellen Aufgabe von Intellektuellen

Intellektuelle sind auch nur Menschen. Ihre Endlichkeit und Fehlbarkeit halten sie menschlich. Gewiß ist dies eine triviale Einsicht. Aber wir tun gut daran, von ihr auszugehen, um nicht falsche Erwartungen zu hegen. Intellektuellen-Schelten oder ihr Pendant, die Selbst-Überhebungen der Intellekuellen, nähren sich häufig von solchen Erwartungen. Aufklärung sollte vor allem über sich selbst aufgeklärt bleiben, d. h. ihre Grenzen kennen. Intellektuelle sind keine Götter, nicht einmal Engel oder Heroen. Die Aufklärung hat sich stets übernommen, d. h. ist sich selbst untreu geworden, wenn sie die Rolle einer Religion oder eines Mythos übernahm. Den Platz der Weltschöpfung oder des Jüngsten Gerichts kann sich kein Mensch anmaßen. Der göttliche Funke entzündet sich in der Liebe zum Nächsten und im Streit einer Kommunikationsgemeinschaft. Er mag uns Licht geben, aber in niemandes Hand zum Brandsatz werden.

Intellektuelle können auch keine Wirtschaftsmanager, Handwerker, Politiker, Dichter, Facharbeiter oder Angestellten ersetzen. Vielmehr setzt ihre Tätigkeit all diese voraus. Je spezialisierter die Kompetenzen der Einzelnen und je differenzierter moderne Gesellschaften werden, um so komplexer und unübersichtlicher werden die Zusammenhänge, für die es keine Spezialisten und kein gesellschaftliches Zentrum gibt. Einzelne oder auch Gruppierungen von Menschen geraten alltäglich und mehr noch in extremen Lebenssituationen in Widersprüche zwischen verschiedenen Normen bzw. Werten. Selbstverständliches wird fraglich. Unser Tun stößt auf Grenzen. Was vereinbar schien, spaltet sich in ein unerbittliches Entweder-Oder. Wahres, Gutes und Schönes fallen auseinander; Lüge, Böses und Häßliches nicht minder. Die Uhren der Wirtschaft, Politik und Wissenschaft gehen anders als unser Puls. – Jeder bildet in derartigen Erfahrungen ein intellektuelles Bedürfnis nach Zusammenhang, Widerspruchslösung, neuer Präferenz und Sinngebung aus.

Intellektuelle stellen sich solchen Fragen der Orientierung in der allgemeinen Öffentlichkeit. Ihre Rolle steht und fällt mit dieser, das Gemeinwesen betreffenden Öffentlichkeit. Sie bringen in ihr das Kunststück fertig, den ausdifferenzierten Kriterien verschiedener Expertenkulturen (wie der Literatur und Künste, der Wissenschaften, Philosophie und Theologie) Rechnung zu tragen. Dies schließt notwendigerweise Dilettantismus ein. Ja, mehr noch, sie müssen ihre strategischen Offerten zum Umgang mit existentiellen Konflikten, mit dem Gegensatz zwischen kognitiven, ethischen und ästhetischen, wirtschaftlichen und machtpolitischen Ansprüchen gemeinverständlich zum Ausdruck bringen können. Anders entstünde kein Anschluß an die alltagskulturellen Erfahrungen.

Intellektuelle stammen in der Regel aus einer Intelligenzschicht, unter deren Experten sie ihre Kompetenzen ausgewiesen, also eine gewisse Reputation erworben haben. Tätigkeiten, die eine akademische Ausbildung erfordern, gibt es in wachsendem Maße auf allen gesellschaftlichen Handlungsfeldern. Auch hat die akademische Ausbildung auf einigen Gebieten funktionale Äquivalente an Begabung, Talent, Autodidaktik. Von den vielen Akademikern oder Quasi-Akademikern werden nur wenige Intellektuelle. Dazu gehört eben das Wagnis, sich in der Öffentlichkeit auf eine Orientierungssuche zu begeben, für die es keine professionell geordneten Lösungsmuster gibt. Das Risiko, intellektuelle Aufgaben falsch zu stellen, noch stärker in Lösungsvorschlägen zu fehlen, ist besonders groß. Dies betrifft vor allem zeitkritische Diagnosen und erst recht Therapie-Offerten. Vielleicht besteht die größte Leistung von Intellektuellen darin, derart wirksam auf Gefahren aufmerksam gemacht zu haben, daß diese nicht eintreten und sie am Ende als die ewig Irrealen dastehen.

Angesichts des Risikos der intellektuellen Tätigkeit ist jede moderne Gesellschaft gut beraten, den intellektuellen Disput vom politischen Entscheidungsmechanismus wohl unterschieden zu halten. Der Reichtum an intellektuellen Varianten kann für die möglichen Krisen einer Gesellschaft nicht groß genug sein. Der Kurzschluß zwischen einer bestimmten intellektuellen Variante und ihrer kulturellen, politischen und wirtschaftlichen Realisierung kann demgegenüber teuer zu stehen kommen.

Eben dieser Kurzschluß scheint mir in den meisten Ideologien vorzuliegen. Ideologen unterscheiden sich von Intellektuellen dadurch, daß sie mit der machtseitigen Realisierung ihrer Ideen ohne die öffentlichen Prozeduren des Wettbewerbs mindestens einverstanden sind, wenn sie diese Realisierung nicht gar aktiv fördern. Sie tun dies, indem sie öffentlichen Widerspruch wenigstens umgehen oder machtgeschützt vereiteln, indem sie jedes Defizit an Öffentlichkeit ausnutzen, statt an dessen Überwindung mitzuwirken, statt also die Freiheit des Andersdenkenden zu verteidigen. Die Verführung des Intellektuellen zum Ideologen ist objektiv um so größer, je stärker eine Gesellschaft durch Monopolformen statt durch Wettbewerbsformen strukturiert ist. Auch die mehr oder minder öffentlichen Wettbewerbsformen in Kultur, Politik und Wirtschaft sichern keine Unfehlbarkeit. Aber sie erhöhen die Wahrscheinlichkeit dafür, daß sich unter allen möglichen Übeln das jeweils kleinste durchsetzt und die Realisierung von Varianten ein Lernvorgang bleibt. Die Langeweile in den demokratischen Verfahren hat diesen Vorteil des wahrscheinlich kleineren Übels.

Intellektuelle gewinnen bestenfalls einen Einfluß auf die öffentliche Meinung, auf den Wechsel von Themen, Erwartungen, des kulturell Akzeptablen in der Öffentlichkeit. Sie haben als Intellektuelle keine Machtpositionen inne, dieses oder jenes politisch und wirtschaftlich durchsetzen zu können, d. h. sie gehören nicht zur wirtschaftlichen oder politischen Elite. Dies entlastet sie vom nur interessebezogenen Handlungsdruck. Sie gewinnen an Einfluß durch Reputation, einen persönlich überzeugenden Habitus, durch überraschende Argumente und Bilder, in denen alltags- und expertenkulturelle Erfahrungen einander begegnen können. Unter der Mehrheit der Jugend wird heute die Intellektuellen-Rolle eher von außergewöhnlichen Pop-Künstlern als von Dichtern und Denkern im traditionellen Sinne ausgeübt.

Intellektuelle können wie jeder Staatsbürger eine partei- oder bewegungspolitische Präferenz haben. Aber sie bringen sich um jeden intellektuellen Kredit, wenn sie Kultur nicht als Zwecksetzung und Maßstab der Kritik verwenden, sondern nur als Ressource, um eine politische Programmatik zu legitimieren. Sie wechseln dann von der intellektuellen in die ideologische oder politische Wirkungsart. Als Intellektuelle wirken sie nicht an der Verdopplung des wirtschaftlich und politisch ohnehin Gegebenen mit. Sie fördern, daß jeder in und mit dem für ihn Anderen zu sich selbst komme. Die öffentliche Selbstverständigung lebt vom chancengleichen Austausch divergenter Perspektiven. In diesem stehen die Zwecksetzungen und Sinngebungen menschlichen Daseins selber zur Diskussion. Selbst wer von der Zweck- und Sinnlosigkeit dieses Daseins überzeugt ist, setzt als Intellektueller das wirtschaftlich, politisch oder professionell Gegebene noch immer dem Spiel der anderen Möglichkeit aus.

3. Selbstwiderspruch und Versöhnung

Konnte die vorangegangene Unterscheidung von Intellektuellen, die auf öffentlich demokratische Gesellschaften zutreffen mag, in der DDR respektiert werden? Zu einem Teil: Ja. – Gewiß, in der DDR herrschte ein diktatorisches Regime, das im Ergebnis des Zweiten Weltkrieges als Bestandteil der sowjetischen Hemisphäre entstanden war und auch von den Westmächten machtpolitisch respektiert, schließlich diplomatisch anerkannt wurde. Dieses Regime übte eine parteistaatliche Monopolstellung nicht nur politisch, sondern spätestens seit dem Mauerbau auch kulturell und wirtschaftlich aus. Aber dieses Regime konnte in Mitteleuropa nicht anders überleben als dadurch, daß es eine Modernisierung auf allen Gebieten nolens volens zuließ, an der es zugrunde ging.

Stellen wir Ostdeutsche uns heute nicht dümmer, als wir es damals waren. Die Differenz zwischen offiziellen und informellen Maßstäben des Handelns gehörte zur Muttermilch jedes DDR-Bürgers. Der Unterschied zwischen ideologischem, intellektuellem, akademischem und einer Elite zugehörigem Verhalten konnte – mindestens informell und intuitiv – gewußt und auch praktiziert werden. Wer politisch einen anderen denunziert hat, konnte wissen, daß es sich dabei um keine intellektuelle oder akademische Tat handelt. Die offiziellen Maßstäbe selbst waren ambivalent. Die inhumane Praxis der Diktatur legitimierte sich als antifaschistischer und realer Humanismus, der sie nicht war, aber sie in Grenzen hielt. In der DDR gab es keine vom parteistaatlichen Monopol unabhängige und allgemeine politische Öffentlichkeit, aber die westdeutschen Rundfunkanstalten, ersatzweise die literarisch-künstlerische Öffentlichkeit, die in den 80er Jahren unter dem Dach der Kirche anwachsende Öffentlichkeit der Oppositionsgruppen und wenig wirksame, weil speziellere Fachöffentlichkeiten in Forschung und Lehre. Sie alle waren in verschiedenen Proportionen doppelt, offiziell und informell, codiert.

Hätten wir nicht ständig die Ambivalenz der offiziellen Maßstäbe bewußt ausgenutzt und in den informellen Kommunikationsnetzen Gegenmaßstäbe entwickelt, wir hätten gar keine negativen Erfahrungen sammeln können, die wir aber doch so reichlich gemacht haben. Der Herbst 1989 wäre von innen her nicht möglich geworden. Irgendwie hat schon jeder eine Vorstellung davon gehabt, daß ein modernes Wirtschaftsleben nicht ohne die Anerkennung von Leistung in realen Geldeinheiten und Gewinneffizienz funktionieren kann. Irgendwo wußte jeder, daß ein modernes politisches Leben die Respektierung des einzelnen Staatsbürgers voraussetzt und Entfaltung von Demokratie bedeutet. Und irgendwie wußte auch jeder, daß sich moderne Kultur nicht ohne eine von Diktatur freie öffentliche Diskussion und ohne internationale Bewährung entwickeln läßt. Der Maßstab der Kritik war nicht einer, der strukturell einem religiösen Fundamentalismus oder nationalem Existentialismus gleich käme. Die Kriterien der Kritik waren bereits kompatibel mit der westeuropäischen Entwicklung, was man von vielen Kritiken in der Sowjetunion, so der Solschenizyns nicht sagen konnte.

Die einfache Gleichsetzung der DDR-Strukturen mit denen des Dritten Reichs oder denen der stalinistischen Sowjetunion ist höchst irreführend. Daß es diesbezügliche Kontinuitäten gab (Diktatur, ideologische Gleichschaltung, Angstneurosen und Untertanengeist), war Gegenstand der Diskussion in der DDR, übrigens dank den heute gescholtenen Intellektuellen (Christa Wolf und Heiner Müller). Die damals subversive Gleichstellung – so der Kommentar der Großmutter zu einem offiziellen Aufmarsch »Das ist ja wie bei Hitler« – war ein Indiz dafür, daß wir auch schon in anderen Verhältnissen lebten. In tatsächlich totalitären Ordnungen wird intellektuelle Wirksamkeit unmöglich. Wer dann nicht emigrierte oder aufhörte, Intellektueller zu sein, wurde schlichtweg umgebracht. Das SED-Regime konnte die DDR nie total beherrschen. Dieses Land war in höchstem Maße äußeren Abhängigkeiten unterworfen. Die innerdeutsche Grenze manifestierte die Grenze der Legitimität und Loyalität, die das Regime in der Bevölkerung genoß. Dem Regime waren auch von seinem eigenen legitimatorischen Anspruch her, antifaschistisch und (seit 1956) poststalinistisch sein zu wollen, Grenzen gesetzt. Die parteistaatliche Diktatur mußte von ihr widersprechenden Modernisierungspotentialen leben, an denen sie zugrunde ging.

Das eigenartigste Modernisierungspotential der DDR wuchs in den Menschen selbst heran. Sie entwickelten eine Kultur sich selbst widersprechender Individuen. Wenn ich mich richtig erinnere, hatte Volker Braun früh davon gesprochen, daß in der DDR die gesellschaftskonstitutiven Widersprüche durch ein und dasselbe Individuum hindurchgehen. In anderen Gesellschaften, ob west- oder ostwärts gesehen, konnte sich das Individuum eher auf eine Seite des Widerspruchs schlagen und mit dieser identifizieren. Die andere Seite hatte es außer sich: Wer Gewerkschaftler war, gehörte nicht gleichzeitig dem Bundesverband der deutschen Industrie an; und wer sich als Solidarność-Anhänger engagierte, war in Polen nicht gleichzeitig Träger des kommunistischen Regimes (Nomenklaturkader). Waren anderenorts im Regelfall die gegensätzlichen Seiten eines Widerspruchs auf verschiedene Individuen und deren Organisationen verteilt, fühlte sich bei uns die Mehrzahl der Individuen durch konträre Rollen, die jeder gleichzeitig ausüben sollte, hin- und hergeworfen. Was objektiv an modernen Wettbewerbsformen zur Austragung sozialer Widersprüche fehlte, mußte subjektiv kompensiert werden durch damit permanent überanstrengte und auch überforderte Individuen.

Was sich nicht in der Objektivität ausleben konnte, wurde in der Subjektivität abgelagert. Noch der Herbst 89 war mehr eine allgemeine Implosion als Explosion. Wer sich, genötigt zu offiziellen Mitgliedschaften, keinen Halt in einer informellen Kommunikationsgemeinschaft schaffen konnte, wurde verrückt, ob mit der Folge des Suizids oder der einer zynischen Selbstdegradierung zum Instrument der Apparate. Der Mehrzahl gelang der Aufbau informeller Kommunikationsgemeinschaften. Diese wurden den Selbstwiderspruch nicht los. Aber sie ermöglichten eine erträgliche Balance gegensätzlicher Erwartungen und damit Distanz zur offiziellen Wirklichkeit. Der zweifellos alltägliche Opportunismus war doch nicht grenzenlos. Die nicht minder alltägliche Distanz zum Offiziellen blieb ebenso inkonsequent. Es gibt kulturhistorisch wohl kaum ein zweites Areal, das so viele Schattierungen an selber eingegrenztem Opportunismus und an selber inkonsequent gehaltener Distanz aufweist.

Von außen, mit einem westlich modernisierten Blick betrachtet, erscheint dieses Verhalten entscheidungsgelähmt, effizienzlos, als sich in der Zeitlupe ereignend, als eben sich anpassend und im nächsten Augenblick als schon wieder eigenbrötlerisch, rückfällig in ein Schildbürgertum oder in einen ernster zu nehmenden Autismus. Von innen her betrachtet, wurden objektive Verhaltenskriterien zwar schon antizipiert, aber doch nur sekundär gemeint. Davor lag eine Intensität des subjektiven Erlebens, die sich ihrer Widersprüchlichkeit wegen nur schwer Ausdruck verschaffen kann und erst einmal der intersubjektiven Ausbalancierung bedarf. Der Reiz der DDR-Literatur und -Kunst besteht in der

Entdeckung sich widersprechender Dimensionen der Subjektivität. Deren literarisch-künstlerischer Ausdruck stellt eine Offerte dar, einen neuen intersubjektiven Entwurf zu wagen. Selbst da, wo DDR-Literatur und -Kunst nur objektivistisch zu schockieren schienen, provozierten sie im zerfaserten Rezipienten eben diese Ermutigung.

Der Widerspruch zwischen Handlungen, die die Monopolstruktur konservierten, und Handlungen, die sie durch Modernisierung erodierten, durchzog so gut wie jeden. Auch Schweigen und Unterlassen sind Handeln. Nur die allerwenigsten konnten lebensgeschichtlich nichts anderes als entweder Regimeträger oder Regimegegner werden. Für die übergroße Mehrheit der DDR-Bevölkerung war die Verinnerlichung dieses Widerspruches realistisch. Sie lagerte sich nach jedem historischen Ereignis (1953, 1956, 1961, 1965, 1968, 1976, 1980, 1985–1987) Schicht um Schicht in die Lebenswelt ein. Es lag kulturgeschichtlich bei der mehrheitlich protestantischen Tradition nichts näher als diese Verinnerlichung. Die nationale Identifikation war nach zwei Weltkriegen problematisch und auch für die meisten Westdeutschen der 70er und 80er Jahre eine unwahrscheinliche Praxis. Sie bedeutete, da sich BRD und DDR damals durch wechselseitige Abgrenzung definierten, die Preisgabe immanenter Oppositionschancen.

Jedes historische Ereignis brachte eine Entscheidungssituation. Wie sich welche(r) DDR-Intellektuelle wann entschieden hat, ist heute zugänglich und im einzelnen zu diskutieren. Die Entscheidungen fielen verschieden aus, verschieden nach der Generation des Aufbaus, der Hineingeborenen und der Abkunft; verschieden nach der Herkunft aus einer Intelligenzschicht (Literatur und Künste, Natur-, Sozial- oder Geisteswissenschaftler, Theologen, Journalisten); und verschieden nach dem Charakter der jeweiligen Persönlichkeit. Bei allem Selbst-Widerspruch in jedem bildeten sich Gruppen, die mit diesem Widerspruch verschieden umgingen. Das die Gruppen unterscheidende Maß an Entschiedenheit, die intellektuelle Aufgabe wahrzunehmen oder aufzugeben, verschwimmt heute in pauschalen Gleichsetzungen, die falsche Solidaritäten fördern. Der Differenzierungs- und Auflösungsprozeß reformsozialistischer Erwartungen begann unter Intellektuellen mit jedem historischen Einschnitt von neuem. Er war für die Bevölkerung seit 1976, mit dem kulturellen Aderlaß im Gefolge der Ausbürgerung Wolf Biermanns, deutlich. Dieser Prozeß beschleunigte sich seit dem Dezember 1989 enorm. Sein Ausgang hängt von den Chancen zur symmetrischen Verständigung unter West- und Ostdeutschen ab.

Die Verinnerlichung der sozialen Widersprüche war historisch realistisch, für einen großen Teil schon seit dem Mauerbau, für die Mehrheit seit dem Scheitern des Prager Frühlings. Warum heute den Ostdeutschen vorwerfen, was sich auch die Westdeutschen im Bündnis mit den Westalliierten nicht zu tun getrauen konnten: die Hegemonie der neostalinistischen Sowjetunion über Osteuropa, einschließlich DDR aufzuheben. Aufrufe zum Umsturz wären damals nicht verantwortlich gewesen. Erst seit 1984, der ersten großen Ausreisewelle, wurde auch das Übersiedeln wieder zu einem kalkulierbaren Risiko. Wer – persönlich meistens verständlich – in die alte Bundesrepublik übersiedelte, schwächte zwar auch das Regime, aber nicht minder das innere Oppositionspotential.

Das Gefühl des Versagens, des Versagens an den eigenen Maßstäben und Handlungsmöglichkeiten, breitete sich in der DDR massiv seit 1987 aus, der ersten relativen Festigung von Glasnost und Perestroika. Die seit dem Prager Frühling offenbare Reformnot wäre jetzt – außenpolitisch realistisch – zu wenden gewesen. Die nationale Karte spielte inzwischen – als ihren letzten Strohhalm – die Honecker-Riege selber, vom Milliarden-Kredit bis zum Bonn-Besuch im gleichen Jahre. Es folgte die machtpolitisch richtige Einschätzung von Otto Reinhold, dem damaligen Rektor der SED-Akademie für Gesellschaftswissenschaften, daß sich die DDR ohne Kommunismus erübrigen wird. Auf die deutsche Frage gab es inzwischen intellektuell so gut wie keine Vorbereitung mehr, im Unterschied zu den 50er und 60er Jahren.

An dem intellektuellen Oppositionspotential in der DDR

fiel – im Unterschied zu dem in Polen, Ungarn oder der Sowjetunion – auf, daß es sich vor allem reformsozialistisch orientierte. Es war nicht oder kaum national, konservativ, nur liberal, rechts- oder linksradikal. Warum war dies so? – Ich stelle diese Frage nicht, weil ich wie SED-Funktionäre oder deren Nachfolger meine, daß sich intellektuelle Tätigkeit parteipolitisch auflösen ließe. Das Gegenteil ist der Fall. Aber das genannte Faktum bleibt auch. Es wird sich nicht nur damit erklären lassen, daß die, die mit politisch Anderem sympathisierten, bis 1961 und dann wieder ab 1984 die DDR verlassen konnten. Auch das antifaschistische Motiv der Aufbau-Generation von DDR-Intellektuellen scheint mir nicht hinreichend zu sein.

Reformsozialistische Ideen ermöglichten den versöhnlichen Umgang mit unserem Selbst-Widerspruch. Strukturell ist es unvereinbar, ein Monopolregime mitzutragen, auch nur mitzudulden, und gleichzeitig Selbstverwirklichung für alle und mit allen zu beanspruchen. Die Konsequenz der Unvereinbarkeit blieb lebensweltlich verborgen. Man kann vieles ohne Versöhnung tun, nur nicht leben. Indem wir diese Versöhnung lebten, konnten wir uns als schizophrene erkennen. Hätten wir die Versöhnung des Unversöhnlichen nicht gelebt, wären wir tatsächlich schizophren gewesen. An die Lebenswelt, diesen Halt des Selbstverständlichen, der allem bewußten Handeln vorausliegt, kommen Argumente, politische und wirtschaftliche Fakten nur schwer heran. Diese interpretierte jeder schon immer im Horizont einer mit anderen geteilten Lebenswelt. Ein Mindestmaß von Gemeinschaftlichkeit, einer gemeinsamen Lebenswelt, ist und bleibt Existenzial von uns endlichen Wesen. Die Lebenswelt läßt sich nur ändern durch neue Lebenserfahrungen, und die hängen nun ab vom Modus der Folgen des Beitritts.

Es ist gar nicht menschenmöglich, seine eigene Lebenswelt aufzugeben. Sie ist nicht verfügbar. Es ist ein höchst technischer Standpunkt, solches von jemandem zu fordern. Selbst wenn die Lebenswelt verfügbar wäre, müßte derjenige eine Anpassungsleistung vollbringen, die ihm für seine Vergangenheit gerade vorgeworfen wird. Beides paßt nicht zusammen und hat mit dem viel zitierten Respekt vor der Würde jedes menschlichen Lebens nichts zu tun. Es ist politisch auf Sand gebaut, den in die alte Bundesrepublik und in die DDR Hineingeborenen vorzuwerfen, daß sie keine andere Lebenswelt erfahren haben. Ob sie eine gemeinsame ausbilden und in welchem Maße, dies hängt von der Gestaltung der Beitrittsfolgen ab. Was immer wieder als historisch verbürgt aufgerufen wird, mag der Erfahrung von Pensionären entsprechen. Es ist eine Aufgabe.

Ich befürchte, daß diejenigen Westdeutschen, die heute intolerante Schläge austeilen, von einer nicht minder lebensweltlich fundierten Angst umgetrieben werden. Ließen sie sich auf eine symmetrische Verständigung ein, die intellektuelles Vermögen auszeichnet, könnte die hermeneutische Übernahme ostdeutscher Perspektiven zu einer vielleicht bitteren Selbsterkenntnis führen: Hätten Westdeutsche unter vergleichbaren historischen Bedingungen und bei einem ähnlichen Lebenslauf grundsätzlich anders gehandelt? Erleben auch sie einen Selbst-Widerspruch, nicht aus einem allgmeinen Modernisierungsrückstand wie in der DDR, sondern aus einer einseitigen Über-Modernisierung heraus? Eine symmetrische Verständigung brächte auch die Arten von Opportunismus, Kritik und Lebenswelt zur Sprache, die für die alte Bundesrepublik charakteristisch waren und sind. Die Ostdeutschen kommen in der Umstrukturierung ihrer Lebensverhältnisse um solche Vergleiche am eigenen Leibe nicht herum. Warum sich dieser kulturhistorisch innovativen Herausforderung entziehen?

Woher kommt die Angst, daß sich das Alt-Bundesrepublikanische nicht konservieren läßt, wir nicht am Ende der Geschichte angelangt sind? – Die in sich zerklüftete Wohlstandsinsel Westeuropa wird durch die Veränderungen in Osteuropa, die Schwellenländer, die ökologischen und anderen globalen Interdependenzen auf den Boden der welthistorischen Tatsachen zurückgeholt. Die ostdeutschen Reformillusionäre waren nur einer der Vorboten dieser offenbar schlechten Nachricht. Die Bewährungsprobe für alle strukturellen Errungenschaften, die die alte Bundesrepublik im Vergleich zur DDR auszeichneten, hat eben erst begonnen. Sie fällt größer und anders aus als 1968.

Rückblick auf die DDR-Philosophie der 70er und 80er Jahre

Im Januar 1977 sagte mir Wolfgang Heise (1925–1987), der nach und neben Georg Klaus (1912–1974)[1] wohl bedeutendste DDR-Philosoph, in einem persönlichen Gespräch im Winckelmann-Institut der Humboldt-Universität zu Berlin sinngemäß: »Wenn Du in diesem Land philosophieren willst, dann kannst Du dies an keiner philosophischen Einrichtung tun. Diese sind inzwischen längst parteipolitisch instrumentiert. Der Druck ist vergleichsweise bedeutend geringer in der Literatur, den Künsten, an Theatern. Oder suche Dir eine Fachdisziplin, die es sich noch leisten kann, für Grenzfragen eine Art Hausphilosophen zu beschäftigen.«

Heise sprach aus persönlicher Erfahrung. Er hatte sich nicht nur Mitte der 60er Jahre der politischen Exkommunikation Robert Havemanns (1910–1982) widersetzt, ohne deshalb philosophisch dessen Ansichten zu teilen. Er hatte auch 1968 die von der SED-Parteiführung den Hochschullehrern abverlangte Unterschrift für die militärische Zerschlagung des Prager Frühlings verweigert. Heise verlor alle wissenschaftsleitenden Funktionen, wurde durch politische Verfahren wortwörtlich krank gemacht, erhielt ein langjähriges Publikationsverbot und wurde als umberufener Professor für Geschichte der Ästhetik an das Institut für Ästhetik und Kunstwissenschaften strafversetzt. Es wurde ihm zur Heimstätte.

Wie der Fall Havemann zeigt,[2] hätte auch der Fall Heise schlimmer ausgehen können. Heise konnte sich, im Unterschied zu Havemann, nie dazu durchringen, die westdeutsche Öffentlichkeit zuzeiten des mehr oder minder Kalten Krieges für seine Kritik an der »Entfremdung im Sozialismus«, die auch er seit Mitte der 60er Jahre innerhalb der DDR vortrug, zu nutzen. Er verkörperte persönlich – in Modifikation des späten Lukács – eine authentische Einheit zwischen Marxismus und antifaschistisch-demokratischem Geist jenseits der offiziellen Parteiideologie des Marxismus-Leninismus, sowohl von seiner Herkunft als auch von seiner Lehr- und Forschungstätigkeit her. Gewiß, die offiziellen Legitimationsideologen, darunter die »Kaderphilosophen«[3], konnten sich der »Zerstörung der Vernunft« von Lukács oder in der Nachfolgegeneration der DDR des »Aufbruchs in die Illusion« von Heise[4] bedienen, um ihr »Feindbild« von den westlichen Philosophien als der »spätbürgerlichen Ideologie« des Imperialismus[5] zurechtzuzimmern. Heise wollte eben deshalb das, was er als die wichtigste Tendenz der bürgerlichen Philosophien im Nachkriegsdeutschland zu Beginn der 60er Jahre den »Aufbruch in die Illusion« genannt hatte, seit den 70er Jahren neu schreiben.

Aber noch abgesehen von seinem selbstkritischen Ringen mit den eigenen zeitgeschichtlichen Vorurteilen: Er verband stets seine schließlich doch argumentative Kritik an bestimmten westlichen Philosophien mit einer lebenspraktisch mindestens gleichrangigen Kritik an der Entfremdung im »real existierenden Sozialismus« zugunsten einer radikalen Demokratisierung desselben. Diese Verbindung beider Kritiken, die aufgrund des systemischen Defizits an Öffentlichkeit historisch schwer von außen rekonstruiert werden kann, brachte keiner derer, die »Kaderphilosophen« werden sollten, wollten und konnten, je zustande.[6] Heise, der Freund Werner Krauss', Sarah Kirschs, Christa Wolfs und Heiner Müllers, verstarb im April 1987,[7] als Perestroika und Glasnost in der Sowjetunion auf den Weg gebracht worden waren, aber noch immer nicht in der DDR.

Wer wie ich in der ersten Hälfte der 70er Jahre Philosophie studierte, war 1968 noch zu jung gewesen, um mit dem Prager Frühling zu scheitern, aber auch alt genug, um von diesem Versuch eines Aufbruchs zu einem »dritten Weg« jenseits der Kapitaldominanz und des Stalinismus/Neostalinismus inspiriert zu sein. Der Wechsel vom Ulbricht- zum Honecker-Politbüro bedeutete in der DDR 1971 einen Reformbeginn, der aber bereits 1973/74 absehbar versandete, da die Grundstrukturen der monopolistischen Herrschaft

Halt geboten. Mitte der 70er Jahre arbeiteten zumindest an der Berliner, Leipziger und Jenenser Universität Oppositionsgruppen von Studenten und Nachwuchswissenschaftlern für einen »demokratischen Sozialismus«, der offiziell – wie die Auflösung dieser Gruppen durch die Staatssicherheit ab Herbst 1976 zeigte – nicht nur als »revisionistisch«, sondern als »partei- und staatsfeindlich« galt.

In solchen, zugegeben minoritären Gruppen diskutierte man frei die neuesten literarisch-künstlerischen Anstöße (Wolf Biermann, Volker Braun, Jurek Becker, Jürgen Fuchs, Sarah Kirsch, Günter Kunert, Heiner Müller, Ulrich Plenzdorf, Klaus Schlesinger, Christa Wolf); die Autoren des dritten Wegs in der Tschechoslowakei, des KOR in Polen und der ungarischen Opposition; alternative Marx-Deutungen vor allem aus der westlichen Literatur; die durch den Stalinismus und Neostalinismus ausgeschalteten Oppositionsbewegungen und Dissidenten seit 1917; kurzum alles, was in den Lehrveranstaltungen oder in der offiziellen Studentenorganisation der FDJ nicht zu diskutieren war. Die Beschaffung der verbotenen West-Literatur – über Großeltern, Transit-Autobahnen oder Budapest – war abenteuerlich und dank den polizeistaatlichen Überwachungen häufig der Anfang vom Ende.

Von den einfachsten geistig-kulturellen Bedürfnissen ausgehend, die zur Gruppenbildung führten, mußte diese im parteistaatlich monopolisierten Milieu eine illegale Eigendynamik annehmen. Eine derartige Eigendynamik begann häufig, das ursprüngliche Anliegen frei assoziierter Individuen in sektiererische Organisationen und sektiererisches Sendungsbewußtsein zu verkehren. Das strukturelle Dilemma der meisten Oppositionsgruppen der 70er Jahre bestand darin, daß sie noch nicht – wie dann unter dem Dach der Kirche während der 80er Jahre – mit Vertretern anderer sozialer Schichten und geistiger Orientierungen in einem überregional wachsenden Kommunikationsnetz zusammenkamen, um so die Anfänge einer posttraditional toleranten Zivilgesellschaft erlernen zu können. Aber nicht wenige Aktivisten der 70er Jahre wurden auch wichtige Vertreter der Bürgerbewegungen, so u. a. die Philosophie-Absolventen der Humboldt-Universität Vera Wollenberger, Wolfgang Templin und Klaus Wolfram.

Das interessiertere Viertel der Berliner Philosophie-Studenten der 70er Jahre hörte natürlich Heise, der es einem mit seiner enormen klassischen Bildung von der Antike bis zum deutschen Vormärz nicht leicht machte. Er vermied künstliche Aktualisierungen des historischen Stoffs, beherrschafte aber die Kunst der Vergegenwärtigung. Auf den ersten Blick schien er konzeptionell nur Lukács' Vorgehensweise, etwa im »Jungen Hegel«, zu variieren, freilich ohne denselben zu kanonisieren, d. h. unter Einschluß der Leistungen der Moderne und der Avantgarde. Heise wußte um die wirkungsgeschichtlich negative Rolle von Lukács in den Expressionismus- und Formalismus-Debatten. In seinen Vorlesungen wohnte man einer epochenhistorisch konkreten und komparativen Geschichtsschreibung bei, die Ästhetik als Philosophie ernst nahm, Philosophie als den intersubjektiven Vermittlungsversuch zwischen wissenschaftshistorischer Objektivierung und kunsthistorischer Subjektivierung vorführte sowie den Rückbezug auf wirtschafts-, staats-, rechts- und politikhistorische Kontexte herstellte. Wer in diesen, über die Jahre expandierenden Vorlesungszyklen genügend Ausdauer entwickelte, konnte sich an der schrittweisen Komparatistik von Epochenpanorama zu Epochenpanorama oder Handlungsbereich zu Handlungsbereich innerhalb jeder Epoche beteiligen.

Nicht wenigen wurden die historischen Vermittlungsaufgaben zu lang, war die systematische Gegenwartsdiagnose zu indirekt und wenig entfaltet. Heise selbst reagierte auf solche Kritiken, indem er als Gutachter systematischen Erkundungsversuchen Jüngerer half, so sich z. B. in den 80er Jahren schützend vor eine positive Rezeption der Habermasschen »Theorie des kommunikativen Handelns« stellte. Wo der späte Lukács in seiner »Ontologie« und »Ästhetik« wieder angekommen war, in der Alltagskultur, dort setzte der Habermas der 80er Jahre von vornherein ein, um eine imposante Theorie der unabgegoltenen Möglichkeiten der soziokulturellen Modernisierung zu entwerfen. Der aber galt als einer der schlimmsten, weil für die, die noch Marx und Hegel im Original gelesen hatten, so befreienden »Revisionisten«.

Ab Mitte der 80er Jahre, unter dem Eindruck der Glasnost-Politik in der Sowjetunion einerseits und der Schere zwischen außenpolitischem Dialog und innenpolitischer Repression in der DDR andererseits, war der keineswegs unkritische, aber eben doch »Habermas«-Boom unter einem Teil der jüngeren DDR-Geisteswissenschaftler nicht mehr aufzuhalten. Habermas' Werk, von der »Rekonstruktion des Historischen Materialismus« über seine Publizistik und den »Philosophischen Diskurs der Moderne« bis zum »Nachmetaphysischen Denken«, war besonders geeignet, das Defizit an systematischer Gegenwartsdiagnose in der DDR-Philosophie und an darauf bezogen dringend nötigen Rezeptionen der westlichen Philosophien und Soziologien des 20. Jahrhunderts hervortreten zu lassen. Seine Bücher gestatteten einen schrittweisen Übersetzungs- und damit auch neuen Interpretationsprozeß der eigenen Erfahrungen und Problemstellungen im Lichte der westlichen Diskussion, ohne zum »Wendehals« werden zu müssen. An Habermas entzündete sich die bis 1989 (vor allem informelle, bestenfalls in unveröffentlichten Dissertationen und Habilitationen) ausgetragene Diskussion über eine Frage, um deren Beantwortung auch in den nächsten Jahren gerungen werden wird:

Reicht es aus, die fundamentalistische, ihre eigene Beobachterposition als quasi göttlich privilegierende Geschichtsmetaphysik des »Marxismus-Leninismus« durch eine andere Metaphysik mit politisch-ideologisch umgekehrtem Vorzeichen, aber doch fundamentalistischer Art, zu ersetzen? – Der über Jahrzehnte erlernte Bedarf an der fundamentalistischen Befriedigung weltanschaulich-ideologischer Glaubens-Bedürfnisse ist in den neuen Bundesländern noch immer ausgeprägt, ja, könnte sich angesichts neuer Enttäuschungen und Desillusionierungen sogar verfestigen. – Oder können sich die Philosophen der ehemaligen DDR im Prozeß deren soziokultureller Modernisierung (insbesondere Ausbildung einer gewaltenteiligen und pluralen Demokratie mit entsprechender öffentlicher politischer Kultur) von der bisher unter ihnen vorherrschenden Struktur fundamentalistischer Attitüden befreien?

Löst man die DDR-Philosophie nicht vorschnell auf in die politisch vorherrschende marxistisch-leninistische Kaderphilosophie, so gab es in ihr außer der Lukács-Linie, für deren Vermittlung hier Heise exemplarisch stand, noch zwei weitere wichtige Richtungen: die Bloch-Tradition, die an der Humboldt-Universität der 70er und 80er Jahre durch den wohl bedeutendsten Bloch-Schüler in der DDR Gerd Irrlitz repräsentiert wurde, und die Tradition der modernen formalen Logik, die im gleichen Zeitraum und am gleichen Ort insbesondere Horst Wessel symbolisierte.

Letztere gestattete unter bestimmten Bedingungen ihrer Erweiterung (man denke an die Berliner Heinz Kuchling und später die Wessel-Schüler Evelyn und Johannes Dölling) eine Rezeption konstruktivistischer und sprachanalytischer Strömungen der westlichen Philosophie. Diese Richtung konnte sich – wie im Falle des Leipziger Logikers Lothar Kreiser – auch der Hermeneutik – oder bei dem Hallenser Logiker Günter Schenk – der Sprachpragmatik des späten Wittgenstein öffnen.[8] Zugegeben, die Logik hatte es in vielem leichter als die anderen, schon vom Fach her ideologisch anfälligeren Subdisziplinen der Philosophie. Aber die Logiker in der DDR-Philosophie haben es auch von sich aus geschafft, eine ideologisch weitgehend resistente Gemeinschaft zu bilden und selbst unter den widrigsten Umständen die Fäden der internationalen Kommunikation nicht abreißen zu lassen. Wessel war z. B. mit dem sowjetischen, später in die Bundesrepublik übergesiedelten Dissidenten A. A. Sinowjew kollegial befreundet, was schon in der kleinen DDR einem Skandal gleichkam. Wo immer Logiker auftraten, sie fungierten nicht als ein hinreichendes, aber doch notwendiges rationalitätsförderndes Gegenwicht wider den geschichtsphilosophischen Gebrauch der üblichen Dialektik-Surrogate ideologischen Auftrags. Hier nun aber hat ein Außenseiter in Sachen Logik wie ich dem Tractatus gemäß endlich zu schweigen.

Für uns Studenten zu Beginn der 70er Jahre war es ein großes Glück, daß Gerd Irrlitz (geb. 1935) aufgrund seiner neuerlichen Differenzen mit Manfred Buhr (geb. 1927) das Zentralinstitut für Philosophie der Akademie der Wissenschaften der DDR verlassen mußte und an die Philosophie-Sektion der Humboldt-Universität überwechseln konnte. Die genannten Differenzen gingen offenbar auf die – nach 1953 – zweite große Bewährungsprobe der ostdeutschen Intelligenz zurück, auf 1956/57, d. h. die Zeit der Verhaftungen (u. a. der Harich-Gruppe) und der Zwangsemeritierung Ernst Blochs in Leipzig. Buhrs kaderphilosophische Karriere begann mit seiner damaligen Bloch-Kritik.[9] Irrlitz mußte, wie in den 50er und teilweise noch 60er Jahren für widerspenstige Geister üblich, zur politisch-ideologischen »Bewährung« in die materielle Produktion, in seinem Falle in die Buna-Werke. Buhrs Nachziehen von Irrlitz an das Ost-Berliner Akademie-Institut mag als pragmatische Wiedergutmachung in den 60er Jahren gewertet werden können. Sie verschaffte Irrlitz Zeit zum Akkumulieren. Er wurde zu einem der besten Kenner undogmatischer Marxismen (promovierte über Rosa Luxemburg), aber die von ihm, Rolf Semmelmann u. a. verfaßte Geschichte der Marxschen Philosophie in Deutschland durfte in den 70er Jahren bereits nicht mehr erscheinen. Irrlitz schrieb auch (mit Manfred Buhr) das Buch »Der Anspruch der Vernunft«, dessen erster, 1968 publizierter Teil einen Überblick von Kant über Fichte zu Schelling sowie über den literarischen Flügel (Lessing, Herder, Goethe, Schiller) der klassischen deutschen Philosophie umfaßte. Der zweite Teil, ein Abriß von Hegel über Feuerbach bis Marx, konnte nach dem Zerwürfnis mit Buhr – wie so vieles später auch – nicht erscheinen.[10] Buhr setzte sich im Gefolge von 1968 und der parteioffiziellen Klaus-Kritik 1971, die Georg Klaus endgültig krank machte, als dessen Nachfolger im Amte des Direktors des Akademie-Instituts durch.

Irrlitz sollte offiziell – wie viele der politisch Gestrauchelten mit klassischer Bildung – Geschichte der antiken Philosophie, auch noch des Mittelalters und bestenfalls der Renaissance lesen. Die Parteifunktionäre erhofften sich davon eine Ruhigstellung, ohne daß der kritische Funke eigenständigen gegenwartsbezogenen Denkens auf die Studenten und Nachwuchswissenschaftler überspränge. Wie sie sich, gleichermaßen in bezug auf die Gegenstände und Person, ja in bezug auf die Eigenart des Philosophierens überhaupt, täuschten! Viele der Jüngeren – nach den Säuberungen in Auswertung von 1968 DDR-weit – spezialisierten sich fortan präventiv in Geschichte der Philosophie, sofern diese nicht als »Kritik der bürgerlichen Ideologie« praktiziert werden mußte. – Irrlitz war im Vergleich zu Heise der jüngere, dynamischere, kämpferischere Geist, der mit Blochscher Rhetorik schneller den Nerv der Gegenwart traf, ohne einem die Mühen und Freuden am historisch-konkreten Medium der Selbsterkenntnis zu ersparen. Bei aller Blochschen Aufmerksamkeit, ob für die Subjekt-Objekt-Dialektik, Häretiker, Utopien oder Hoffnungen[11], Irrlitz war kein Utopist, auch nicht mehr in der Geschichtsphilosophie; aber einer, der alles dem das Denken befreienden Kontingenzdruck aussetzte und inmitten der historischen Praxisbezüge die problemgeschichtliche Autonomie der Philosophien rigoros herausarbeitete. Zu seinen stärksten Vorlesungen gehörten die über Pantheismus und Sensualismus, einschließlich der damit verbundenen Kritik am Herrschaftsaspekt der rationalistischen Traditionen, weshalb er auch ganz unkonventionell auf die Postmoderne-Diskussion der 80er Jahre reagieren konnte.[12]

Wer Leute vom Schlage eines Heise, Irrlitz oder Wessel hörte, konnte mit dem Gros der Lehrveranstaltungen in Sachen Marxismus-Leninismus (M.-L.), dieser sinnlos die Lebenszeit kostenden Beschäftigungstherapie, nichts mehr anfangen. Man steckte sie aus dem einzigen Grund, Prüfungsscheine zu erhalten, ins Kurzzeitgedächtnis, zumal bereits im nächsten Jahr eine parteipolitische Wende zu neuen ideologischen Sprachregelungen führen konnte, für die es einen ganzen Haufen gut bestallter Lehrbuchautoren und Interpreten des letzten Orakels (ZK-Tagungen, Parteitage, Reden der Parteichefs) gab.

Ich kann mich daher nur schwer an die dem M.-L. (oder wie wir Studenten sagten: der »Rotlicht«-Bestrahlung) internen Diskussionen erinnern. Mal wuchs die Bedeutung der subjektiven Faktoren, dann wieder die der objektivistisch ehernen Gesetze, für wen eigentlich? Es gab die an sich guten Materialisten und die an sich schlechten Idealisten, wenn da nicht auch noch die »klugen Idealisten« (Lenin) gewesen wären! Der Monismus des Materiellen, das für diesen alles Stofflichen entkleidet wurde, schien gesichert, hätte es nicht die permanente Störung durch neue fachwissenschaftliche Erkenntnisse gegeben! Auch funkte ständig das Bewußtsein dazwischen, das eigentlich nur abbilden, dann aber zugleich schaffen sollte (den neuen Adam). Es war einfach überfordert, mal in der Rolle der neben der Materie zweiten Substanz, ohne das Diskussionsniveau des 17. und 18. Jahrhunderts zu erreichen, mal in der Rolle desjenigen, der zu lauter Arten und Formen kleingehackt wurde, um schließlich im vulgärsten Ökonomismus und Soziologismus zu verschwinden. Die Wirtschafts- und Sozialwissenschaftler wurden dieses Geschenk nur schwer wieder los. Politisch am heikelsten war der phantastische Umgang mit den missionarischen Makro-Subjekten der Weltgeschichte, die für ihren Weg vom An-sich-Sein zum Für-sich-Sein Sieben-Meilenstiefel verpaßt bekamen, wenn dann nicht wieder die Umstände so widrig gewesen wären und die furchtbar endlichen Individuen nur weiter mitgespielt hätten!

Man begegnete in dieser M.-L.-Diskussion auf Schritt und Tritt dem »Geheimnis der spekulativen Konstruktion«, wie es Marx in der »Heiligen Familie« kritisiert hatte und auf den es schließlich auch selbst anzuwenden war. Im M.-L., diesem ideologiehistorisch betrachtet stalinistischen Konstrukt aus den 20er und 30er Jahren, sollte für den Stellvertreter des Stellvertreters auf Erden, d. h. für die Führung der Partei, die wiederum die Arbeiterklasse zu führen meinte, »gedacht« werden. Da hatte es – bei aller strukturellen Verwandtschaft – Hesses Knecht auf alle Fälle kulturvoller.

Unter den Studenten gab es einen Teil, der von der SED-Apparatur, gesellschaftlichen Organisationen (z. B. Jugendverband) und Ministerien (darunter auch für Staatssicherheit) zum Studium der »m.-l. Philosophie« delegiert wurde. Dieser Teil brauchte in der Regel von seiner Herkunft, Lebensgeschichte und Berufsperspektive her den M.-L.. Für einen anderen Teil hatten die in der Hochschulreform nach 1968 institutionalisierten Fehlidentifikationen zwischen M.-L., Marxismus und Philosophie keine Gültigkeit.[13] Der M.-L. konnte – durchaus im Rahmen des Marxismus – als eine stalinistisch entstandene und neostalinistisch modifizierte Legitimationsideologie für eine parteistaatlich monopolistische Herrschaftsform unter den Bedingungen einer »ursprünglichen Akkumulation« (Marx) und einer ersten wissenschaftlich-technischen Industrialisierung kritisiert werden. Der M.-L. wurde häufig als die Fehlverallgemeinerung der prä-modernen Besonderheiten der sowjetrussischen Entwicklung und ihres Transformationsversuches auf Mitteleuropa de-legitimiert.

Dafür ließ sich stellenweise sogar beim späten Lenin selbst anknüpfen, bei seiner Selbstkritik (die V. Braun in dem lange verbotenen Drama »Lenins Tod« zur Sprache brachte) und seiner Kritik an den falschen Übertragungsversuchen der sowjetrussischen Revolution. Mehr noch interessierte in diesem Zusammenhang entweder Rosa Luxemburgs oder Karl Kautskys Kritik der russischen Revolution. Das Thema war auch stets durch den Streit innerhalb der kommunistischen Bewegung (die Sonderrolle der italienischen Kommunisten seit Gramsci, später der Eurokommunismus) und zwischen den kommunistischen oder sozialdemokratischen Parteien (in den 80er Jahren der SPD-SED-Dialog) präsent. Für das interessiertere Drittel der Studenten wie Lehrkräfte war der Rückgriff auf den Marx der »Kritik des Gothaer Programms«, der »Grundrisse« und der »Ökonomisch-philosophischen Manuskripte« (1844) üblich, um die im »real existierenden Sozialismus« offenbare Entfremdung als »rohen Kommunismus« bzw. »Staatskapitalismus« diskutieren zu können.

Unter den Ost-Berliner Philosophen waren von der Mitte der 70er Jahre, dem sichtlichen Reformende in der DDR, bis zur Mitte der 80er Jahre, dem sowjetischen Reformbeginn, drei Versuche einer immanenten M.-L.-Kritik auf verschiedene Weise prominent: Gottfried Stiehlers (geb. 1924, bis 1989 Humboldt-Universität) Variante einer parteikonform bleibenden, aber reformoffenen Kritik an der ideologischen Verselbständigung aller m.-l. Begriffe hielt den Sinn für die systematischen Konstruktionsnöte des M.-L. und für ein gewisses klassisch-deutsches Systematisierungsniveau wach, einschließlich einer darin enthaltenen Flucht in philosophische Abstraktionen, die in Kooperation mit den Fachwissenschaften und einer fehlenden politischen Praxis zu konkretisieren unentwegt angekündigt wurde.[14]

Lothar Kühne (1931–1985, Schüler von Ludger Alscher, Walter Besenbruch, Richard Hamann und Wolfgang Heise, Humboldt-Universität) verband das edelkommunistische Ideal von Marx, dessen philosophische Konzeption vom menschlichen Reichtum und freier Individualität, mit dem funktional-praktischen Sinn der architektonisch-künstlerischen Avantgarde, um den im Historischen Materialismus üblich gewordenen Hiatus zwischen System- und Handlungstheorie[15] zugunsten letzterer wenigstens zu überbrücken. Er provozierte vom Standpunkt einer avantgardistischen Rationalisierung lebensweltlicher Sinnorientierungen eine Kritik an der »warenästhetischen« (Wolfgang Fritz Haug) und etatistischen Verselbständigung menschlicher Wesenskräfte samt deren realsozialistischer Kompensationsformen im alltäglichen Kitsch und Spießertum.[16] Seine Kritiken konnten des Echos politischer Strafen und Überwachungen sicher sein, bis er letztere verinnerlicht hatte. Er wurde 1985 tot ans Ufer der Ostsee zurückgeschwemmt.

Der dritte und noch heute bekannteste Versuch einer immanenten M.-L.-Kritik wurde von Peter Ruben, Camilla Warnke, Ullrich Hedtke u. a. unternommen, die sich Ende der 70er Jahre am Ost-Berliner Akademie-Institut für Philosophie als Gruppe formiert hatten. Ruben war von der

Humboldt-Universität an dieses Institut übergewechselt, das vor allem von den drei Akademie-Mitgliedern und ausgewiesenen Kaderphilosophen Buhr, Hörz und Eichhorn I kontrolliert wurde. Der skandalöse Ausgang des Kampfes an diesem Institut im Jahre 1981 ist bekannt: Ausschluß der gesamten Gruppe (einschließlich des Kühne-Schülers Werner Röhr) aus der SED, Aufteilung und Strafversetzung der Gruppenmitglieder an verschiedene Institute, ernsthafte und jahrelange Berufs-, vor allem Publikations-Behinderungen, die nur dank den Protesten und der öffentlichen Aufmerksamkeit von außen (aus der Bundesrepublik) zu keinem vollständig realisierten Berufsverbot wurden. Dieser Ausgang bedarf einer speziellen institutionspragmatischen Untersuchung, wozu ich als Außenstehender nicht in der Lage bin. Das Ausmaß der Reglementierung scheint dem schon offiziellen Charakter der Gruppenbildung und der Gefahr, daß diese bei den damaligen polnischen Ereignissen Schule machen könnte, geschuldet gewesen zu sein. Zudem traten die Gruppen-Mitglieder selber als die wahren Marxisten-Leninisten mit politisch-praktischer Reform-Ambition auf, wodurch sich die Kaderphilosophen in ihrer ganzen Daseinsberechtigung in Frage gestellt finden mußten.

Peter Ruben (geb. 1933) stellte an der Sektion Philosophie der Humboldt-Universität die – bei ihm allerdings definitorisch gemeinte – These von der Wissenschaft als allgemeine Arbeit auf, die einerseits im Rahmen des üblichen M.-L. als eine Aufwertung der Intelligenz, andererseits aber auch als eine strukturökonomistische Reduktion verstanden werden konnte, wenngleich sie gegenüber Sohn-Rethel besser durchgeführt war. Ruben spielte in der DDR-Philosophie die Rolle eines wichtigen Katalysators in der Marx-Rezeption, vielleicht vergleichbar der Rolle, die im Westen der 70er Jahre Louis Althusser für die erneute Kapital-Lektüre gespielt hat. Rubens prädikationstheoretischer Reformulierungsversuch der Hegelschen Dialektik überwand Althussers Hegel-Vorurteile, ließ sich aber nicht mit seinem alles in allem arbeitstheoretischen Ansatz (Arbeit als Grundkategorie der m.-l. Philosophie) in Übereinstimmung bringen.

Das für die moderne Philosophie zentrale Problem der Reflexion sollte arbeitstheoretisch gelöst werden können.[17] Seine Wiederbelebung der Marxschen Wertform-Analyse, die er insbesondere in dem interdisziplinären Arbeitskreis des Polit-Ökonomen Hans Wagner an der Humboldt-Universität vorgestellt hatte und in den 80er Jahren mit einer Schumpeter-Rezeption verband, diente den Reformbemühungen um eine sozialistische Marktwirtschaft und stellte einen methodologischen Brückenschlag her zu den meßtheoretischen Fragen der Physik.[18] Camilla Warnke genoß für ihre problemgeschichtlichen, u. a. phänomenologisch informierten Arbeiten, die sie zu einer Kritik der systemtheoretischen Gesellschaftsauffassung fortführte, eigenständiges Ansehen.[19]

Norbert Kapferer hebt zu Recht den Erosionsprozeß sogar innerhalb der DDR-Kaderphilosophie während der 80er Jahre hervor.[20] Die SED-Partei- und Staatsführung schlug angesichts des Raketen-Doppel-Beschlusses der NATO (1979) zu Beginn der 80er Jahre, d. h. bereits während der Endphase der Breschnew-Ära in der Sowjetunion, den Kurs einer außenpolitischen Öffnung ein, der für die innere Erosion ausgenutzt werden konnte und daher mit innenpolitischer Repression beantwortet wurde. Die sich immer weiter öffnende Schere zwischen Außen- und Innenpolitik war, nachdem 1985–1987 Perestroika und Glasnost ins Laufen gekommen waren, auch vor der Masse der SED-Mitglieder kaum noch zu legitimieren. Die Aufkündigung der Loyalität selbst der SED-Basis nahm ab 1987/88 demonstrative, wenngleich zumeist noch parteiinterne Züge an. Die große Mehrheit der DDR-Philosophen war – seit Ende der 60er Jahre war dies Bedingung für die Ausübung ihres Berufs geworden – Mitglied der SED, woraus sich aber nicht kurzschlüssig auf Treue zur SED-Führung und zum hauptamtlichen SED-Apparat folgern läßt. Diese Mitgliedschaft erklärt jedoch die im ganzen gesehen völlig unbedeutende Rolle von DDR-Philosophen in den radikal-demokratischen Bürger-Bewegungen bis zum Herbst 1989.

Für die zweite Hälfte der 80er Jahre kam das auch offiziell

anerkannte Problem des Generationswechsels in den Wissenschaften der 90er Jahre hinzu, weshalb damals begonnen wurde, den Nachwuchs beim Promovieren und Habilitieren zu fördern, gegebenenfalls auch das Kontingent an West-Reise-Kadern für jüngere drastisch zu erhöhen. Die Widersprüche zwischen Außen- und Innenpolitik sowie zwischen sowjetischem und DDR-Kurs konnten – je nach Kräfteverhältnis – auch in den philosophischen Einrichtungen der DDR ausgenutzt werden, um ein Kritik- und Reform-Potential auszubilden und das Niveau in der Rezeption westlicher wie östlicher Theorien zu erhöhen. Meines Erachtens waren solche Bemühungen für die Mehrheit des philosophischen Nachwuchses in der DDR der 80er Jahre charakteristisch. Diese blieb jedoch von einer noch immer anders eingestellten Mehrheit unter den Professoren abhängig.

Für den Erosionsprozeß des M.-L. in der DDR-Philosophie der 80er Jahre war die sog. »Peripherie« oder »Provinz« im Unterschied zu der hohen Konzentration an Kaderphilosophen in Ost-Berlin außerordentlich wichtig. Ich denke u. a. an die wachsende Ausstrahlung der Jenaer Klassik-Konferenzen, an die philosophiehistorischen Arbeiten aus Dresden (Siegfried Wollgast, Hans-Ulrich Wöhler), an Leipziger Denkanstöße (Helmut Seidel, Martina und Achim Thom, Petra u. Ulrich Caysa, Klaus-Dieter Eichler). Alle diese Impulse bedürfen einer gesonderten Aufarbeitung und Darstellung, die sich meinem berlinzentrierten Blick entzieht. Wenigstens muß ich hier aber die besondere Bedeutung der Hallenser Philosophie-Sektion erwähnen. Die Arbeiten von Hans-Martin Gerlach (geb. 1939) und Reinhard Mocek (geb. 1936) stellten eine listig voranschreitende Folge von Revisionsversuchen des kaderphilosophisch etablierten m.-l. Feindbildes der westlichen Philosophie dieses Jahrhunderts dar.[21] Die ersten offiziellen Einladungen, die z. B. Habermas und Luhmann 1988/89 zu Gastvorträgen in der DDR erhielten, kamen aus Halle.

Exemplarisch für den sich Ende der 80er Jahre abzeichnenden Generationswechsel (zugunsten der in den 50er

Jahren geborenen) und für das innermarxistische Kritik-Potential in der DDR-Philosophie war das reformsozialistische Forschungsprojekt »moderner Sozialismus«, das 1988 an der Humboldt-Universität von Michael Brie, Rainer Land, Dieter Segert u. a. ins Leben gerufen wurde und dem sich seit Sommer 1989 Dutzende jüngerer KollegInnen anschlossen. Diese interdisziplinäre Gruppe bündelte und radikalisierte Reformpotentiale aus der innermarxistischen Diskussion der DDR (von Kühne bis Ruben) und der Sowjetunion. Die Infragestellung der im M.-L. üblichen Fehlidentifikationen einerseits zwischen westlicher und kapitalistischer sowie andererseits zwischen osteuropäischer und sozialistischer Gesellschaft gelang nur ansatzweise zugunsten der Unterscheidung zwischen modernen und prä-modernen soziokulturellen Strukturen. Intendiert war zwar schon der Anschluß an die modernen Errungenschaften der civil society im Unterschied zur Kapital-Dominanz im Westen und im Gegensatz zu dem enormen soziokulturellen Modernisierungsrückstand in Osteuropa, um einen Weg zum demokratischen Sozialismus begründen zu können. Aber die lebensweltlichen und politischen Bindungen an die Sowjetunion und die DDR waren noch so groß, daß sich die daraus ergebende Hoffnung auf einen von einer sozialistischen Partei zu führenden Reformprozeß spätestens ab Dezember 1989 als Illusion erweisen mußte.[22] Dies betraf dann im Verlaufe des Beitrittsjahres der DDR 1990 auch die Restbestände an geschichtsphilosophischer Selbst-Privilegierung der marxistischen Tradition, wenigstens bei den Hauptvertretern dieser Gruppe. Der erlernbare Übergang zum Selbstverständnis einer radikal pluralen Demokratie fällt leichter, wenn der eigene Ausgangspunkt bereits der eines »open-minded marxism« anstelle der ideologisch geschlossenen Welt des M.-L. war.

Wie verschiedenartig die institutionellen Arbeitsmöglichkeiten und subjektiven Kompetenzen in der DDR auszubilden waren, läßt sich durch einen Blick auf den 1979 am Winckelmann-Institut der Humboldt-Universität gegründeten Arbeitskreis für Kultursemiotik verdeutlichen, womit ich auch wieder beim Ausgangspunkt ankomme. Dieser Arbeitskreis unter dem verharmlosenden Titel »Sprachcharakter der Kunst« blieb nicht mehr bei einer immanenten M.-L.-Kritik stehen, wurde bezeichnenderweise nicht an einer philosophischen Einrichtung etabliert, war von vornherein interdisziplinär zusammengesetzt, mußte auch wegen parteipolitischer Reglementierung 1982-1988 seine Tagungen einstellen. Die Gründer waren der Philosoph, Kunsttheoretiker und Schriftsteller Michael Franz, der später aus der DDR emigrierte Linguist Ewald Lang, der Archäologe Wolfgang Schindler und der Germanist Wolfgang Thierse.[23] Die Vorarbeiten zu dieser kultursemiotischen Wende der Geisteswissenschaften gingen, der semiotischen Seite des Werkes von Georg Klaus folgend, auf die zweite Hälfte der 60er Jahre zurück, u. a. auch auf Ansätze des Kulturwissenschaftlers Günter Mayer und des (ebenfalls Ende der 80er Jahre aus der DDR emigrierten) Kulturhistorikers Klaus Städtke. Unter den Gästen referierte u. a. der international bekannte Linguist Manfred Bierwisch, dessen politische Reglementierung bereits zu Beginn der fünfziger Jahre einsetzte.

Dieser Arbeitskreis stieß – im Gegensatz zu naturalistischen Kurzschlüssen und der im M.-L. üblichen ökonomistischen Ableitung des Bewußtseins oder der Widerspiegelungs- bzw. Abbild-Theorie – zu der bewußtem Dasein immanenten Materialität vor, zu den soziokulturellen Verwendungsweisen syntaktisch und semantisch relationierter Zeichenrepertoires, insbesondere Sprachen. M. Franz schätzt rückblickend ein: »Von der Abbild-Theorie blieb letztlich nicht mehr als der Name. Was zu leisten war, unter welchem Titel auch immer, das war die strukturelle Aufschlüsselung historischer Formbildungsweisen einschließlich ihrer expressiven und darstellerischen Potenzen in den jeweiligen soziokulturellen Kontexten ihrer Entstehungszeit und ihrer Rezeptionsgeschichte.«[24]

Mit der Kultursemiotik verwandte kommunikationsorientierte Forschungsrichtungen bildeten sich Ende der 60er/Anfang der 70er Jahre in den Sprach- und Literaturwissenschaften sowie in der Sozialpsychologie der DDR heraus, seit Beginn der 80er Jahre auch in der Wissenschaftsforschung und Wissenschaftsgeschichte.[25] Im Frühjahr 1989 erklärten sich DDR-weit ca. 70 WissenschaftlerInnen aus 28 Wissenschaftseinrichtungen und 16 Disziplinen bereit, an dem »Interdisziplinären Arbeitskreis für kommunikationsorientierte Forschungen« mitzuwirken, der im September 1989 am Ost-Berliner Akademie-Institut für Theorie, Geschichte und Organisation der Wissenschaft gegründet wurde. Die drei Hauptthemen dieses Arbeitskreises waren: Öffentlichkeit und Medien, Information und Kommunikation, Kommunikation und Evolution, dazu eine bis heute laufende Diskurswerkstatt (Inge Münz-Koenen).

Im Herbst 1990 faßten Vertreter der den Arbeitskreis tragenden Forschungsgruppen aus den Akademie-Instituten für Sprach- und Literaturwissenschaften, Wissenschaftsforschung und Ästhetik/Kunstwissenschaften ihre übergreifenden Fragen wie folgt zusammen: 1. Worin besteht die Spezifik moderner und postmoderner (=reflexiv moderner) Gesellschaften? 2. Wie entwickelt sich in solchen Gesellschaften der Zusammenhang zwischen experten- und alltagskultureller Kommunikation? Dabei interessiert eine komparative Beantwortung dieser Frage für verschiedene Expertenkulturen wie der Wissenschaften, Literatur und Künste. 3. Wie entwickelt sich in solchen Gesellschaften der Zusammenhang zwischen verbaler und non-verbaler Kommunikation, darunter zwischen expliziter Argumentation und der Pragmatik von Audiovisuellem und von Anzeichen? 4. Wie werden in solchen Gesellschaften soziokulturelle Konflikte im gesellschaftlichen Kommunikationsprozeß konstituiert und ausgetragen bzw. abgedrängt und nicht ausgetragen? Wie gestaltet sich dabei die Differenz zwischen Kommunikablem und Nicht-Kommunikablem und zwischen verschiedenen Kommunikationsniveaus? 5. Wie wird in expertenkulturellen Kommunikationsprozessen der Zusammenhang zwischen der situativ produzierten Indexikalität von Zeichen und deren Universalisierbarkeit hergestellt?[26] – Diese interdisziplinäre Übersetzung der Frage nach der Kritik der Urteilskraft dürfte auch im nationalen Vergleich nicht unerheblich sein. Die Rezeption östlicher wie westlicher Theorien[27] und die Überwindung der Grenzen der innermarxistischen Diskussion war in den kultursemiotisch oder kommunikationsorientiert arbeitenden Gruppen schon lange eine Selbstverständlichkeit.

Aus Platz- und Zeitgründen breche ich hier meinen kurzen Rückblick ab. Ich tue Dutzenden von KollegInnen in den fünf neuen Bundesländern und Ost-Berlin gewiß schon dadurch Unrecht, daß ich sie nicht erwähnt habe. Sie mögen dies als einen neuerlichen Anlaß nehmen, sich doch selbst zu Wort zu melden, wodurch meine Perspektive sicher intersubjektiv korrigiert werden wird. Worauf es mir hier allein ankam, war eine exemplarische Vergegenwärtigung von Persönlichkeiten, Denkrichtungen und institutionellen oder professionellen Problemen im historischen Kontext. Abschließend möchte ich, aus dem gegebenen Anlaß der »Evaluierungen« und »Abwicklungen«, diese exemplarische Stippvisite wie folgt zusammenfassen:

1. Wer nach den Möglichkeiten und Grenzen philosophischer Tätigkeit in der ehemaligen DDR fragt, sollte sich keinesfalls auf die Einrichtungen beschränken, die ebenda und seinerzeit philosophische genannt wurden. Die Hochschulreform vom Ende der 60er Jahre brachte die Institutionalisierung der parteipolitischen Fehlidentifikation zwischen M.-L., Marxismus und Philosophie (in: »m.-l. Philosophie«) mit sich. Diese Fehlidentifikation blieb für den großen Teil der Studenten und Lehrkräfte als solche durchschaubar. Man wußte, wer M.-L.er oder Philosoph, darunter an der Marxschen Tradition orientierter Philosoph war und verhielt sich entsprechend. Ebensowenig sagte die zur Professionsbedingung gewordene SED-Mitgliedschaft als solche etwas aus. Die philosophischen und politischen Differenzen verliefen an solchen Einrichtungen größtenteils zwischen den SED-Mitgliedern, was in der Regel auch die Studenten schnell begriffen. Wer diesen parteipolitischen Institutionalisierungs- und Professionalisierungszwang philosophisch-lebensweltlich nicht ertragen konnte, wanderte

in Fachwissenschaften, häufig in i. w. S. Kulturwissenschaften, oder in die Literatur und Künste ab, wurde er nicht gar tatsächlich ins äußere oder innere Exil getrieben. Diese entweder »Exilierten« oder »Abgewanderten« sollten bei der Neubesetzung philosophischer Stellen in den fünf neuen Bundesländern und Ost-Berlin nicht einfach »vergessen« werden, sofern sie sich denn noch dafür interessieren.

2. In den philosophischen Subdisziplinen oder Abteilungen der ehemaligen DDR-Einrichtungen ist die Verteilung zwischen den Komponenten der o. g. Fehlidentifikation (M.-L., Philosophie, zumeist an der Marxschen Tradition mehr oder minder orientierte Philosophie) ganz unterschiedlichlich.[28] Der M.-L.-Anteil dürfte in der Logik verschwindend gering sein, in der Geschichte der Philosophie – einer häufigen Zufluchtsstätte – kaum ins Gewicht fallen, dafür aber in den früher »Historischer Materialismus« und »Kritik der bürgerlichen Ideologie« genannten Bereichen relativ hoch sein. Ausnahmen bestätigen die Regel, auch im Mittelfeld vom »Dialektischen Materialismus« bis zur Ästhetik und Ethik hin. Ebenso kann damit gerechnet werden, daß die Komponenten der Fehlidentifikation nach Status und Generation verschieden verteilt waren und – bei aller Lernfähigkeit aller – sind. Für den Erosionsprozeß des M.-L. auch in der DDR-Philosophie der 80er Jahre waren mehr die jüngeren und noch nicht oder erst am Ende gerade berufenen Wissenschaftler bedeutsam.

3. Grundsätzlich war auch an den früheren Einrichtungen für m.-l. Philosophie die Ausbildung eines überwiegend innermarxistischen Kritik- und Reform-Potentials wider die m.-l. Legitimationsideologie der parteistaatlichen Monopolstruktur möglich. Für dieses Potential ist, sofern es denn überleben kann, das weitere Erlernen zivilgesellschaftlicher Handlungsmuster in einer pluralen Demokratie sehr wahrscheinlich. Im Regelfall kann m. E. erwartet werden, daß ca. ein Drittel der Lehr- und Forschungskräfte solcher Einrichtungen sowohl fachlich kompetent als auch politisch-moralisch nichtdiskreditiert ist. Die Neugründung dieser philosophischen Einrichtungen sollte schon aus lebenswelt-

lichen Gründen mit Blick auf die Mehrheit der dortigen Studenten von diesem Drittel ausgehend erfolgen. Alle Evaluierungen, sowohl Selbst- als auch Fremdbewertungen, sollten zunächst auf das relativ leichte Herausfinden dieses Drittels positiv ausgerichtet sein. Dieser Teil muß dann auch in den zu bildenden Struktur- und Berufungskommissionen repräsentiert werden und ein Vorschlagsrecht für die übrigen Kommissionsmitglieder (sowohl aus den alten Bundesländern als auch aus dem Ausland) haben. Die bloßen »Abwicklungen« verwandeln, wenngleich auf andere Weise, Studenten und Lehrkräfte erneut in ein auf Landesebene parteipolitisch zu instrumentierendes Objekt, statt sie sich endlich als Subjekte entfalten zu lassen.

4. Das innermarxistische oder auch nicht mehr marxistische, reflexiv-moderne Potential wächst, je mehr man seinen Blick von den Einrichtungen der m.-l. Philosophie auf die von dort »Abgewanderten« oder gar »Exilierten« richtet. So naheliegend die institutionellen und professionellen Gründe für diese Emigration waren, sowenig verspricht die Emigration als solche bereits fachphilosophisches Niveau, wenngleich lebensweltlich-moralisches Handlungsniveau. Für diejenigen, die unverschuldet eine solche Diskrepanz ausbilden mußten, obgleich sie an philosophischer Tätigkeit interessiert sind, sollten spezielle Förderungsmaßnahmen, sei es durch Stiftungen oder durch die neu gegründeten Institute, angeboten werden. Bei den meisten »Emigrierten« und einem Teil der Fachphilosophen des genannten Drittels kann indessen damit gerechnet werden, daß sie inzwischen trans- oder interdisziplinär, partiell sogar transkulturelle Kompetenzen entwickelt haben. Die Fehlinstitutionalisierung von damals hat zu nicht intendierten, gleichwohl auch positiven Effekten geführt. Kompetenzen der genannten Art werden häufig von westlichen Gutachtern, die ein viel höheres Differenzierungsniveau an Subdisziplinen und auch Überspezialisierungen gewöhnt sind, unterschätzt, statt die Entwicklung einer sinnvollen Komplementarität zwischen Differenzierung und Integration zu fördern. Diese Komplementarität aus auch west- und ostdeutschen Potentialen

herzustellen sollte die gemeinsame und wahrlich innovative Aufgabe der Struktur- und Berufungskommissionen sein.

5. Selbst im günstigsten – und nicht einmal wahrscheinlichen – Falle, muß in den nächsten Jahren mit einer hohen Arbeitslosigkeit unter ehemaligen Philosophen, Geistes- und Sozialwissenschaftlern der ehemaligen DDR gerechnet werden. Selbst wenn die (alles andere als luxuriös lebenden) Vorruheständler und der ausschließlich am M.-L. interessierte Teil abgezogen würden, bleibt ein soziales und politisch-ideologisches Problem großen Ausmaßes bestehen, das auch alle, die Stellen, Stipendien oder Forschungsaufträge befristet erhalten können, schwer tangiert. Da der bisherige Einigungsprozeß deutlich ökonomistische Züge und ein Defizit an neuen sozialen Integrationsmöglichkeiten für ehemalige DDR-Bürger aufweist, kann er m.-l. Erwartungsmustern durchaus Bestätigung verschaffen. In den zu erwartenden Krisensituationen wird auch der größte Teil der philosophischen, sozial- und geisteswissenschaftlichen Intelligenz der ehemaligen DDR ein zweites Mal existentiell enttäuscht werden, dieses Mal nicht im Namen der kommunistischen Utopie, sondern im Namen einer Demokratie, deren kulturelle und wirtschaftliche Ressourcen einstweilen nicht für die Mehrheit entwickelt sind. Die Anzeichen für einen metaphysischen Therapiebedarf, der sich seins- oder geschichtsphilosophisch wieder privilegiert und sowohl Apathie als auch intoleranten Aktivismus fördern kann, sind längst gegeben. In diesem absehbaren Kontext gehen Vorschläge, wie sie z. B. Clemens Burrichter (IGW Erlangen) schon mehrfach unterbreitet hat, in die richtige Richtung. Das ohnehin nötige Arbeitslosengeld sollte – um Förderungsmittel aufgestockt – als Fond zur Ausschreibung sinnvoller Lehr- und Forschungsprojekte verwendet werden, wodurch neue soziale Integrationsmöglichkeiten und neue kulturelle Qualifikationen entstünden, statt diese zu verhindern.

Berlin, Dezember 1990

1 Die wichtigsten Bücher von G. Klaus: Einführung in die formale Logik, Berlin 1958; Kybernetik in philosophischer Sicht, Berlin 1961; Semiotik und Erkenntnistheorie, Berlin 1963; Moderne Logik, Berlin 1964; Kybernetik und Gesellschaft, Berlin 1964; Die Macht des Wortes, Berlin 1964; Kybernetik und Erkenntnistheorie, Berlin 1966; Spieltheorie, Berlin 1966; Spieltheorie in philosophischer Sicht, Berlin 1968; Sprache der Politik, Berlin 1971; Rationalität – Integration – Information, Berlin 1974.

2 Vgl. Havemann, R.: Dialektik ohne Dogma. Hrsg. von D. Hoffmann, Berlin 1990. Ders., Warum ich Stalinist war und Anti-Stalinist wurde. Texte. Hrsg. v. D. Hoffmann und H. Laitko, Berlin 1990.

3 Norbert Kapferer spricht in seiner ideologie-historisch informationsreichen Studie im Hinblick auf die partei-politische Art und Weise der Rekrutierung, Ausbildung und Funktionsbestimmung von einer besonderen »Kaderphilosophie« in der DDR: »Wie sich an jüngeren Entwicklungen zeigen läßt, unterliegt die philosophische Theoriebildung außerhalb der Kaderphilosophie, d. h. der im engeren Sinn parteikontrollierten Fachphilosophie nicht den ideologischen Restriktionen, weswegen sie von der kaderphilosophischen Theoriebildung unterschieden werden muß. Insofern darf man die Kaderphilosophie als die eigentliche Gralshüterin des Marxismus-Leninismus betrachten.« Kapferer, N.: Das Feindbild der marxistisch-leninistischen Philosophie in der DDR 1945–1988, Darmstadt 1990, S. 3.

4 Vgl. Heise, W.: Aufbruch in die Illusion, Berlin 1964. Seine wichtigsten späteren Bücher: Bild und Begriff. Studien über die Beziehungen zwischen Kunst und Wissenschaft (zusammen mit Jürgen Kuczynski, der dadurch Heise wieder Publikationen ermöglichte!), Berlin und Weimar 1975; Realistik und Utopie. Aufsätze zur deutschen Literatur zwischen Lessing und Heine, Berlin 1982; Hölderlin. Schönheit und Geschichte, Berlin und Weimar 1988; Von der Möglichkeit des Wirklichen, Berlin und Weimar 1990.

5 Vgl. u. a. die 110 Broschüren der von Manfred Buhr herausgegebenen Reihe »Zur Kritik der bürgerlichen Ideologie«, Ost-Berlin 1971–1987, wo aber Heise kaum zitiert wurde.

6 Kapferer weiß um die Grenze seines Buches, nur die einem westlichen Beobachter für sein Thema des ideologischen Feindbildes zugänglichen Dokumente ausgewertet zu haben, ohne andere Publikationen oder gar nur Insidern zugängliche

Diskussionen berücksichtigen zu können. Er behandelt zu Recht als die wichtigsten Kaderphilosophen der älteren Generationen in der DDR: E. Albrecht (Greifswald), M. Buhr, W. Eichhorn I (beide Berlin), L. Elm (Jena), R. O. Gropp, K. Hager, E. Hahn, G. Heyden, H. Hörz, E. Hoffmann, G. Klaus, H. Koch, A. Kosing, H. Ley, H. Scheler (alle Berlin), D. Wittich (Leipzig), wobei vor allem G. Klaus, teilweise auch H. Hörz aufgrund ihrer vergleichsweise fachlichen Produktivität eine Sonderrolle zukommt.

7   Vgl. Scheel, H.: Zum Tode von Wolfgang Heise. In: Sinn und Form, H. 6/1987, S. 1229–1231. Müller, H.: Ein Leben ohne Maske und ein Feuer im Garten, ebenda, S. 1232 f. Heise, W. (Hrsg.): Anregungen zum Dialog über die Vernunft am Jahrtausendende, Berlin 1987.

8   Vgl. u. a. Wessel, H. (Hrsg.): Logik und empirische Wissenschaften, Berlin 1977. Wessel, H.: Logik und Philosophie, Berlin 1976; ders., Logik, Berlin 1984. Berka, K./Kreiser, L. (Hrsg.): Logik-Texte. Kommentierte Auswahl zur Geschichte der modernen Logik, Berlin 1986[4]. Schenk, G.: Zur Geschichte der logischen Form, Berlin 1973. Kreiser, L.: Deutung und Bedeutung. Zur logischen Semantik philosophischer Terminologie, Berlin 1986.

9   Vgl. Kapferer, N.: Das Feindbild..., a. a. O., S. 119f., 184f.

10 Irrlitz mußte auf die Sowjetunion ausweichen, wo sein mit A. K. Gusseinov geschriebener Abriß der Ethik erschien. Vgl. einige seiner Thesen in deutscher Sprache in: Irrlitz, G.: Zur Problemlage der klassischen bürgerlichen Ethik, in: Deutsche Zeitschrift für Philosophie (DZfPh), H. 7/1976. Vgl. auch seine Einleitungen zu Hegel- und Descartes-Ausgaben im Ost-Berliner Akademie- und Leipziger Reclam-Verlag.

11 Vgl. die Würdigung Blochs von Irrlitz: Ernst Bloch – der Philosophiehistoriker (Sinn und Form, H. 4/1985), wo Irrlitz von einem weiten und freien Marxismus-Verständnis ausgeht und Philosophie nicht auf Wissenschaft reduziert. Die Kritik von Schreiter, J./Dietzsch, St.: Marxismus auf eigene Faust? (Sinn und Form, H. 6/1985, S. 1329–1332) wiederholte die Fehlidentifikation zwischen an Marxscher Kritik orientiertem Vorgehen und dem M.-L. sowie zwischen m.-l. Philosophie und Wissenschaftlichkeit. Sie trug dazu bei, daß gegen Irrlitz ein Verfahren eingeleitet wurde und sein Westreisen-Verbot aufrechterhalten blieb.

12 Vgl. Irrlitz, G.: Subjekt ohne Objekt. Philosophie postmodernen Bewußtseins, in: Sinn und Form, H. 1/1990.

13 Vgl. Krüger, H.-P.: Moderne Gesellschaft und »Marxismus-Leninismus« schließen einander aus, in: Initial, H. 2/1990.

14 Vgl. Stiehler, G.: Widerspruchsdialektik und Gesellschaftsanalyse, Berlin 1977; Gesellschaft und Geschichte, Berlin 1974; Dialektik und Gesellschaft, Berlin 1981. Stiehler war in den 60er Jahren als Philosophiehistoriker tätig. Vgl. ders., Hegel und der Marxismus über den Widerspruch, Berlin 1960; Hegels Phänomenologie des Geistes, Berlin 1964; Der dialektische Widerspruch, Berlin 1966; System und Widerspruch, Berlin 1971.

15 Vgl. Kelle, W./Kowalson, M.: Theorie und Geschichte, Berlin 1984.

16 Vgl. u. a. Kühne, L.: Gegenstand und Raum. Über die Historizität des Ästhetischen, Dresden 1981; ders., Haus und Landschaft. Aufsätze, Dresden 1985; ders., Zu Marx Bestimmung des menschlichen Wesens ..., in: DZPh, H. 7/1979. Vgl. auch zur positiven Kühne-Rezeption: Röhr, W.: Aneignung und Persönlichkeit, Berlin 1979. Dölling, I.: Naturwesen, Individuum, Persönlichkeit, Berlin 1979.

17 Vgl. Ruben, P.: Dialektik und Arbeit der Philosophie, Köln 1978; ders., Philosophie und Mathematik, Leipzig 1979. Vgl. auch Lefevre, W. u. a.: Arbeit und Reflexion, Köln 1980. Ruben übernahm im Frühjahr 1990 die Zeitschrift »Initial« und wurde im Juni 1990 Buhrs Nachfolger als Direktor des Akademie-Instituts.

18 Vgl. v. Borzeszkowski, H.-H./Wahsner, R.: Newton und Voltaire, Berlin 1980. Wahsner, R.: Das Aktive und das Passive, Berlin 1981.

19 Vgl. Heidtmann, B./Richter, G./Schnauß, G./Warnke, C.: Marxistische Gesellschaftsdialektik oder »Systemtheorie der Gesellschaft«, Berlin 1977. Bergmann, H./Hedtke, U./Ruben, P./Warnke, C.: Dialektik und Systemdenken. Historische Aspekte, Berlin 1977.

20 Vgl. Kapferer, N.: Das Feindbild ..., a. a. O., 3. Kapitel.

21 Vgl. Bergner, D./Mocek,R.: Gesellschaftstheorien, Berlin 1986. Mocek, R.: Gedanken über die Wissenschaft, Berlin 1980; ders., Neugier und Nutzen, Berlin 1988. Gerlach siehe bei Kapferer.

22 Vgl. Brie, M./Land, R./Segert, D. (Hrsg.): Philosophische Grundlagen der Erarbeitung einer Konzeption des modernen Sozialismus, (Materialien der Eröffnungsberatung November 1988), Berlin (Manuskript-Druck der Humboldt-Universität) 1989 (Juni). (Wiederabdruck in: DZfPh, H. 3/1990). Brie, M.:

Wer ist Eigentümer im Sozialismus?, Berlin 1990. Land, R./ Kirschner, L. (Hrsg.): Sozialismus in der Diskussion, H. 1–5, Berlin 1990.

23 Ich beziehe mich hier auf den Vortrag von M. Franz »Semiotik und Ästhetik in der DDR« auf dem Kongreß der Deutschen Gesellschaft für Semiotik in Passau (November 1990). Ein entsprechender Überblicksband ist in Vorbereitung. Vgl. u. a. Franz, M.: Wahrheit in der Kunst. Neue Überlegungen zu einem alten Thema, Berlin und Weimar 1986. Franz, M./ Rößler, D.: Formstrukturen und Sinnstrukturen, in: Weimarer Beiträge, H. 7/1989. Lang, E.: Semantik der koordinativen Verknüpfung, Berlin 1977. Städtke, K. (Hrsg.): J. M. Lotman. Kunst als Sprache, Leipzig 1981.

24 Franz, M.: Semiotik und ..., S. 4.

25 Vgl. Krüger, H.-P.: Kritik der kommunikativen Vernunft, (geschrieben 1985–87) Berlin 1990. Engler, W.: Teilnehmen und Beobachten, Abriß der Wissenssoziologie, Berlin (Diss. B an der Akademie der Wissenschaften) 1989.

26 Vgl. Barck, K./Franz, M./Hartung, W./Krüger, H.-P.: Antrag auf Gründung eines interdisziplinären Zentrums für kulturelle Kommunikation an der Humboldt-Universität zu Berlin, Berlin (Oktober) 1990.

27 Vgl. u. a. Barck, K/Gente, P./Paris, H./Richter, St. (Hrsg.): Aisthesis. Wahrnehmung heute oder Perspektiven einer anderen Ästhetik, Leipzig 1990. Engler, W.: Die kleinen Erzählungen. Universalisten und Kontextualisten im Streit um die Grundlagen der Menschenwissenschaften, in: Zeitschrift für Germanistik, H. 5/1989; ders., Die Konstruktion von Aufrichtigkeit. Zur Geschichte einer verschollenen diskursiven Formation, Wien 1989; ders., Macht, Wissen und Freiheit. Was Foucaults dreifacher Bruch mit der Ideengeschichte zu sagen hat, in: DZfPh, H. 9/1990. Krüger, H.-P.: Das mehrdeutige Selbst. H. R. Maturanas Konzeption philosophisch betrachtet, in: Krohn, W./Küppers, G. (Hrsg.), Selbstorganisation. Braunschweig 1990; ders., Postmoderne als das kleinere Übel. Kritik und Affirmation in Lyotards »Widerstreit«, in: DZfPh, H. 7/1990. Die Beiträge von Engler u. Krüger in: Deppe/Dubiel/Rödel, Demokratischer Umbruch in Osteuropa, Frankfurt/M. 1990.

28 Diese unterschiedliche Verteilung ist ein Ausdruck der für die DDR insgesamt charakteristischen Gleichzeitigkeit des Ungleichzeitigen (Modernen, Prä-Modernen und Reflexiv-Modernen). Vgl. Irrlitz, G.: Ankunft der Utopie, in: Sinn und Form, H. 5/1990.

Galilei als »Held«
und als »gesellschaftliches Individuum«

1. Das Problem einer progressiven Auflösung heldischer Repräsentation

In Brechts Stück »Leben des Galilei« (Zweite Fassung, USA 1945/46) geht es um einen »Verrat« (14. Szene), der nicht nur der des Galilei, sondern sozialhistorisch repräsentativ ist; um ein individuell dem Galilei zurechenbares »Verbrechen«, das zugleich als die »Erbsünde« moderner Naturwissenschaft betrachtet werden könne, so Brecht in seiner Schlußbemerkung zur amerikanischen Aufführung von 1947. Galilei oder, Walter Benjamin folgend, das Volk als der »Held« und Galileis Verbrechen als die »Erbsünde« stehen bei Brecht aber in Anführungszeichen.

Dieses Stück soll, wie Brecht in derselben Schlußbemerkung schreibt, keine Tragödie sein. Daß es sich um keine Komödie handelt, versteht sich von selbst. Auf Andreas' Enttäuschung, »Unglücklich das Land, das keine Helden hat«, folgt die tiefe Erwiderung Galileis, die aus dem für die traditionelle Dramatik konstitutiven Gegensatz von Tragödie und Komödie herausführt: »Nein. Unglücklich das Land, das Helden nötig hat.« (13. Szene) Ohne Helden, diese seien positive oder negative, richtige oder falsche, übermächtige oder unfreiwillige, sind Tragödie und Komödie nicht möglich.

Der »Held« verliert die Geschichte hindurch sein substantielles Rückenmark. Er wächst aus dem gemeinschaftlich gelebten Mythos heraus, steigt in der religiösen Offenbarung den diesseitigen Individuen auf ihr jenseitiges Dach, wird unter allgemein menschlicher, dann klirrender Fahne in die Klassendisziplin genommen und entläuft in die Profanität seiner Endlichkeit.

In der heldischen Figur wird das endliche Dasein eines

Individuums in einen repräsentativen Zusammenhang zur menschheitsgeschichtlichen Notwendigkeit gestellt. In der Klassengesellschaft ist der Zusammenhang von Gesellschafts- und Individualentwicklung über die Subsumtion der Individualität unter Klassen vermittelt. Solange die klassenstrukturelle Vermittlung noch nicht polarisch ausgebildet ist, ist der Repräsentationszusammenhang in Mythen und Religionen durch noch mehr oder weniger naturwüchsige Symbolik vorgegeben. Sind die Subsumtion der Individualität unter eine bestimmte Klasse und die Klassenpolarisierung voll ausgebildet, wie im Industriekapitalismus, funktioniert die heldische Repräsentation nicht mehr quasi naturwüchsig, sondern durch ideologische Verklärung der klassengesellschaftlichen Vermittlung.

Die Auflösung des heldischen Repräsentationscharakters der Figuren kann nun vor allem auf dreierlei Weise geschehen, woraus sich die dramatischen Schwierigkeiten der Gegenwart ergeben:

a) Der ideologisch zum menschheitshistorischen Symbol verklärte Held wird am Klassenstandard gemessen, wie man die Länge von Gegenständen am Meterband mißt. Die heldische Repräsentation wird ideologiekritisch als Klassenrepräsentation enthüllt. Ungeachtet des endlosen Streits über das richtige Urmeter schließt die ideologiekritische Auflösung des Helden so oder so ein, daß die Individualität nur als Exemplar der jeweiligen Klasse fungiert. In dieser Auflösung bestand zweifellos ein historischer Realismus in der Aufklärung der klassenstrukturellen Vermittlungen.

b) Die Individualität wird von ihrer klassengesellschaftlich vermittelten Repräsentationsfunktion überhaupt entlastet. In dieser Entlastung scheint zwar die Individualität gewonnen, aber um den Preis des Verlustes an der historisch realistischen Erhellung der klassengesellschaftlichen Vermittlung, insofern auch ohne Entwurf einer alternativen Gesellschaftlichkeit der Individuen im Großen. Was Held war, läuft auf der »Sandbank der Endlichkeit« (Hegel) fest. Tragödie und Komödie geraten zu einem Spiel bloßer Trauer und Lust, wie Hegel am Ende seiner Ästhetik schreibt.

Immerhin kann aber durch diese Trauer und Lust hindurch im Kleinen erspielt werden, was im Meßvorgang vermessen blieb: ein materialästhetisches Reservoir an einer Individualität, die weder naturwüchsig an ein Gemeinwesen genabelt ist noch der Subsumtion unter Klassenfunktionen unterliegt.

c) Das Schwierigere besteht darin, diese beiden Tendenzen der Auflösung heldischen Daseins, die aber noch nicht aus dem makrostrukturellen Antagonismus von Gesellschafts- und Individualentwicklung herausführen, in nachklassengesellschaftlicher Perspektive zu überwinden, d. h. in Richtung auf das »gesellschaftliche Individuum« (Marx). Das gesellschaftliche Individuum ist keine Fortsetzung der Heldengeschichte. Nicht der Kommunismus, sondern die »Vorgeschichte der menschlichen Gesellschaft« (Marx) produziert Heldenmaß. Der Kommunismus ist ebensowenig die Heldengesellschaft wie das Schlaraffenland, ebensowenig das Jüngste Gericht wie das Paradies. Eine Stärke Brechts besteht gerade darin, Zukunft nicht dem heldischen Maß der Vergangenheit zu opfern. Der Befreier gefährdet sich dadurch selbst, daß er sich nicht von der Aura des Helden befreit. Ohne die Entauratisierung jedes emanzipatorischen Schrittes wird nicht nur der nächste Schritt behindert. Ohne sie bleibt der Kommunismus das ewig vor sich her zu tragende Jenseits, dem kein Individuum gewachsen ist.

Die Argumente des kleinen Mönchs erübrigen sich auf keine andere Weise, als daß die Gesellschaftlichkeit der individuellen Tätigkeit inhärent wird. Der Kreislauf zwischen »göttlicher Geduld« und »göttlichem Zorn« ist erst in der allgemeinen Durchsetzung der Tätigkeitsformen moderner Kultur zu durchbrechen. Das gesellschaftliche Individuum genießt die Universalität moderner Kultur als seinen Selbstzweck.[1] Da es sich bereits in seiner Tätigkeit unmittelbar vergesellschaften kann, bedarf es keiner ihm äußerlichen Verkörperung von Gesellschaft, der es dienen müßte. Es repräsentiert nichts außer sich selbst. Es ist so frei, dem Schicksal seiner Endlichkeit durch Charakter begegnen zu können.[2]

Obgleich das gesellschaftliche Individuum von den in der Klassengesellsc haft dominanten Individualitätsformen ausgeschlossen ist, muß auf der Suche nach einem Stoff seiner Gestaltung nicht in eine utopische Ferne geschweift werden. Die Kapitalreproduktion ist auf die Erweiterung ihres produktiven und konsumtiven Zirkels angewiesen. Dieser Zirkel wird, wie unser Jahrhundert lehrt, sowohl destruktiv erweitert (in Richtung auf die Vorbereitung und Durchführung von Kriegen) als auch progressiv (durch die funktional verteilte Entwicklung des kulturellen Vergesellschaftungsmodus der Individuen). Der destruktiven Erweiterung des Zirkels kapitalistischer Reproduktion widersteht letztlich nichts anderes als Gegen-Macht. Revolutionäre Gegen-Macht schließt die Gefahr ein, daß die stählerne Maske des Revolutionärs mit diesem, bis zu seiner Unkenntlichkeit im Tode, verwächst, statt je von ihm wieder abgenommen werden zu können. Die progressive Erweiterung des Zirkels kapitalistischer Reproduktion bereitet die allgemeine Umstellung der Entwicklung des Individuums vom Arbeits- und Klassenindividuum zum gesellschaftlichen Individuum vor.

In der modernen, von mythischen und religiösen Funktionen befreiten Kultur wird ein Potential zur rationalen Selbststeuerung der Individuen entbunden. Dieses Potential entwickelt sich in der sprachlich differenzierten Einheit von gesellschaftlicher Kommunikation (Verhaltenskoordinierung) und Denken.[3] Die Reproduktion der Persönlichkeitsstrukturen kann von der noch vorsprachlich motivierten »sympraktischen« Lebenstätigkeit umgestellt werden auf die sprachliche Steuerung der Willensakte, die sprachliche Reorganisation der Wahrnehmung und die sprachliche Durchorganisation der Denkleistungen.[4] Dieses rationale Kreativitätspotential entsteht im sprachlich-kommunikativen Gebrauch kognitiver Strukturen und im sprachlich-kognitiven Gebrauch kommunikativer Strukturen.[5] Was bis in unser Jahrhundert hinein eine kulturell privilegierte Oase bleiben mußte, verbreitet sich seit den 60er Jahren zu einem in sich gestaffelten Massenphänomen. Woanders als in diesem Kreativitätspotential und seinen Vergegenständlichungen hat Vernunft keinen Ort.

Der Stoff zur Gestaltung gesellschaftlicher Individualität setzt überall da ein, wo die Rationalisierung heldischen Daseins beginnt. Dies war in den Dialogen des Sokrates oder in denen Galileis der Fall und begegnet heute im Gespräch mit dem Arbeiter von nebenan. Das interne Zeitmaß der sprachlich differenzierten Einheit von gesellschaftlicher Kommunikation und Denken ist ein anderes als das der »Vorgeschichte« der Menschheit oder das der Naturgeschichte unserer Galaxis. Prinzipielle Kommunikationsprobleme hat man nicht mit Sokrates, aber mit denjenigen seiner Zeitgenossen, die noch an einen Lokalkult glaubten, nicht mit Galilei, aber mit den Bauern in der Campagna zu seiner Zeit. Flucht in die Vergangenheit läge nur vor, wenn die künftige Selbstverständlichkeit der freien Assoziation gesellschaftlicher Individuen geflohen wird. Dies wäre der Fall, wenn das Selbstverständlichwerden gesellschaftlicher Individuen als die allgemeine Verbreitung heldischer Zwangsjacken vorgestellt wird. Geschichtsschreibung im Hinblick auf das gesellschaftliche Individuum mündet immer wieder in die konkret-historische Beantwortung dieser Frage ein: Wie können gesellschaftliche Strukturen überwunden werden, die dem Individuum um den Preis seiner heldischen Selbstauslöschung gesellschaftliche Bedeutung geben oder es in seiner Endlichkeit versanden lassen? Statt die Zukunft im Geiste noch so revolutionärer Vergangenheiten zu beschwören, interessiert die Gegenwart, auch wenn diese einen Revolutionstraum zerstört. Die Individuen haben längst damit begonnen, sich von ihrer heldischen Überlastung zu entlasten.

d) Diese Gestaltungsaufgabe der Gegenwart ist die schwerste. Die derzeitigen Mischformen der Reproduktion und Auflösung der heldischen Repräsentation sind zu gestalten. Welche Kombination des Auf- und Abbaus von Helden ist die der jeweiligen Übergangsphase angemessene? Die derzeitige Verwirrung ist dadurch komplett, daß sowohl die Tendenzen zur Reproduktion als auch zur Auflösung der heldischen Repräsentation gleichzeitig unter rechtem und linkem Vorzeichen stehen. Theater heute müßte, in Korrespondenz zu anderen öffentlichen kommunikativen Praktiken, diesen Lernprozeß ermöglichen: das kollektive Erlernen der Courage im emanzipatorischen Widerstand gegen sozialhistorische Herrschaftsstrukturen und gleichzeitig das kollektive Erlernen der Selbstdistanzierung vom heldischen Dasein. Die sich in diesen beiden Kontexten, dem des emanzipatorischen Widerstandes und dem der Selbstdistanzierung, auf- und abbauenden »Helden« werden dialektisch. Sie nehmen Aufklärung nicht als eine neue Mission hin, sondern klären sich über die Grenzen des Glaubens an die Vernunft auf, d. h., sie werden vernünftig. Diese Aufgabe erübrigt als Lösungsprinzip nicht Brechts Methode, läßt aber seine Stoffe fraglich werden.

2. Die Spannung in der Galilei-Figur

Die Galilei-Figur unterliegt der Spannung, den Entwurf sowohl eines gesellschaftlichen Individuums als auch eines Helden zu enthalten.

a) Das gesellschaftliche Individuum Galilei setzt sich in vitaler Produktivität als Selbstzweck. Sein Dasein innerhalb der »Vorgeschichte« ist an die Existenz zeitweiliger Kulturnischen zwischen instabilen Herrschaftsformen gebunden.

Laughtons Darstellung des Galilei charakterisiert Brecht als eine »Mischung von Körperlichem und Geistigem«, auch von »Aggressivität und schutzloser Weichheit und Verwundbarkeit«. Für Galilei ist das »Aussprechen der Wahrheit [...] ein sinnlicher Genuß. Und er baut seine Persönlichkeit so leidenschaftlich und weise auf wie sein Weltbild.«[6] In der Schlußbemerkung zur amerikanischen Aufführung schreibt Brecht, der Forschungstrieb, ein »soziales Phänomen«, sei »nicht weniger lustvoll oder diktatorisch wie der Zeugungstrieb«. Die Seite des vergesellschaftet individuellen Daseins von Galilei gleicht einem nachchristlichen Heiden.

Dies sichert den durchgängig positiven Bezug, den Brecht auch persönlich zu der Galilei-Figur hatte, bei allen Schwierigkeiten Brechts mit der heldischen Gestaltung. Galilei ist »interessant als Gegenbeispiel zu den Parabeln. Dort werden Ideen verkörpert, hier eine Materie gewisser Ideen entbunden«[7].

Brechts Galilei-Figur entzieht sich dem Status des Helden, insofern in ihr die Fülle der vergesellschafteten Natur individuell präsent ist. Würde nicht vergesellschaftete Natur individualisiert, sondern eine spezialisierte Teilfunktion weiter verendlicht, entstünde eine Operationsnummer, die keines menschlichen Namens bedarf. Würde zwar diese Fülle symbolisiert, ohne aber die Trauer und Lust individuellen Lebens zu durchlaufen, entstünde ein inzwischen komischer Held. Der Ausschluß beider für ein gesellschaftliches Individuum lebloser Gegensätze – der Nummer und des Helden – gelingt Brecht am besten in der persönlichen Beziehung zwischen Andrea und Galilei: Von Galileis Wohlbehagen, das sich, wenn ihm der Rücken frottiert wurde, in geistige Produktion umsetzte, bis zum rückhaltlosen Geständnis Galileis, das nur vor Andrea oder gar nicht möglich war. In dieser Beziehung bricht sich »die Entmetaphysizierung«, »das Verirdischen des Kunsterlebnisses« Bahn. »Weder ist der Mensch ferner das Objekt überirdischer Mächte [...] noch seiner eigenen ›Natur‹. Das neue Theater kreiert (und lebt von der) Lust an der Gestaltung der menschlichen Beziehungen.«[8]

Das gesellschaftliche Individuum ist ein sich seiner Endlichkeit bewußtes und daher auf seine Vergesellschaftung in der Kommunikation setzendes Wesen. Es vermag nicht, Götter und Heroen, deren Anforderungen es nicht gewachsen ist, zu ersetzen. Es kehrt nicht den Anspruch auf absolute Wahrheit, den die Religion als historische Herrschaftsideologie erhebt, zugunsten seiner Tätigkeitsform, hier der Wissenschaft, um. Es erlernt, sein Dasein im Wechsel der Kontexte, sowohl der großen als auch der kleinen, zu durchschauen, auch wenn dieses Dasein Verrat bedeutet. Seine Kompetenz zur Selbstdistanzierung löst den Zwang zur ideologischen Selbstrechtfertigung auf: »Ich habe widerrufen, weil ich den körperlichen Schmerz fürchtete.« (14. Szene)

b) Der Held Galilei, ob in der ersten Fassung mehr positiv oder in der zweiten Fassung negativ, verkörpert einen legendären Auftrag. Historisch verklärt die Volkslegende die profane klassengesellschaftliche Funktion Galileis, die reine und nichts als die reine Wissenschaft zu inaugurieren, die zum positivistisch disziplinierten Betrieb der Fachgehirne führen wird.

Die zu gestaltende heldische Seite des Galileistoffes schien zunächst das Bedürfnis illegalen antifaschistischen Kampfes symbolisch befriedigen zu können. Obgleich die Volkslegende zu schön war, um historisch wahr zu sein, ging doch ihre Substanz in die ersten Entwürfe der Galilei-Figur ein. Ihr widerstrebte der historische Stoff, in dessen Kontext der Widerruf nicht als List interpretiert werden konnte, sondern ernster zu nehmen war. Ihr widerstrebte aktuell das Scheitern der Einheits- und Volksfront und von diesem Standpunkt das Versagen der Mehrzahl der Intellektuellen. Die Volkslegende über Galilei konnte als Substanz und Bewertungsmaß des historischen Stoffes nur in der Radikalität hinterfragt werden, in der Brecht das Scheitern der Einheits- und Volksfront zu hinterfragen vermochte.

Die Konzentration der zweiten Fassung des Stückes auf die Gestaltung des Verrats von Galilei verrät Brechts Abbruch seines rationalen Auflösungsversuches der Volkslegende. Die Galilei-Figur verrät jetzt, woraus sie hervorwuchs, die Volkslegende. Die Volkslegende wird als Kriterium der Beurteilung Galileis nicht außer Kraft gesetzt. Im Gegenteil, Brechts Arrangement des historischen Stoffes suggeriert eine Alternative, die es historisch nicht gab. Galileis Bündnis mit den oberitalienischen Städten, wozu die 11. Szene mit Vanni verleitet, hätte zu keinem anderen sozialhistorischen Typ von Wissenschaft geführt als jenem, vor dem Galilei schon guten Grundes aus Venedig geflohen war. Der ökonomistische Verwertungszwang (Republik Venedig) ist der sozial emanzipatorischen Wissenschaft nicht weniger feindlich als die politisch-ideologische Gleichschaltung derselben (römisches Papsttum). Durch die Vanni-Szene entsteht der Eindruck, als hätte Galilei objektiv die Chance zur Verwirklichung der Volkslegende gehabt, wodurch diese, scheinbar historisch realistisch, als Kriterium der Beurteilung seines Verrates erhalten bleibt.

Brechts Arrangement einer objektiv emanzipatorischen Handlungsmöglichkeit für Galilei verlagert das eigentliche gesellschaftliche Problem. Das zu behandelnde Fehlen einer über Herrschaftsordnungen hinausführenden sozialhistorischen Bewegung taucht in der Gestaltung des Verrats von Galilei unter. Das Konstitutionsproblem moderner emanzipatorischer Praxis wird über die Umprofilierung des Helden zu einem negativen in demselben verinnerlicht. Die Isolation des emigrierten Brecht, im Scheitern der Einheits- und Volksfront, korrespondiert mit der historisch ausweglosen Situation Galileis, sein vergesellschaftet individuelles und heldisches Dasein überbrücken zu können. Die Zerstörung der opportunistischen Selbstlegitimation des negativen Helden greift zu kurz, wenn sie im Bannkreis der Illusionen des positiven Helden über seine objektiven Handlungsmöglichkeiten erfolgt. Würde man, statt der Vanni-Variante, historisch verstärken, was der kleine Mönch einwendet, und Galilei in der Selbstabrechnung sein heldisches Dasein vollständig auflösen lassen, könnte der unversöhnliche Bruch zwischen seinem heldischen und vergesellschaftet individuellen Dasein realistisch hervortreten. Damit wäre aber in der aktuellen Rezeption, angesichts der genannten Mischformen, noch immer nicht die Wirkung der Legitimation von Opportunismus ausgeschlossen. Opportunismus könnte sich nun in der Unversöhnlichkeit des Bruches Nahrung verschaffen. Aus diesem Dilemma würde wohl erst ein gegenwärtiger Stoff herausführen können, der die kritische Bestandsaufnahme des Ausbleibens emanzipatorischer Bündnisse in unserem Jahrhundert, wie sie Peter Weiss in seiner »Ästhetik des Widerstandes« begonnen hat, zur Voraussetzung hätte.

3. Brechts kritische Selbstreflexion

Brecht antwortet auf die Frage, wie tief die »Mißverständlichkeit« seiner Stücke in diesen stecke: der Stückeschreiber könne sich vor der bürgerlichen Vereinnahmung »nur dadurch retten, daß er die Substanz aufgibt oder (und) einen Leitartikel anhängt«[9]. Die historische Substanz der Galilei-Figur war die Volkslegende. Der Leitartikel begann schon mit dem »Kunstgriff«[10] am Ende der ersten Fassung, der in der zweiten Fassung zur Selbstentlarvung des Verräters ausgebaut wurde. Die Brecht gegenwärtige Substanz der Galilei-Figur war die Politik der Einheits- und Volksfront, deren Scheitern Brecht verinnerlicht. Die Zentrierung des Stückes auf den heldisch-repräsentativen Galilei schließt technisch »Rückschritt« ein.[11] »Wann wird die Zeit kommen, wo ein Realismus möglich ist, wie die Dialektik ihn ermöglichen könnte? Schon die Darstellung von Zuständen als latente Balance sich zusammenbrauender Konflikte stößt heute auf enorme Schwierigkeiten. Die Zielstrebigkeit des Schreibers eliminiert allzu viele Tendenzen des zu beschreibenden Zustandes. Unaufhörlich müssen wir idealisieren, da wir eben unaufhörlich Partei nehmen und damit propagandieren müssen.«[12]– Wenn wir uns diese Zeit jetzt nicht nehmen, kommt sie nicht mehr.

1 Vgl. Marx, Karl: Grundrisse zur Kritik der politischen Ökonomie, Berlin 1953, S. 584–600.
2 Um kulturhistorisch angemessen vom gesellschaftlichen Individuum sprechen zu können, müßte der Versuch von Walter Benjamin fortgesetzt werden, »Schicksal« und »Charakter« von mythischen, religiösen und moralistischen Identifikationen zu befreien. (Vgl. Benjamin: Schicksal und Charakter, in: Benjamin: Illuminationen, Frankfurt (Main) 1977.
3 Vgl. Wygotsky, L. S.: Denken und Sprechen, Berlin 1964.
4 Vgl. Lurija, A.: Sprache und Bewußtsein, Berlin 1982.

5 Vgl. Leont'ev, A. N.: Grundfragen einer Theorie der sprachlichen Tätigkeit, Berlin 1984.
6 Brecht, Bertolt: Arbeitsjournal 1938–1955, Berlin und Weimar 1977, S. 358.
7 Ebenda, S. 406.
8 Ebenda, S. 392.
9 Ebenda, S. 440.
10 Ebenda, S. 22.
11 Ebenda, S. 26.
12 Ebenda, S. 150.

II.

Marxismus, Moderne und Postmoderne

Es ist schwer und zu Recht strittig, eine Gegenwartsdiagnose zu wagen. Sie kann, zumal bei der nötigen Vereinfachung, leicht zu Fehlorientierungen führen, die verantwortungsethisch zumindest bedenklich sind. Dennoch kommen wir nicht ohne Orientierungsmuster aus, nach denen wir unsere gegenwärtigen Aufgaben bestimmen, also auch bewerten, was besser der Vergangenheit oder besser der Zukunft angehören sollte. Die Gegenwartsdiagnose zu unterlassen könnte noch schlimmere Folgen haben. Die doppelte Not, auf eine Gegenwartsdiagnose weder verzichten noch diese gefahrlos und damit unbedenklich behaupten zu können, läßt sich nur im öffentlichen Disput wenden.

Leben wir, wie es der Marxismus behauptete, im Übergang von der kapitalistischen zur sozialistischen Gesellschaft, d. h. heute in einem Übergang, der angesichts des erfolgten Zusammenbruchs des Kommunismus nur unterbrochen und in der sozialen Wohlfahrtsdemokratie westeuropäischer Prägung bereits halbwegs realisiert sein könnte? – Der Weg des russischen Kommunismus wäre dann nur einer gewesen, auf dem aus vormodernen Gesellschaften und Kulturen in die westeuropäische Moderne aufzubrechen war, ohne in derselben anzukommen, weshalb er sich jetzt erübrigt hat. – Was heißt so betrachtet aber wieder die Moderne, etwa der Unterschied zwischen westeuropäischer und nordamerikanischer, von der japanischen noch ganz zu schweigen? Ist die Moderne, strukturell und mental gesehen, nicht nur der Maßstab, sondern auch das Ende aller Geschichte? Oder ist sie in sich genügend widersprüchlich, um mit einer Post-Moderne schwanger gehen zu können? Was bedeutet es, daß ihr Widerpart und ihre Zukunft nur so vage, so wenig positiv aus sich selbst heraus, eben nur als eine »Post«-Moderne diskutiert werden?

In dem folgenden Kapitel gehe ich diesem Fragenbündel

nach. Im ersten und zweiten Beitrag benutze ich wiederum Brecht als Medium der Selbstverständigung, das sich nicht nur damals in der DDR der 80er Jahre geradezu anbot. Sein Dialektik-Konzept für eine alternative Gesellschaft, obschon auf undogmatische Weise marxistisch, war in sich derart problematisch, daß es erst einmal galt, aus diesem Revolutionstraum überhaupt wieder in der Moderne anzukommen. Der junge, noch unmarxistische Brecht bot hingegen eine gute Gelegenheit, die Eigenart moderner Kultur lebensgeschichtlich plastisch zu fassen, um unter den postmodernen Forderungen neokonservativen Zeitgeist und rationellen Gehalt unterscheiden zu lernen. Mein Plädoyer für vernunftorientierte Philosophie erfolgt durch Selbstkritik derselben im Kontext antagonistischer Wahrscheinlichkeiten.

Im dritten Beitrag interpretiere ich Marx derart zeitgenössisch, daß sich sein produktionstheoretischer Entwurf auf eine kommunikationsorientierte Weise angesichts der Habermasschen Theorie reformulieren läßt. Im vierten Beitrag lasse ich meiner früher aufgestauten Kritik am Marxismus-Leninismus Luft, der als stalinistisches und neostalinistisches Konstrukt nicht nur Marx, sondern vor allem die zeitgenössische Reinterpretation dieser Tradition verhindert hat. Ich gebe im Kontext der Wende in der DDR einige Anregungen, welche der westlichen Theorien und Philosophien sofort rezipiert werden sollten, um die schlimmsten Defizite überwinden zu helfen.

Im fünften Beitrag versuche ich, als den rationellen Gehalt postmoderner Philosophie mit und gegen Lyotard die Frage zu bergen, wie die modernen Wettbewerbsformen in Wirtschaft, Politik und Kultur auf neue Weise miteinander koevolvieren können, nämlich so, daß kommunikativ erzeugte, neue soziokulturelle Zwecksetzungen als das Regulativ politischer und wirtschaftlicher Wettbewerbe wirksam werden. Diese neue Ko-Evolution erfordert, daß insbesondere die öffentlichen Medien in einer modernen Demokratie primär ihrer kulturellen Aufgabe nachgehen, statt wie Werbeagenturen der Wirtschaft und Parteien zu funktionieren, womit ich mich im letzten Beitrag des Kapitels beschäftige.

»Postmodernes« beim jungen Brecht?

1. Zur Frage der Vernunft heute

Kant hat »Aufklärung« klassisch als den Ausgang der Menschen aus ihrer selbstverschuldeten Unmündigkeit gefaßt, aber als jenen Ausgang, der durch den öffentlichen und kritischen Gebrauch der den Menschen eigenen Vernunft erfolge. Dies war und ist eine mutige Aufgabenstellung. Wer sich ihr stellt, tut dies nicht, weil er blauäugig über die meisten und wichtigsten Koordinierungsarten gesellschaftlichen Verhaltens hinwegsähe, die ohne diesen Vernunftgebrauch zustande kommen. Umgekehrt, er setzt auf die Möglichkeit des Vernunftgebrauchs in der Verhaltenskoordinierung, weil er die katastrophalen Fernwirkungen der unvernünftigen Verhaltensarten kennt. Der deutschen Frühaufklärung ging im 17. Jahrhundert der Dreißigjährige Krieg voraus. Wer bei Angelegenheiten von allgemein werdendem Belang für den Wettbewerb um die bessere Argumentation und ihre praktische Verwirklichung eintritt, ignoriert nicht die gegensätzlichen Interessen und Bedürfnisstrukturen der Individuen, Gruppen und Schichten. Umgekehrt, er will sie zur Sprache bringen, um sie von dem naturwüchsig anarchischen Auf und Ab der antagonistischen Markt- und Machtkrisen zur Vielfalt unverwechselbarer Lebensformen zu befreien. Diese Vielfalt ist existenzfähig unter der Bedingung, daß die antagonistischen Markt- und Machtkriege überwunden werden, und ist entwicklungsfähig unter der Bedingung, daß zum öffentlichen und kritischen Austausch zwischen den verschiedenen Lebensformen übergegangen wird.

Das auf humane Selbstgestaltung abzielende Anliegen der »Aufklärung« hier – nicht nur in einem kulturhistorisch periodisierenden Sinne verstanden – ist in immer neuen Anläufen zu verwirklichen versucht worden, nicht ohne

Rückschläge bis ins Gegenteil des Erhofften. Jede Fortsetzung erfordert eine selbstkritische Bestimmung der sozialen Grenzen und kulturellen Inkonsequenzen vorangegangener Aufklärungsprozesse. So hatte der Marxismus, als Programm wie als Bewegung, schon im 19. Jahrhundert für die Überwindung dreier Hauptgrenzen der bürgerlichen Aufklärung gewirkt: der Begrenzung auf bürgerliche Schichten und auf ein ideologisches Niveau, unter Aussparung der Möglichkeit eines alternativen Reichtums an gesellschaftlichen Beziehungen der Individuen im Gegensatz zum bürgerlichen Besitzindividualismus; der Begrenzung auf Teilprozesse der gesamtgesellschaftlichen Produktion, wie die Anwendung von Wissenschaft und Technik für die Mehrwertrealisation, ohne die gesamtgesellschaftliche Zwecksetzung der Teilprozesse und ihrer Kombination neu zu bestimmen, und der Begrenzung auf den nationalstaatlichen Rahmen oder auf imperiale Bündnisse zwischen bürgerlichen Nationalstaaten unter Aussparung einer weltwirtschaftlichen und weltgesellschaftlichen Alternative, in der auf Dauer die Ausbeutung der Natur und des Menschen durch den Menschen, damit auch Kriege, überwunden werden können.

Wie dringend die gesellschaftliche Praktizierung vernünftiger Koordinierungsverfahren gerade für gegensätzliche Interessen- und Bedürfnislagen heute ist, zeigt ein Auszug aus der bisherigen Rechnung des 20. Jahrhunderts: immer wieder imperialistisch initiierte Runden des Wettrüstens, während die Mehrheit der Bevölkerung in den Entwicklungsländern die primitivsten Grundbedürfnisse nicht befriedigen kann, zwei Weltkriege; globale Kalte Kriege, mit ihren schon verinnerlichten und nur mühsam regional begrenzten Experimentierfeldern eines neuen heißen Krieges; der »Krieg« der traditionell industriellen Produktions-, Verkehrs- und Konsumtionsweise wider die natürlichen Voraussetzungen der menschlichen Existenz; die permanente und wahrscheinlicher werdende Gefahr eines letzten imperialistischen Krieges, der aber auch der letzte der Menschheit wäre.

Die bisher sozial halbierten Aufklärungen waren, teuer genug, »Lernprozesse mit tödlichem Ausgang« (Alexander

Kluge). Aber es gab noch Überlebende, die aus dem tödlichen Ausgang für die andern für sich noch etwas lernen konnten. Dieses Mal ist der Ausgang für die anderen der für uns selbst. Jede Inkonsequenz in der Aufklärung heute schlägt irreversibel zurück. Die in Jahrtausenden eingeübten Ideologien der Vertröstung und Verhoffnung auf ein Auditorium der Zukunft, der Delegierung der Verantwortung auf Kinder und Enkel, der Flucht vor dem eigenen Selbst, sei es in Vergangenheiten oder Zukünfte, tragen gerade zum Untergang bei. Dies wäre nicht nur der Untergang dieser oder jener Ideologie, dieses oder jenes Systems, der sich ideologisch aufbauscht zum Ende jeder menschlichen Welt. Wider alle ideologische Gewohnheit, solch hochdramatisches Imponiergehabe der jeweils anderen Seite einfach abzutun, handelte es sich um den tatsächlichen Untergang der scheinbar banalsten physischen Voraussetzung aller möglichen Ideologie- und Systembildungen. Unvernünftiges Verhalten ist nicht nur teuer und unpraktisch, sondern global lebensgefährlich geworden.

Die gefährlichste Ideologie der Gegenwart ist die, außer der eigenen ideologischen Realität keine Realität mehr anzuerkennen, als gäbe es außer der klassenbedingten Selbstbestätigungssucht keine realitätsträchtigen Referenten. Andrè Glucksmann, einer der neuen Ideologen Frankreichs, hat die Ideologie der Ideologien in seiner sogenannten Philosophie der Abschreckung auf den demagogischen Punkt gebracht. Dieser Punkt erspart uns im zynischen Spiel mit dem Tode der Menschheit jeden weiteren Lernprozeß. Etwas anderes als die vermeintliche Freiheit des Westens kann da gar nicht mehr diskutiert werden, und in deren Namen schreibt Glucksmann klar: »Haben wir das Recht, Frauen, Kinder und Kindeskinder eines ganzen Planeten als Geiseln zu nehmen? Dürfen wir die Zivilbevölkerung, zu der wir selbst gehören, mit der Apokalypse bedrohen? Verdient eine Kultur weiterhin diesen Namen, wenn sie, um zu überleben, wissentlich ihre Auslöschung riskiert? – Die Antwort lautet – was die allzu ruhigen Gewissen auch immer sagen mögen – ja.«[1]

Wer sich hier in der Rolle des antichristlichen Gottes der Herrschaft wähnt, sinnt sich auch noch das unruhige Gewissen an. Pazifismus sei nicht nur machtpolitisch irreal, sondern schon moralisch nicht zu rechtfertigen, selbst wenn dies, wie in der Friedensbewegung, durch Interpretation des christlichen Gottes als eines Gottes der Liebe versucht wird. Falls ein andersdenkender Leser noch geglaubt haben sollte, wenigstens moralische Freiheit für sich in Anspruch nehmen zu dürfen, Glucksmann unterwirft auch diese noch der »Gleichschaltung« mit dem Kampf gegen den »Totalitarismus«. Letzterer braucht sich als Vorwand seiner Indienststellung. Dieses ideologische Muster erinnert in der deutschen Geschichte an die Inszenierung des Reichstagsbrandes.

Wenn heute in der nordamerikanischen und westeuropäischen Diskussion ein heftiger Streit darüber geführt wird, ob es den Tod der Vernunft zu feiern oder ihre Neubegründung zu leisten gilt, ob sozialkritische Aufklärung zu beenden oder fortzuführen, ob moderne Kultur durch »postmoderne« zu ersetzen oder fortzusetzen sei,[2] so verbirgt sich dahinter, im Kontext der Rechtswende, wohl doch mehr als nur eine kurze Mode auf dem Akademiker-Markt, ein Lieblingswort der Sonntags-Feuilletonisten, eine Seifenblase lebensfremder Philosophen. Selbst wenn sich rein ideen-, theorien- oder kunstgeschichtlich herausstellen würde, daß dieser Streit nichts weiter als eine Wiederholung allzu bekannter Positionen, etwa aus der Diskussion zur »Tragödie der Kultur« (Georg Simmel) um die Jahrhundertwende oder der Weimarer Zwischenkriegszeit, erbringt, wäre er noch immer in seinem neuen Kontext ernst zu nehmen, steht doch weltpolitisch inzwischen zu viel auf dem Spiel, als daß wir nur der Wiederholung zuschauen könnten. Zu klein ist sie geworden, unsere Welt, um nur auf die Bestätigung des von uns eh Gewußten aussein zu können.

Politik, die sich rein traditionell an machtpolitischen Zwecken orientiert wie der Hegemonie, der Expansion oder wenigstens der Erhaltung der Macht, ist heute einem antagonistischen Dilemma zwischen ihren Zwecken und Mitteln ausgesetzt. Der Einsatz der Mittel, d. h. letztlich der A-, B- und C-Waffen, macht die Realisierung des traditionellen Zweckes utopisch. Nach deren Einsatz wäre keiner mehr zu beherrschen. Wenn so der Einsatz der Mittel selber politisch zwecklos wird, bleibt allein die Drohung mit dem Einsatz ein politisches Mittel.

Aus diesem antagonistischen Dilemma jeder Machtpolitik führt nur eine Neuorientierung der Politik an vernünftigen Zwecksetzungen heraus, an einer »Koalition der Vernunft«. Was in früheren Kontexten als der reine Idealismus erscheinen mußte, ist heute die einzige materialistische Alternative zum früher oder später eintretenden Inferno: weg vom Wettrüsten, hin zur Entfaltung des Wettbewerbs beider sozialer Systeme unter friedlichen Bedingungen, d. h. einer radikalen Abrüstung. So ist die scheinbar altmodische Diskussion um die vernünftige Kritik und Neugestaltung unserer Verhältnisse zur Natur wie zu Mitmenschen, um den vernünftigen Anspruch eines jeden gesellschaftlichen Individuums auf seine Selbstverwirklichung, um die avantgardistische Erprobung neuer Lebensweisen in einer sich herausbildenden Weltgesellschaft[3] zu einem weltpolitisch relevanten Thema geworden, nicht aus bloßem Vernunftglauben solcher, die sich von ihrem europäisch visionärem Lehrgut nicht trennen können, sondern weil anders als auf dem Wege ungewöhnlicher kommunikativer Lernprozesse keines der materiellen globalen Probleme auch nur angegangen werden kann. Wer ausgerechnet heute, wo die Gefahr wächst, den besten, häufig in die innere oder äußere Emigration gezwungenen Teil europäischer Kultur verabschiedet, das innereuropäische Oppositionspotential der Vernunft, votiert nolens volens für den endgültigen Glaubenskrieg.

Die Kraft der Vernunft ist nicht die, sich des anderen zu bemächtigen, dieses andere mag die äußere oder eigene Natur, das rassisch, geschlechtlich, sozial oder kulturell andere sein. Es fällt schwer, immer wieder die Konsequenz aus dem kopernikanischen Beginn der Neuzeit, unserem Verstoßensein aus dem göttlichen Zentrum auf einen peripheren Punkt, zu ziehen, d. h. unser »Ego« fortlaufend zu »dezentrieren« (Jean Piaget). Es gibt keine Art von Mission, irgend etwas unterwerfen zu müssen, sondern Milliarden bedürftiger Menschen in einer abgelegenen Nische der natürlichen Evolution. Diese Nische kann durch Kriege und Abfälle zerstört oder sozial und kulturell gestaltet werden. Vernunft hebt in der selbstkritischen Einkehr in unsere Grenzen an, wodurch wir überhaupt erst frei werden, dem anderen begegnen und in dieser Begegnung das andere als solches verstehen zu lernen. Sie ist zunächst ein Prozeß des Erlernens, sich mit den Augen der anderen als das fiktive Zentrum allen Geschehens aufzugeben, um so allererst sein eigenes Selbst hinausproduzieren zu können. In diesem Wechsel der verschiedenen Teilnehmer- und Beobachterperspektiven schafft jeder erst sein Selbst, er hat es nicht schon konsumierbar geschenkt bekommen. Freilich werden die Vernunftpotentiale »im kleinen« nur in dem Maße gesellschaftlich relevant, in dem sie als sozial- und kulturrevolutionäre Bewegung formiert, durch mediengestützte Öffentlichkeiten einem Wettbewerb ausgesetzt und verbreitet werden. Wer den Kampf um die vernünftige Umstrukturierung der tradierten, inzwischen global selbstmörderisch gewordenen Verhaltensmuster aufnimmt, stößt auf klassenbedingte Barrieren, nicht erst der materiellen Produktionsweise, sondern schon der gegebenen Kommunikationsweisen.[4]

Es gibt menschheitshistorisch keine größere Herausforderung als diese konstruktive, für eine nichtantagonistische Weltgesellschaft sinnvolle Handlungsmuster zu produzieren. Was in der heutigen nordamerikanischen und westeuropäischen Diskussion »postmodern« genannt wird, markiert den Scheideweg, entweder hinter diese Herausforderung zurückzufallen oder sich ihr zu stellen. »Moderne« Kultur resultiert, im Unterschied zu »vormoderner« oder »traditionaler« Kultur, aus vernünftigen, damit stets offenen, sich in neuen Kontexten selber korrigierenden Lernprozessen. Diesen fehlt das Endgültige, das religiös geschlossene Weltanschauungen, die den Glauben an die eine absolute Wahrheit vermitteln, auszeichnet. Wer wie nicht wenige

»Postmoderne« vorschnell vom »Tod der Moderne« spricht, könnte bei den offenen Konsequenzen der modernen Kultur noch gar nicht angekommen sein oder Gefahr laufen, von diesen offenen Konsequenzen in eine »vormoderne«, absolute Glaubensgewißheit zu fliehen. Um beides voneinander unterscheiden zu können, mag eine kurze Vergegenwärtigung der Entwicklung des jungen Brecht hilfreich sein. Inwieweit nahm er die offene Konsequenz, nach dem Verlust traditionaler Glaubenssysteme sein Selbst erst produzieren zu müssen, auf sich?

2. Brechts »ärztlicher Blick« (1920–1925)

Der junge Brecht, ein Tumult, ist im Kreuzungspunkt dreier Kulturen aufgewachsen, zwischen der katholisch und barock nach außen gekehrten Prozession, deren protestantisch rebellierender Rücknahme ins hagere, zwiespältig und krank werdende Ich und den Rudimenten achristlich-heidnischer Einbrüche in die christlichen Raster der Wahrnehmung, die gefährdet waren im Karneval und auf Volksfesten; aus der Ferne auch in Krieg, Revolution und Konterrevolution; aus der Nähe auf der Tripper-Station oder bei einer Entjungferung. »Es ist Aschermittwoch, wo man so wach ist, reinlich ist, sich bessert. Napoleons Totenmaske liegt auf dem Waschtisch, draußen liegt Schnee, im Bett liegt ein Blutfleck«.[5]

Es war an der Zeit, aus dem Gewachsenen herauszusteigen, seine Vergegenständlichungen zu beobachten, aber nicht wie Narziß, der ins eigene Bild fällt, sondern wie jemand, der seiner Dreiteilung zwischen einander befremdlichen Kulturen dadurch entkommt, daß er den »ärztlichen Blick«[6] zu erlernen versucht, den diagnostizierenden Blick auf drei Kultur-Raster, in denen verschieden und nichts Geringeres als der Tod verarbeitet wird.

»Ich bin, mit offenem Hemd auf der Brust, ohne Gebete im Gaumen, preisgegeben dem Stern der Erde, der in einem System, das ich nie gebilligt habe, im kalten Raum umgeht. Meine Mutter ist seit gestern abend tot, ihre Hände wurden allmählich kalt, als sie noch schnaufte, sie sagte aber weiter nichts mehr, sie hörte nur zu schnaufen auf.

Ich habe einen etwas beschleunigten Puls, sehe noch klar, kann gehen, habe zu Abend ...«[7]

Brecht umgab eine »Clique« von Freunden, mehrere von ihnen wurden Ärzte; er übte sich vom 1. Oktober 1918 bis 9. Januar 1919 als »Militärkrankenanwärter« im Augsburger Reservelazarett in den ärztlichen Blick ein[8], begann selber Medizin zu studieren, bis er dieses Studium nach dem Tod der Mutter endgültig abbrach. Die Beobachtung, wie sich Auge in Auge der Tod manifestiert, gelingt schon bei Fremden schwer, beim Tode der nicht auf ihre, aber seine Weise Geliebten nicht mehr. Nichts ist unvordenklicher und zugleich zukunftsgewisser, als daß jeder Teilnehmer desselben wird. Brecht wechselt, wie seit Schiller viele, von der Medizin in die Literatur. Er verkraftet es nicht, ein Leben lang auf diesen ärztlichen Blick hin professionalisiert zu werden.

Brecht überträgt die erlernten Strukturen medizinischer Verhaltensdispositionen auf die Literatur, zu einer Art von soziokultureller Diagnostik (als Dichter) und zu einer Art soziokultureller Therapeutik (als Theaterpraktiker), aber unter Voraussetzung der modernen klinischen, nicht mehr kultischen, religiösen, metaphysischen oder nur lebensweltlich-phänomenalen Medizin. Das Paradigma moderner Medizin als der Wissenschaft nicht von der äußeren, sondern der eigenen Natur, strukturell übertragen auf die Belange soziokulturellen Daseins, trifft das, was Brecht von nun an versuchen wird, viel eher als Physik- oder Ökonomie-Modelle, mit denen er sich später auch beschäftigt hat, insoweit ein »Sozial- und Kulturmediziner« physikalische Rahmenmöglichkeiten und die soziale Anatomie des Stoffwechsels kennen muß. Die Perspektive prophylaktischer Behandlungen, mögliche Patienten schon in ihre eigenen Ärzte zu verwandeln, soweit Kommunikation in den Grenzen der Natur das eben trägt, wie auch umgekehrt mögliche Ärzte schon zuvor die Patientenrolle erleben zu lassen, sind strukturell der theaterpraktischen Strategie verwandt, Zuschauer das Darstellen und Darsteller das Zuschauen erlernen zu lassen, und berühren gesellschaftstheoretisch die Frage nach der Verflüssigung und schließlich Aufhebung der für die Individuen lebenslangen, eineindeutigen Arbeitsteilungen. – Aber all dies sind schon Problemstellungen beim späteren Brecht.

Die moderne Medizin entdramatisiert, so gut es geht, das affektgeladene Erlebnis des Todes in das Vorhandensein eines leblosen Objektes, aus welchem sezierend zu lernen ist für die Lebenden. Der moderne Mediziner ist kein Gott. Er kann selber krank werden und stirbt auch. Die Lebensgeschichten, auch der Ärzte, verwandeln sich in dokumentierte Krankengeschichten. Brecht spuckt unterernährt soviel Blut, daß er in die Charité muß. Der Arzt ist kein Magier mehr, der Geister beschwört und alles von Gott hat. Er ist ein wissenschaftlich ausgebildeter, der, erfahrungsgebunden, konkret diagnostiziert und therapiert, der das Gespräch führt, um beobachtend zu objektivieren, und der beobachtet, um an einer Heilung teilzunehmen, notfalls den hoffentlich erst zeitweiligen Tod des Subjektes vorzieht, während er operiert, als wärs ein Tier. Der Tod des Patienten stimmt den Arzt traurig, nicht mehr tragisch. Es wartet der nächste. Die Krankheit kann eine ganz andere sein, als alle physischen und psychischen Symptome vermuten lassen. Dem modernen Mediziner reichen keine oberflächlichen oder lebensgeschichtlich narrativen Analogien mehr. Die gesunde Oberfläche des Körpers hat möglicherweise längst eine kranke Tiefenstruktur. Heilung erfordert hier so gut wie möglich objektive Maßbestimmungen für ein äußerst komplexes Gebilde, das als lebendes Objekt doch stets Subjekt bleibt. Heilung steht nicht mehr im Dienste eines geglaubten Heiles, dem das Individuum zu opfern wäre, sondern in dem der Gesundung des vorliegenden, gebrechlich endlichen Falles im Rahmen eines Naturgeschehens.

Solche Verhaltensdispositionen, deren soziokulturelle Genese Michel Foucault für das 18. und 19. Jahrhundert untersucht hat, passen nicht zu dem Sog der Kulturgötter

Europas, auch nicht zu ihrem seit über einem Jahrhundert pompösen Sterbeaufzug.

Brecht stellt sich den künstlichen Remythologisierungen moderner Kultur deutlich entgegen. Jahre bevor er zu einem Marxisten wurde, was ihn gerade heute zu einem Anknüpfungspunkt des Dialogs zwischen Marxisten und Nicht-Marxisten werden läßt: »Ich habe immer, wenn ich Leute sah, die vor Schmerz oder Kummer die Hände rangen oder Anklagen ausstießen, gedacht, daß diese den Ernst ihrer Situation gar nicht in seiner ganzen Tiefe erfaßten. Denn sie vergaßen vollständig, daß nichts half, es war ihnen noch nicht klar, daß sie von Gott nicht nur verlassen oder gekränkt waren, sondern daß es überhaupt keinen Gott gab und daß ein Mann, der, allein auf einer Insel, Aufruhr macht, wahnsinnig sein muß.«[9] Die »Triumphzeiten des Rationalismus« sind erst die halbe, in ihr Gegenteil zurückschlagende Aufklärung gewesen: Menschen »sind bereit, für schwindelhafte Phrasen großen Klangs alles zu opfern, sie sterben wonnevoll in Schweineverschlägen, wenn sie nur in großer Oper ›mitwirken‹ dürfen. Aber für vernünftige Zwecke will niemand sterben, und auch das Fechten dafür wird durch die Möglichkeit des Todes verhindert, denn das Vernünftige dünkt ihnen: zu leben, und man kann für ›nichts‹ sterben, nicht aber für etwas ...«[10] – Und sei dieses Etwas auch nur das »Provisorium« der Endlichkeit eines jeden Menschen Lebens.[11]

Hier stößt Brecht zu der entscheidenden Frage aller Aufklärung vormoderner Kulturen, der Mythen, Religionen und schließlich auch noch nicht über sich selbst aufgeklärter Ideologien, vor. Was ist der Fluchtpunkt von Prozessen, die mit der »Entdeckung des Kopernikus (begannen), die den Menschen dem Vieh näher bringt, indem sie ihn von den Gestirnen entfernt, die dem Menschen befiehlt, mit seinem Globus die Sonne zu umkreisen, und die ihn aus dem Mittelpunkt in die Statisterie schmeißt«?[12] Was macht es so schwer, die Verschwendung der Endlichen an ein Unendliches aufzudecken? Was kommt unerbittlich in der Serie der Dezentrierungen zum Vorschein?: »Häßlich, frech, neuge-

boren, aus dem Ei. (Mit Eihäuten, Kot, Blut, immerhin.)«[13]
– Ein sterbliches Lebewesen, das darum zu wissen vermag,
»daß ich nur einmal vorhanden bin«[14], aber eben schon dieses
Wissen ängstigt. Dies ist nicht mehr nur instinktartige, krea-
türliche Angst, sondern eine aus dem Wissen der Endlichkeit
folgende vor demselben Wissen. Auf den ersten Blick ist
dieses Wissen nur ertragbar, wenn man sich selber als seinen
Referenzpunkt verdrängt und es sukzessive wieder auf traditionelle Art rekultiviert. Die »Überlebens-Lügen«, von der
sogenannt niederen bis zur höheren Kultur, der »Über-
mensch«, der sich angesichts dieses Wissens zurückwirft in
den Machtrausch zu *wollen*, solange die Energetik des Lebens reicht, oder der »Zyniker«, der in der Präsens dieses
Wissens wider es als des besseren spricht und handelt (Peter
Sloterdijk).

Brecht, der all dies in wenigen Jahren, aber »intensiv«[15]
erlebt und verdichtet, ringt darum, vor diesem Wissen nicht
zurückzuweichen. »Wenn man nur Mut hätte, wäre es spott
leicht, fast alle Ideale und Institutionen … auf die verzwei-
felte Sucht des Menschen zurückzuführen, seine wahre Lage zu verschleiern. Anerkennung der Familie, Lob der Arbeit, Ruhmsucht, Religion, Philosophie, Kunst, Rauchen,
Rausch sind nicht einzeln und klar in ihrem Wert abge-
schätzte und als *Mittel* (moyens) erkannte Aktionen gegen
das Gefühl der Einsamkeit, Ausgeliefertheit und Rechtlo-
sigkeit des Menschen, sondern die sichtbaren Bürgschaften
gestapelter ungeheurer Werte und Sicherungen. Hierher,
aus dieser Verführung zur Gemütlichkeit, kommt die Skla-
verei des Menschen.«[16]

Aber führt der fortschreitende Fraß an anscheinend nötigen, nicht nur Gesellschafts-, sondern Lebenslügen nicht
zu »unsittlichen« Wirkungen? Ist nicht das Vergnügen der
Aufklärung, in der endgültigen Schwäche menschlichen Daseins immer wieder herumzuwühlen, »unsittlich«?: »Ich
denke, daß es von einem dramatischen Dichter vielleicht
nichts Unsittlicheres gibt, als eine gewisse Schamlosigkeit
in bezug auf die gewisse Schwäche des Menschengeschlechts,
mit einem Herdentrieb geboren zu sein, ohne die zur Bil-

dung einer Herde erforderlichen Eigenschaften aufzuweisen. Fast alle bürgerlichen Institutionen, fast die ganze Moral, beinahe die gesamte christliche Legende gründen sich auf die Angst des Menschen, allein zu sein, und ziehen seine Aufmerksamkeit von seiner unsäglichen Verlassenheit auf dem Planeten, seiner winzigen Bedeutung und seiner kaum wahrnehmbaren Verwurzelung ab. ... Wehe aber dem Dramatiker, der auf die Voraussetzung das Augenmerk lenken wollte! Er ist die Krähe, die sich mit Krähenaugen füttert. Qui mange du pape en meurt.«[17]

Aufklärung kann nicht fortgesetzt werden, wenn sie nicht das ihr eigene Dilemma löst, weder in die vormoderne Rekultivierung ihres Wissens zurückfallen zu können, noch in der Kritik nicht nur das zu Kritisierende, sondern ihre eigene sittliche Orientierung auffressen zu müssen. »Wiewohl wir nichts sagen, so meinen alle, wir hätten zuviel zu verschweigen, und man hat Angst vor unsern Geheimnissen. Über die Felder kommen Mäuse im gleichen Frühjahr wie wir, und wir haben das letzte Brot aufgegessen. Man weiß nicht, was es ist, daß wir nicht beliebt sind. Wir riechen nach Kalk ...«[18]

Aufklärung schlägt, ob durch Rückfraß in den Mythos oder Vorfraß in den Kalk, in Gegenaufklärung um, wenn ihr die sozial-historisch produktive Bindung fehlt. Mit dieser allein kann die reflexive Beobachtung der dem Tode geweihten Körper in eine Teilnahme an der sinnvollen Neuproduktion gesellschaftlicher Beziehungen hier und jetzt verwandelt werden, wird die Reflexion des Todes zum Grund sittlicher Betätigung heute. In der soziokulturellen Produktion gesellschaftlicher Bindungen erhält der Vernunftgebrauch seinen temporalen und lokalen Index, sein »Wozu, Von wem, Für wen«, ohne entweder in die traditionale Transzendenz oder in das Nichts fallen zu müsssen.

Mit der Möglichkeit und Fähigkeit zur sozialen Bindung in der Formierung der großen Widersprüche korrespondiert die zu persönlicher Bindung in der Formierung der kleinen Widersprüche des Lebens. Wodurch auch immer bindungslos gewordene Reflexionsträger zur Pflege ihrer gestellten

»Gefährlichkeit« neigen, zu kleinlichen Bemächtigungsversuchen anderer durch kultartige Schocks, zur Instrumentierung des Wissens für priesterliche Bedürfnisse – Brecht versucht, dem sozialen wie persönlichen Dilemma nicht auszuweichen und die Konsequenz der Dezentrierung wider sein altes Selbst zu wenden. »Die Gefährlichkeit jeglicher Äußerung von meiner Seite war mir außerordentlich klar. Wenn ich aber nachdachte, was ich nun zu sagen hätte und was man von mir um keinen Preis zu hören wünschte, so konnte ich (so eigentümlich das vielleicht klingen mag) nichts finden.«[19]

Was lähmt ihn persönlich?: »Daß ich über niemanden Macht habe. Daß alles Gnade ist, was er mir gibt. Daß Gnade verweigern kein Unrecht ist.«[20] Welche Art von Macht?: »Es gibt keine Sprache, die jeder versteht. Es gibt kein Geschoß, das ins Ziel trifft. Die Beeinflussung geht anders herum: sie vergewaltigt (Hypnose). Dieser Gedanke belagert mich seit vielen Monaten. Er darf nicht hereinkommen, denn ich kann nicht ausziehen.«[21] Welche Gnade?: »Nachts, als ich einen Schluck Feuerwasser im Magen habe, kommt über mich die große Lust, andere Arbeit zu tun, das einfache, dunkle Leben zu gestalten, hart und knechtisch, realistisch und grausam, mit der *Liebe* zum Leben. … Ausschlag gibt der große Wurf, die finstere, aufgeworfene Masse, das erschütterte Licht über allem und die Unerschrockenheit des menschlichen Herzens, das die Dinge zeigt, wie sie sind und sie so liebt.«[22] Wo Halt finden?: »Es gibt kein anderes Halten als durch ein Gesicht.‹[23] – Brecht beginnt, mit dem tödlichen Verlust erfahrener Liebe liebend geworden, sich zu öffnen, seiner Suggestion und Autosuggestion zu entkommen. Er gewinnt Anlauf für die Ausbildung einer Persönlichkeitsstruktur, die die Haltlosigkeit der Transzendenz wie des Nichts erfahren hat und so sich selber wird entwerfen können.

So eruptiv Brecht, der Jüngling, seine Dreiteilung ausschrie, um ihrer Herr zu werden, und darin doch verwandt war der expressionionistischen oder nihilistischen Bewegung, so reflexiv unerbittlich wird inzwischen das bisherige Selbst auf Distanz gebracht: »Diese Bewegung war eine (kleine deutsche) Revolution, aber als etwas Freiheit erlaubt war, zeigte es sich, daß keine Freien da waren; als man glaubte, sagen zu dürfen, was man wollte, war es das, was die *neuen* Tyrannen wollten, und die hatten nichts zu sagen. Diese Jünglinge, reicher an Worten und Gesten als die vorherigen Generationen, zeigten ganz den spielerischen Unernst jeder Jeneusse dorée, ihren Überdruß, den sie mit Pessimismus, ihren Mangel an Verantwortungsgefühl, den sie mit Kühnheit, und ihre impotente Unzuverlässigkeit, die sie mit Freiheit und Tatendrang verwechselt.«[24] Mit 22 Jahren faßt Brecht Mut zur Selbsterkenntnis. Er erfährt, im Vergleich zu Goethe oder Hebbel, die »ausgewachsene Philosophien« hatten, sich selber als einen »arroganten Krüppel«.[25] Er stellt sich – noch immer wenige Monate nach dem Tod der Mutter, in dessen Anblick die drei Raster endgültig zusammengebrochen waren – der, wie er sagt, »härtesten Nuß«, das innere im Unterschied zum äußeren Leben darzustellen. »Läßt man alles äußere weg, arbeitet man in Nacktheit, dann muß ungeheure Gliederung oder unmenschliche Kraft herein! Hier droht am meisten Gefahr von Seiten des sprachlichen her, nämlich von der Routine und dem sprachlichen Götzendienst!«[26]

Der noch immer mit der reflexiven Distanzierung seiner Affekte kämpfende »ärztliche« Blick wandert jetzt, einer Kamera gleich, um nach dem toten die lebenden Körper zu röntgen, nach den nackten Körpern und deren sozialem Leben die nackte Seel'. Der Blick wird so zu dem des modernen Dichters. Foucault erinnert an die Vorgeschichte (die »Archäologie«) des Entwicklungszusammenhanges zwischen ärztlicher und lyrischer Erfahrung in unserem Jahrhundert. Der »Gegenstand« der Medizin ist grundsätzlich nur begrenzt objektivierbar, weil es sich schon immer um ein Subjekt handelt, im Unterschied zu den Objekten der klassischen Physik oder der Mineralogie. Der »Gegenstand« der Dichtung löst sich, nachdem die metaphysisch-göttliche Deckung der Seele verlorengegangen war, nicht einfach in Subjektivität auf, sondern in eine solche, die eine profane, endliche, materielle, höchst zerbrechliche Kehrseite hat. Die humanwissenschaftliche und lyrische Erfahrung werden einander komplementäre Zugänge zu diesem einen Subjekt-Objekt. Nach Hölderlins »Empedokles« ist die Welt unter das Zeichen der Endlichkeit gestellt, in jenes Zwischen ohne Versöhnung, in dem das Gesetz regiert, das harte Gesetz der Grenze; es wird zum Schicksal der Individualität, stets in der Objektivität Gestalt anzunehmen, in der sie offenbart und verborgen, verneint und begründet wird: auch hier vertauschen das Subjektive und Objektive wieder ihre Gestalt. Es mag zunächst befremden, daß die Bewegung, welche der Lyrik des 19. Jahrhunderts zugrunde liegt, eins ist mit jener Bewegung, durch die der Mensch eine positive Erkenntnis seiner selbst gewonnen hat. Aber ist es wirklich »... verwunderlich, daß der Einbruch der Endlichkeit den Bezug des Menschen zum Tod überschattet, der hier einen wissenschaftlichen und rationalen Diskurs ermöglicht und dort die Quelle einer Sprache aufschließt, die sich in der von den abwesenden Göttern hinterlassenen Leere endlos verströmt?«[27]

Der wunde Punkt der Aufklärung ist: Klärt sie sich nur selber auf, den »Einbruch der Endlichkeit« kulturell erlebbar werden zu lassen, ohne hinter das Wissen um diesen Einbruch zurückzufallen. Die Sprache dafür ist noch gar nicht da. Sie muß erst produziert werden, gegen, wie Brecht eben sagt, Routine und Götzendienst. Hier erst schlägt die destruktive Aufgabe der Aufklärung gegenüber vormoderner Kultur und deren gesellschaftlichen Voraussetzungen um in ihre produktive Aufgabe, moderne Kulturformen und deren gesellschaftliche Bedingungen endlich zu schaffen. Die Trennlinie zwischen selbstkritischer Fortsetzung der Aufklärung einerseits und der Gegenaufklärung andererseits verläuft nicht entlang der Leugnung oder Bejahung des Problems. Das Phänomen selber, der »Einbruch der Endlichkeit« und die schon unter reflexiven Voraussetzungen stehende Angstbildung, ist nicht bestreitbar. Es war nie deutlicher und verstellter als eben jetzt, von der Kasernierung der Sterbenden auf Stationen bis zur anfangs genannten Gefahr, die ins unvorstellbar Globale wächst und daher nur von Massenmedien gehütet werden kann.

Die Trennlinie zwischen Aufklärung und Gegenaufklärung verläuft zwischen sich ausschließenden Schlußfolgerungen und Lösungsstrategien, wie sich dieses höchst verwundbare Wesen »Mensch« sozial und kulturell formieren kann. Aus dem Wissen um die Endlichkeit, die Verwundbarkeit, das Zerbrechliche, das Zarte, das allseits Bedürftige dieses Wesens lassen sich die Vorteile für perfektere Strategien seiner Beherrschung errechnen: es auszusetzen der Isolation, seiner »Normalisierung« von Zelle zu Zelle; es zu beschäftigen, auf das es nicht aus seinem Alltag erwache; es auszupressen und zu erpressen durch die institutionelle Aufteilung seiner begrenzten Lebenszeit; es zu »überwachen und zu strafen«[28], bis es sich selber überwacht und straft, bereitwilliger und besser als jede äußere Technik; es kulturell auszustopfen, bis es begeistert den abzählbaren Opfertod wählt, wo der Glanz seiner Augen endlich verschwendet wird an nichts. Es geht nicht – niemand verkleinere Brecht – um die Geschichte von Ideen, etwa der Friedrich Nietzsches[29] oder später der Arnold Gehlens, sondern um ihre Realität.

Die bei ihrer destruktiven Aufgabe stehenbleibende Aufklärung unterstellt, zunächst guten Glaubens bis ins 19. Jahrhundert, daß es da noch eine kulturelle Substanz gibt, welche durch den Schock, ihre Destruktion möglichst total vorgeführt zu bekommen, zum Leben erweckt werden kann. Der Text, die Aufführung, die Selbstdarstellung des Autors realisiert ihren Sinn über die Provokation der Kommunikation mit einem Publikum, das hoffentlich noch traditionelle Kulturwerte hegt.[30] Die Subjektivität des Publikums soll empört erwachen, da sie sich als ein manipulierbares Objekt auf der Bühne wiederfindet, womit das »Lustmordspiel« beginnen kann. Davon geht auch der junge Brecht zunächst noch aus, so in seinem Ringen um »Galgei« (»Mann ist Mann«): »Er heult wie ein Hund, ein Hund in der Finsternis, der nicht einmal mehr geschlagen wird. Das alles hat den Sinn, daß er sich erkennt und weiß, was ihm gehört (was weh tut, gehört ihm), wenn es auch gegen Schluß wieder anders wird und er allein sterben muß, verlassen von sich selbst. Er beschwört alle, die herumstehen ...«[31] Es sei einfach, »die Geschichte eines Mannes, den sie kaputtmachen (aus Notwendigkeit) und das einzige Problem: wie lange er's aushält«[32]. – Und wenn es nicht mehr weh tut? Wenn die Voraussetzung seitens des Publikums, einer Tradition von Humanismus überhaupt noch anzugehören, dieser sei so verklärt und verspießert wie er wolle, gar nicht mehr gegeben ist? Soll dann der Machttechniker im Theater vorgespielt bekommen, wie er experimentell verfahren könnte? Was machte man mit einem Publikum, das, die erste Aufklärungswelle längst hinter sich habend und vielleicht längst umfunktioniert, nicht mehr romantisch glotzen kann?

Man mag das Phänomen der Endlichkeit vage mit den gleichen Worten umschreiben, dann sind in der selbstkritischen Fortsetzung der Aufklärung im Gegensatz zur Gegenaufklärung gänzlich andere Schlüsse zu ziehen, erst neue Probleme zu stellen. Aus dem Wissen um die allseitige Bedürftigkeit, das Verwundbare und Zarte dieses Wesens lassen sich die gegenständlichen, sozialen und kulturellen Bedingungen angeben, unter denen es von seiner äußeren Not befreit wird, seine innere kulturell zu wenden. In dieser Fragerichtung können vormoderne Kultursubstanzen weder vorausgesetzt noch romantisch rehabilitiert werden, ebensowenig vormoderne Gesellschaftsformen und vorindustrielle Produktionsweisen. Nicht Vergangenheiten werden aneinander abgerieben, sondern künftige Möglichkeiten moderner Weltgesellschaft und Weltkultur sind zu produzieren. Dies eben ist Brechts »Kehre«[33] in der ersten Hälfte der zwanziger Jahre, seine Umkehrung der ganzen Richtung, das Ausgangsphänomen zu befragen. Sie ließ sich einstweilen leichter in einer neuen lyrischen Sprache entwerfen, in Gedichten und Liedern, als theater- oder radiopraktisch einleiten, was bereits die Umstrukturierung komplexer kommunikativer, nicht mehr allein von einzelnen abhängiger Praktiken erfordert. Der »Einbruch der Endlichkeit« wird weder verdrängt noch ausgekostet, sondern zum Argument für die Neuproduktion gesellschaftlicher Solidarität, für die Affirmation nicht an das gegebene, sondern selbst erst herzustellende Leben, so im Abgesang »Von der Kindesmörderin Marie Farrar« (»Darum, ich bitte euch, wollt nicht in Zorn verfallen / Denn alle Kreatur braucht Hilf von allen«) oder wenn Peachum in der »Dreigroschenoper« singt: »Das Recht des Menschen ist's auf dieser Erden / Da er doch nur kurz lebt, glücklich zu sein / Teilhaftig aller Lust der Welt zu werden / Zum Essen Brot zu kriegen und nicht einen Stein.«

Es geht um den konstruktiven Gegenentwurf einer »freundlichen Welt« in der Kritik der gegebenen oder besser genommenen. Dies erfordert die Formierung anderer Stoffe als das bis auf eine kleine Schicht referenzlos gewordene Thema der anhaltenden Götterdämmerung: »Als heroische Landschaft habe ich die Stadt, als Gesichtspunkt die Relativität, als Situation den Einzug der Menschheit in die großen Städte zu Beginn des dritten Jahrtausends, als Inhalt die Appetite (zu groß oder zu klein), als Training des Publikums die sozialen Riesenkämpfe.«[34] Die Stabilisierung der Kehre bedarf eines philosophischen Mediums, das die Regression ins Vormoderne von der Neuproduktion zu unterscheiden hilft: »Gelingt es einem von uns, das Drama zum Spiel zu machen, ohne es zu schwächen, wozu vielleicht weniger eine heroische Religion wie zu den großen mythischen Tragödien gehört als eine starke und gleichmäßige Philosophie, dann werden wir durch ein Feixen dem Gelächter entgehen.«[35] Mit dieser Wendung in die Aufklärung der Aufklärer über ihre produktive und daher kritische Aufgabe werden eine eigenständige Aneignung der und ein eigenständiger Beitrag zur marxistischen Diskussion für Brecht möglich.[36]

3. Der Zwiespalt »postmoderner« Konzepte

Der Terminus »postmodern« tauchte zuerst in der US-amerikanischen Literaturkritik der sechziger Jahre auf, um den Verfall der Maßstäbe einer kulturellen Moderne im

Sinne der 20er und 30er Jahre, die wenigstens bis auf Baudelaire zurückgeht, zu markieren.[37] Andreas Huyssen, Fredric Jamesson u. a. haben gezeigt, daß es sich hierbei um eine situationsspezifische Wiederbelebung der europäischen Avantgarden als einer amerikanischen handelte, nachdem der Modernismus in den USA kulturpolitisch vereinnahmt und warenästhetisch vermarktet worden war. Die amerikanische Postmoderne der 60er war beides: »eine amerikanische Avantgarde ... *und* das Endspiel der internationalen Avantgarde«[38]. Nach dem gesellschaftlichen Leerlauf auch dieser Avantgarde, in den Ruinen ihrer Vermarktung und den Nostalgien ihrer Erinnerung, gerät dieses Postmoderne unter die neokonservative Offensivstrategie, die in den USA schon in den 70er Jahren beginnt, um einerseits Watergate, den Vietnam-Krieg, den Öl-Schock, die Wirtschaftskrise, den Verlust des globalen Hegemonialbewußtseins wieder wettzumachen und damit andererseits die avantgardistisch gesteigerten Konsequenzen der kulturellen Moderne in Richtung auf eine andere Gesellschaft abzufangen. Die Rettung der spätbürgerlichen Gesellschaft bedarf verfügbarer Marktartikel, die, handelt es sich um endliche Wesen mit möglicher Todesangst, beschäftigt werden müssen, von Sonderangebot zu Sonderangebot, von Hollywood bis Hollywood. Man darf diese Wesen nicht überanstrengen. Für Marktleiden gibt es kompensatorische Entschädigungen, Einlaßkarten in die US-amerikanische Oper »Ronny, oder wie immer du heißt, uns gehört die Welt«.

Als das Wörtchen »postmodern« am Ende der 70er Jahre den alten Kontinent erreicht, ist auch in Westeuropa die Rechtswende im Gange, zunächst in ihren ideologischen Vorboten und schließlich in der Reihe der Regierungswechsel von Großbritannien (1979) über die BRD (1982) bis Frankreich (1986). Die neokonservative Offensivstrategie zur Rettung des Weltkapitalismus der transnationalen Monopole unter US-amerikanischer Führung trifft in diesem Zeitraum auf eine in ihrer Regierungsverantwortung bürokratisch verschlissene Sozialdemokratie und die versandeten Ausläufer der 68er Revolte. Diese Ausläufer reichen von der zynischen Anpassung an den mehrheitlichen Weg in die bürgerlichen Institutionen über den Beginn neuer sozialer Lernprozesse in den Friedens-, Umwelt-, Frauen- und Minderheitsbewegungen bis zu dem Ausstieg weniger in den Terror, der zum willkommenen Vorwand der Rechtswende, des Abbaues demokratischer Rechte und des Ausbaus polizeistaatlicher Überwachung wird.

Der historische Zwiespalt, in den die amerikanische Postmoderne während der 70er Jahre geraten war, schlägt in der westlichen Welt der 80er Jahre wieder in zwei Richtungen aus, einerseits dominant in eine solche »Postmoderne«, die, willentlich oder nicht, zu der neokonservativen und politisch nach rechts führenden Wende paßt, andererseits in wenig einflußreiche und in sich widersprüchliche Versuche, den vagen und nur negativ bestimmten Markennamen »Postmoderne« im Kontext der neuen sozialen und kulturellen Bewegungen positiv anzureichern. Gelängen solche Versuche, entstünde ein positiver Gehalt, der dann auch schon anders genannt werden würde als ein vermutetes Etwas, das eben nur »nach« der »Moderne« sei oder kommen soll, wobei derzeit noch jeder unter »Moderne« anderes versteht. »Im Anfang war nicht das Wort. Das Wort ist am Ende.«[39] Vom Standpunkt der in Brechts Tagebuch 1929 anmerkungsweise unterschiedenen Rollen für Wörter spielt die »Postmoderne« heute den Part eines neokonservativen »Impresarios«, in der Perspektive bestenfalls den eines »ironischen Liebhabers« einer wiederzugebärenden Idee[40], in der gegen die spätbürgerlichen Selektionsfilter (Vermarktung, politisch-ideologische Indienststellung) moderner kultureller Möglichkeiten das produktiv kritische Potential moderner Kultur erneut eingeholt und weiterentwickelt wird.

Die neokonservative Strategie setzt, im Unterschied zum klassischen Wertekonservatismus, auf jede wissenschaftlich-technische Innovation, wenn diese nur einem Kriterium genügt: Verwertbarkeit für die Hegemoniegewinnung in der Weltpolitik und auf dem Weltmarkt. Es gibt in der heutigen westlichen Diskussion keine stärkeren Befürworter des ökonomischen Wachstums, technischen Fortschritts und professionellen Leistungsdrucks als eben die Neokonservativen. Der schnellen und monopolisierbaren Realisation solcher Innovationsprozesse sind hinderlich die formal demokratischen Prozeduren ohnehin begrenzter »Mitbestimmung« (die aus der sozialdemokratischen, in Bürokratismus umgeschlagenen Reformära stammen) und das sozialkritisch aufklärende Potential moderner Kultur, das insbesondere in den Avantgarde-Bewegungen zu dem hohen Anspruch auf die soziokulturelle Selbstverwirklichung jeder Persönlichkeit geführt hat. Es gibt in der westlichen Auseinandersetzung keine demagogischeren Kritiker am Bürokratismus, am Intellektualismus und an hohen kulturellen Ansprüchen als gerade die neokonservativen. Sie ergreifen Partei für die Freiheit, d. h. für den Konkurrenzkampf der kleinen um einen Beitrag zur der von den Großen verwertbaren Innovation; für das Volk gegen die aufrührerischen Intellektuellen sozialkritischer Prägung, d. h. für die künstliche, durch Massenmedien auf dem neuesten technologischen Stand manipulierbare Wiederbelebung mythischer, religiöser und ideologischer Handlungsmuster: für die traditionelle Geborgenheit und populäre Unterhaltung von jedermann in seinem normalisierten Familienalltag, d. h. für die Entschädigung der gestreßten Leistungstiere und die Ruhigstellung der Opfer sozialer Antagonismen sowie der möglichen Opponenten.

Nach dieser Strategie sind machtpolitisch und kapitalökonomisch verwertbare Eliten, insbesondere des politischen und ökonomischen Managments sowie der wissenschaftlich-technischen Intelligenz, bedingungslos zu rekrutieren, in Gettos hochkomfortabler Arbeits- und Lebensweisen zu halten und durch Massenmedien populistisch in Szene zu setzten, so daß sich »everybody« einfühlen kann in diese harten Jobs, von deren Ausfüllung auch sein Arbeitsplatz und Selbstwertgefühl abhängen sollen. Machtpolitisch und kapitalökonomisch nichtverwertbare Potentiale moderner Kultur (d. h. insbesondere sozialkritische und avantgardistische Gehalte alternativer Wissenschaft, der Literatur und Künste, das Ganze in Frage stellender

Vernunft-Philosophie) werden entweder durch vor- oder frühmoderne bzw. triviale Kulturmuster medial ersetzt, oder sie werden wenigstens für das breitere Publikum warenästhetisch entmachtet, selektiert und auf medial wirkungslose Abstellgleise geschoben. Die neokonservative Strategie der Hegemoniegewinnung bedarf der Konservierung traditioneller Werte für all jene, die von den aufbrechenden sozialen Antagonismen massenhaft betroffen sind und mögliche Opponenten darstellen, um dieselben einer Prophylaxe kultureller Verarmung zu unterwerfen, durch die wiederum der einkalkulierte Protest auf machtperiphere Punkte bloß neuer Maschinenstürmerei begrenzt werden soll. *Neo*konservativ ist an dieser kulturellen Kompensation,[41] daß sie im Maßstab eines globalen Marktes und unter der Verwendung hocheffizienter Informations- und Kommunikationstechnologien erfolgt. Die gleichzeitige Verschärfung einerseits sozialer Antagonismen (sogenannte neue Armut) und andererseits der kulturellen Verarmung (vom neuen Medien-Analphabetismus bis zu neuen Spezialistenideologien zwar erfinderischer, aber für alles mietbarer Zwerge, wie Brecht im »Galilei« sagt) schafft, bewußt oder unbewußt, Voraussetzungen für eine Refaschisierung, aber weniger in der traditionellen, kleinstaatlich nationalistischen, medial unterentwickelten, noch an Massenaufmärsche und die körperlich gewaltsame Destruktion formaler Demokratie gebundenen Form, sondern mehr im globalen Rahmen (West-Ost, Nord-Süd), auf schleichende Weise, mit der Neuproduktion medialer Fiktionen vom Theater der Konfetti-Demokratie.

Die letzte große Reserve zur Restauration des Kapitalverhältnisses besteht dieser Strategie zufolge darin, den Weltmarkt der transnationalen Monopole durch eine entsprechend globale Kommunikationsweise abzusichern. In dieser sollen, abgekoppelt von der Realität sozialer Antagonismen, Widerstände und Machtkonzentrationen, permanent fiktive, sich nur immer wieder selber referierende Gegen-Realitäten erzeugt werden, die ihr Defizit, das Fehlen des Ereignishaften im Sinne der traditionell wahrgenommenen Realitäten, »realistisch«[42]kaschieren oder für den Tag, an dem losgeschlagen werden darf, aufsparen.

Uns steht global ein ungeahntes Ausmaß der medialen Entwertung traditioneller Kulturmuster zur Wahrnehmung und Verarbeitung von Realitäten bevor. Schon der Brecht der 20er Jahre hatte bemerkt: »Wir haben von den Dingen nichts als Zeitungsberichte in uns.« Ob aus der jungen Generation etwas wird, »das hängt davon ab, ob sie sich informiert. Dies ist sehr schwierig wegen der Zeitungen, die versprechen zu informieren, aber in Wirklichkeit nur reagieren.«[43]

Ende der zwanziger, Anfang der dreißiger Jahre fordert Brecht, angesichts der medialen Entwertung von Zeitung und Theater durch den Rundfunk, auch zur Ausnutzung desselben und der Verwandlung des Radios aus einem »Distributionsapparat« in einen »Kommunikationsapparat des öffentlichen Lebens« überzugehen. In den Zentralen heutiger transnationaler Medienkonzerne wird längst nicht mehr reagiert, sondern die kommunikative Erzeugung fiktiver Gegen-Realitäten planmäßig betrieben. Die Umgestaltung der Medienpolitik und die Einführung neuer verwertbarer Kommunikationstechnologien haben von Anfang an in der neokonservativen Strategienbildung einen zentralen Stellenwert gehabt.

Nun kann man sich, um keinen neuen Gedanken formulieren oder gar eine alternative Praxis initiieren zu müssen, freilich damit beruhigen, daß die neokonservative Strategie angesichts der sozialen Antagonismen sich so nicht wird realisieren lassen, daß selbst im Falle der Monopolisierung der Kommunikationsmittel noch mehrere, gegensätzlich interessierte Medienmonopole da sind etc. Aber hilft die bloße Hoffnung auf Widersprüche und die bloß pragmatische Anpassung wie Nachahmung angesichts der eingangs erwähnten Weltsituation weiter?

»Überzeugt« letztlich nicht nur derjenige, der die sozialistische Alternative an kommunikativen Bewegungs- und Lösungsformen für soziale Widersprüche positiv vorexerziert, der die Lösung des Problems der gesamtgesellschaftlichen Kommunikationsweise mit globaler Ausstrahlungskraft praktiziert?

Vor dem Hintergrund der angedeuteten neokonservativen Globalstrategie, deren Realisation mit der politischen Rechtswende der wichtigsten kapitalistischen Länder unter noch liberalem Mäntelchen begonnen hat, tritt der Zwiespalt einer Reihe »postmoderner« Orientierungen hervor. So war und ist es sicherlich eine progressive Forderung, den Gehalt abgekoppelter moderner Expertenkulturen (wie der Wissenschaften und philosophisch-ethischer Diskurse, der sogenannten höheren Literaturen und Künste) rückzukoppeln an die Massen- und Alltagskultur, um in derselben kritische und selbstkritische Lernprozesse auszulösen, eine Forderung, die in avantgardistischer Tradition und parallel zur amerikanischen Postmoderne der sechziger Jahre Umberto Eco immer wieder vorgetragen hat. Aber führt die doppelte Kodierung solcher »Postmoderne« einerseits für Rezipienten, die mit moderner Kultur vertraut sind, um an der hochmodernen »Maskerade hoch zwei« Vergnügen finden zu können, und andererseits für solche Rezipienten, die den eingebauten populären Kode ernst nehmen, zur wirklichen Produktion des wechselweisen Übergangs zwischen Experten- und Massenkultur? Oder lachen beide Rezipientengruppen an derart entgegengesetzten Stellen, daß dem Autor das Lachen vergehen müßte; es sei denn, er überführt sein metasprachlich ironisches Spiel in ein zynisches, wenigstens noch den dank den geprellten Konsumenten gesteigerten Umsatz einzustreichen? Eco spricht selber von einem Krisenphänomen epochaler Spätzeit, von der Postmoderne als einem »Manierismus«[44].

»Postmoderne« Konzepte der siebziger und achtziger Jahre gehen »weiter«. In diesen wird immer stärker dafür plädiert, das aufwendige Problem der Transformation zwischen beiden Kodierungsebenen beiseite zu stellen. Statt dessen wird für Intellektuelle die Aufkündigung sozial repräsentativer Referenzen der geistigen Produktion gefördert und für das Volk zu einer populistischen Collage aller tradierten Stile und Formen übergegangen, ungeachtet der

Kontexte und Kotexte ihrer Entstehungen und bisherigen Wirkungen. Die Zeichen, sich zu orientieren, anhand deren im Schnittpunkt der Vergangenheiten und möglichen Zukünfte das gegenwärtige Aufgabenbewußtsein entstehen könnte, fallen den »Strategien des Vergessens«[45] anheim. Die Entdeckung moderner kultureller Gehalte beginnt immer wieder mit der Ornamentierung[46] ihrer Nacktheit. Für die Ornamentierung sind die neuen sozialen Mittelschichten, ist das durch kulturellen Vorschuß um seinen Aufstieg kämpfende Kleinbürgertum[47] besonders aufgeschlossen, kann es so doch endlich an der Herausforderung des »Gehobenen« Rache nehmen und seine halbintellektuelle Originalitätssucht in der Montage von Zitaten befriedigen.

Die neuen Angestellten der kulturellen Reproduktion genießen ihr Partikel medialer Entscheidungsmacht, nach ihrem eklektizistischen Geschmack Autoren medial enthaupten oder kreieren zu können. Es handelt sich um Diener nicht moderner Kultur, sondern des jeweiligen Marktes, des jeweiligen Staates, der jeweiligen Ideologie, mit kleinlichen privaten Rechnungen im Kampf auf der sozialen Sprossenleiter, von Mode zu Mode Scheinproduktion. Das Weisheits-Surrogat der Vergleichgültigung zeitlicher Dimensionen, der Verlängerung des »so war es schon immer« zum »so wird es schon immer gewesen sein«, der Langeweile in der sinnlosen Wiederkehr des alltäglich gepflegten Kleinkrieges korrespondiert im Kleinen mit der Versteinerung, Verglasung und Naturalisierung der »post-histoire« durch postmoderne Architektur zum zeitlosen Raum im Großen.

Es ist nichts leichter, als diesen Populismus der Postmoderne in ein neokonservatives Kompensationsgeschäft zu verwandeln, natürlich unter Berufung auf die vor den Minderheiten zu schützenden Mehrheiten, auf die Kulturrevolution des Genusses, des Vergnügens, der Emotion des letzten Augenblicks wider die Gralshüter, machtlüsternen und perversen Minderheitsträger der Vernunft. – Es gilt wohl wieder, nun in dem neuen internationalen Kontext, was der junge Brecht in seiner Selbstdistanzierung von der kleinen deutschen Kulturrevolution geschrieben hat: als man glaubte, sagen zu dürfen, was man wollte, war es das, was die neue Herrschaftsstrategie brauchte, von der medial verwertbaren Rhetorik und Gestik über den spielerischen Unernst und Überdruß bis zur Abstinenz gegenüber sozialer Verantwortung, der Gehalt- und Haltlosigkeit persönlicher Selbstdarstellung, deren dezentriertes und weltgesättigtes Selbst erst noch zu produzieren wäre.

Von dieser eindeutig neokonservativ funktionierbaren »Postmoderne« unterscheiden sich solche noch ebenso attributierten Konzepte, die auf die in den neuen sozialen und kulturellen Bewegungen begonnenen Lernprozesse Bezug nehmen.[48] Dort herrschte anfangs zweifellos die romantisch abstrakte Negation von gesellschaftlicher Modernisierung und Rationalisierung überhaupt vor, der einseitige Reduktionismus aller globalen Probleme auf diese oder jene alles bestimmende Ursache wie die Industrie schlechthin, Großmächte überhaupt, Wissenschaft und Technik generell, sexuelle Herrschaft etc. Diese bis in die erste Hälfte der 80er Jahre hinein von unten spontan erfolgende Bündelung abstrakter und einseitiger Bewußtseinsinhalte gerät aber im Maße der Ausbreitung dieser Bewegungen und angesichts der komplexen Überlappung der von diesen Bewegungen gestellten Probleme unter einen starken Differenzierungsdruck. Damit werden die kritischen Schwellen dieser Bewegungen deutlich, die zu überschreiten alles andere als leicht, aber auch nicht von vornherein unmöglich ist: Wie kann von dem abstrakten und spontanen Protest gegen diese oder jene regionale Auswirkung, eine Raketenabschußrampe oder einen abgestorbenen Wald, übergegangen werden zu dem nationalen, kontinentalen und globalen Determinationsgefüge dieser Fernwirkungen, ihrer angemessenen Erfahrung, Erkenntnis und der entsprechenden Protestform? Wie ist von der geforderten Alternative zu moderner Wissenschaft und Technik überhaupt dazu voranzuschreiten, selber die Entwicklung alternativer Wissenschaft und Technik zu ermöglichen? Wie kann von der Kritik an der Herrschaft des Mannes zur menschlichen Emanzipation beider Geschlechter vorgestoßen werden?

Wie ist von der kulturell provinziellen Ablehnung moderner Expertenkulturen zur Befreiung derselben, sei es aus ihren Nischen, sei es aus ihren staatsmonopolistischen Funktionierungen, überzugehen?

Hier entsteht die Chance zur Umkehrung der ganzen Richtung, die Ausgangsphänomene der Angst vor Krieg, Umweltzerstörung, geschlechtsbezogener Beherrschung, der Sinnlosigkeit eigenen Daseins zu befragen, um alternative Lösungen produzieren zu können, dieses Mal »von unten« kommend, komplementär zu den früher »von oben« steckengebliebenen Avantgardes. Beginnt nicht erst bei dieser Art und Weise zu fragen das Potential moderner Kultur, d. h. ein Potential zur produktiven Kritik an den antagonistischen Fehlmodernisierungen der Gesellschaft und an den Fehlrationalisierungen der Menschheitskultur, in denen Rationalität nur der instrumentellen Beherrschung des anderen diente? Keine Rezeption eines Klassikers der kulturellen Moderne kann uns davon entlasten, für die heutige globale Problemlage unsere Lösungsvarianten selbst produzieren zu müssen.

1 Glucksmann, A.: Philosophie der Abschreckung, Frankfurt (Main)-Berlin (West) 1986, S. 388. Dieser Autor setzt seine »linksjüdische« Vergangenheit in Szene, um der heutigen Rechtswende um so wirksamere Dienste zu leisten.

2 Vgl. u. a. Bell, D.: Die nachindustrielle Gesellschaft, Frankfurt (Main)/ New York 1975. Bell, D.: Die Zukunft der westlichen Welt. Kultur und Ideologie im Widerstreit, Frankfurt (Main) 1976. Lyotard, J.-F.: Das postmoderne Wissen. Ein Bericht, Bremen 1982. Habermas, J.: Theorie des kommunikativen Handelns. 2 Bde., Frankfurt (Main) 1981; ders. Die neue Unübersichtlichkeit, Frankfurt (Main) 1985; ders. Der philosophische Diskurs der Moderne, Frankfurt (Main) 1985. Sloterdijk, P.: Kritik der zynischen Vernunft. 2 Bde., Frankfurt (Main) 1983. Sloterdijk, P.: Der Denker auf der Bühne. Nietzsches Materialismus, Frankfurt (Main) 1986. Wellmer, A.: Zur Dialektik von Moderne und Postmoderne. Vernunftkritik nach

Adorno, Frankfurt (Main) 1985. Frank, M.: Was ist Neostrukturalismus?, Frankfurt (Main) 1984. Huyssen, A./Scherpe, K. R. (Hrsg.): Postmoderne. Zeichen eines kulturellen Wandels, Reinbek bei Hamburg 1986.

3 Vgl. Heise, W.: Realistik und Utopie, Berlin 1982. Barck, K./Schlenstedt, D./Thierse, W. (Hrsg.): Künstlerische Avantgarde. Annäherungen an ein unabgeschlossenes Kapitel, Berlin 1979. Klatt, G.: Vom Umgang mit der Moderne. Ästhetische Konzepte der dreißiger Jahre, Berlin 1984.

4 Vgl. Honneth, A./Joas, H. (Hrsg.): Kommunikatives Handeln, Frankfurt (Main) 1986.

5 Brecht, Bertolt: Tagebücher 1920–1922. Autobiographische Aufzeichnungen 1920-1954, Berlin und Weimar 1976, (im folgenden T), S. 69.

6 Vgl. zur soziokulturellen Genese der modernen Humanwissenschaften, darunter des »ärztlichen Blickes«, Foucault, M.: Die Ordnung der Dinge, Frankfurt (Main) 1971. Foucault, M.: Die Geburt der Klinik. Eine Archäologie des ärztlichen Blicks, München 1973. Man verwechsle nicht Foucaults Größe in der Erkenntnis wie im Irrtum mit jener Kleingeisterei, die zum Parasiten seines Werkes geworden ist und unter dem Namen des »Poststrukturalismus« firmiert. – Vgl. zu letzterer (außer M. Frank in Anmerkung 2) Weimann, R.: Poststrukturalismus, in: Weimarer Beiträge, Jg. 1985, S. 1061–1099. Vgl. zum Beginn einer gehaltvollen Problematisierung des Werkes von Foucault (außer Habermas, J.: Der philosophische Diskurs, Anmerkung 2) Honneth, A.: Kritik der Macht. Reflexionsstufen einer kritischen Gesellschaftstheorie, Frankfurt(Main) 1985, 2. Kapitel. Vizgin; V. P.: Foucaults Archäologie des Wissens, in: Kröber, G./Krüger, H.-P. (Hrsg.): Wissenschaft – Das Problem ihrer Entwicklung, Bd. 1, Berlin 1987.

7 T, S. 184. Siehe Schumacher, E.: Leben Brechts. Leipzig 1984, S. 22ff., 33f.

8 Ebenda.

9 T, S. 182f.

10 T, S. 35.

11 T, S. 93, vgl. S. 90 und S. 198.

12 T, S. 39.

13 T, S. 51.

14 T, S. 185.

15 T, S. 43f.

16 T, S. 175.

17 T, S. 142.

18 T, S. 81.

19 T, S. 192.

20 T, S. 65.

21 T, S. 68.

22 T, S. 13f.

23 T, S. 91.

24 T, S. 13f., vgl. S. 205.

25 T, S. 28.

26 T, S. 11.

27 Foucault, M.: Die Geburt der Klinik, a. a. O., S. 209.

28 Foucault, M.: Überwachen und Strafen. Die Geburt des Gefängnisses, Frankfurt (Main) 1976.

29 Vgl. die Brecht-Nietzsche-Diskussion auf den 85er Brecht-Tagen nach dem Beitrag von Subik, Ch.: Nietzsche und Spinoza als Lehrer Brechts. In: Brecht 85. Zur Ästhtetik Brechts. Fortsetzung eines Gespräches über Brecht und Marxismus. Hrsg.: Brecht-Zentrum der DDR, Berlin 1986.

30 Davon ist auch noch ursprünglich der junge Nietzsche (Die Geburt der Tragödie) ausgegangen. Er hat aber selber, nicht erst vom Standpunkt der Ordnung seines Werkes durch seine Schwester und die folgende Rezeptionsgeschichte, seinen eigenen Ausgangspunkt charakterlich nicht durchgehalten, d. h. nicht auf sich selbst angewendet. Die Linke bedarf nicht seiner Rehabilitation. Vgl. dagegen Sloterdijk. P.: Der Denker auf der Bühne, a. a. O..

31 T, S. 33.

32 T, S. 35.

33 Was ist dagegen Heideggers »Kehre«, gar noch eine »Heideggersche Linke«? Vgl. Sloterdijk, P.: Kritik der zynischen Vernunft, a. a. O. S. 395.

34 T, S. 194.

35 T, S. 176.

36 Vgl. die vom Brecht-Zentrum der DDR herausgegebenen Diskussionsbände »Brecht 83« und »Brecht 85«, Berlin 1983 und 1986.

37 Vgl. u. a. Köhler, M. : Postmodernismus. Ein Begriffsgeschichtlicher Überblick. In: Amerikastudien, Stuttgart, Heft 1/1977. Hoffmann, G./Hornung, A./Kunow, R.: Modern, Postmodern and Contemporary as Criteria for the Analysis of 20th Century Literature. In: Ebenda.

38 Huyssen, A.: Postmoderne – eine amerikanische Internationale? In: Huyssen, A./Scherpe, K. R. (Hrsg.): Postmodern, a. a. O., S. 22.

39   T, S. 51.

40   T, S. 38.

41   J. Habermas gebührt das Verdienst, die literatur- und architek- turtheoretische Postmoderne-Diskussion gesellschaftstheore- tisch erweitert und im Kontext der neokonservativen Strategie kritisiert zu haben. Vgl. Anmerkung 2.

42   Vgl. Hirdina, K.: Realismus in der Diskussion. In: Weimarer Beiträge, Heft 3/1984.

43   T, S. 50 und 193.

44   Eco, U.:Nachschrift zum Namen der Rose. In: ad libitum, Sammlung Zerstreuung (Volk und Welt) Nr. 1, Berlin 1985, S. 334–338. Vgl. schon Eco, U.: Apokalyptiker und Integrierte. Zur kritischen Kritik der Massenkultur, Frankfurt (Main) 1984.

45   Schmidt, B.: Postmoderne – Strategien des Vergessens. Ein kritischer Bericht, Darmstadt 1986.

46   Vgl. Kühne, L.: Ornament – Poesie der Erinnerung und Äs- thetik kommunikativer Praxis. In: Kühne, L.: Haus und Land- schaft, Dresden 1985.

47   Vgl. Bourdieu, P.: Die feinen Unterschiede. Kritik der gesell- schaftlichen Urteilskraft, Frankfurt (Main) 1982.

48   Vgl. u. a. Toulmin, S.: The Return to Cosmology. Postmodern Science and the Theology of Nature, Berkeley – Los Angeles – London 1982; Schäfer, W.: Die unvertraute Moderne. Histo- rische Umrisse einer anderen Natur- und Sozialgeschichte, Frankfurt (Main) 1985; Böhme, G./ Schramm, E. (Hrsg.): Soziale Naturwissenschaft. Wege zu einer Erweiterung der Ökologie, Frankfurt (Main) 1985; Jameson, F.: Postmoderne – zur Logik der Kultur im Spätkapitalismus. In: Huyssen, A./Scherpe, K. R. (Hrsg.): Postmoderne a. a. O.

Brechts Dialektik-Konzept in »Me-ti«

1. Brechts Dialektik-Konzept in »Me-ti«: Handeln, Praxis und Produktion

Brecht charakterisiert Dialektik auf drei Ebenen, der des Handelns, der der Praxis und der von Produktion. Dies geschieht in sechs, an dem unfertigen Text des »me-ti« noch zu rekonstruierenden »Wendungen«.

Wendung Nr. 1: individuelles Handeln und gesellschaftliche Sackgasse.

Dialektik lehre Fragen zu stellen, die sozial befreiendes Handeln ermöglichen.[1] Aber ist der einzelne noch verantwortlich für seine Handlung, die zwar er, doch in einem von ihm unabhängigen sozialen Determinationsgefüge vollzieht?[2] Stellenweise hofft Brecht auf eine kastastrophale Verdichtung der gesellschaftlichen Antagonismen, die dem individuellen Handeln in seiner Vielheit eine gesellschaftliche Chance geben. Die so begründete Möglichkeit sozial befreienden Handelns unterstellt einen Zustand der Gesellschaft, in dem »alle Gebiete gleichzeitig verwüstet werden«[3]. Die Erfüllung dieses Wunschtraumes eines Revolutionärs ist unwahrscheinlich. Die Erwartung von »Sackgassen« ist ein endloses Warten auf den dann schon verspäteten Eingriff. Es gibt kaum ein Phänomen, das auf so faszinierende Weise modern und revolutionstheoretisch relevant ist, wie das Phänomen der Zeitverschiebungen und verschiedenen Zeitmaße in den Lebensbereichen von hochkomplexen Gesellschaften. Erreichen in einem gesellschaftlichen Bereich Widersprüche ihre kritische Entwicklungsphase, so kann die Explosion durch Verlagerung auf andere gesellschaftliche Bereiche, die erst ein latentes Entwicklungsstadium erreicht haben, verhindert werden. Das Puzzle-Spiel um Macht. Kapitalistische Krisen ermöglichen zwar unter Umständen revolutionäre Eingriffe, aber sie stellen zunächst einmal, wie Marx im »Kapital« gezeigt hat, nicht das Geschenk des Zusammenbruchs, sondern Rationalisierungsprozesse des alten Systems dar.

Wendung Nr. 2: Komplexes Handeln und die unsichtbare Hand

Es gäbe »keine einfachen Handlungen mehr«[4]. Vielleicht müsse eine Mutter, um ihrem Kinde Milch zu verschaffen, an einer Revolution teilnehmen. Aber nur vielleicht. Hier rückt Brecht zwar schon die individuelle Entwicklung durch das Erlernen immer neuer und komplexer werdender Handlungssituationen in den Vordergrund. Aber welche, immer noch unsichtbare, Hand sollte die Gleichzeitigkeit ungleichzeitiger Teilprozesse der Mutter quasi in den Schoß legen. Täuschen wir uns nicht: das alltägliche Handeln von Individuen in gruppenspezifischen Lebenswelten ist in hochkomplexen Gesellschaften zum Reservat geworden. Es mag von Job zu Job, von Lebensabschnitt zu Lebensabschnitt, von Subkultur zu Subkultur wechseln und die Faszination eines Verschiebebahnhofs erwecken, aber keine unsichtbare Hand reserviert Deine Teilnahme an der großen Wende der Gesellschaft. Der Marxismus kann sich nicht auf die umgekehrte »invisible hand« des ökonomischen Liberalismus verlassen.

Wendung Nr. 3: Das Problem des Alltags und der Nützlichkeit von Herrschaftsapparaten

Brecht notiert: »Die furchtbaren Verbrechen der Regierenden nehmen, sobald sie in den Alltag eingehen, sogleich ein unscheinbares und unauffälliges Wesen an. Der Apparat besorgt, außer seinen Verbrechen, auch alle anderen, notwendigen und unaufschiebbaren Geschäfte, d. h. er hat sich auch das Vorrecht gesichert, das Nützliche zu tun.«[5] Was die einfache Zerstörung der Herrschaftsapparatur zum Problem werden läßt, ist, daß gleichzeitig über diese Apparatur, bei hochvergesellschafteter Produktion, der Gesellschaft und der alltäglichen Lebenswelt nützliche Dienstleistungen or-

ganisiert werden. Die Dienstleistungen gehen als selbsver-
ständliche Voraussetzungen in den Lebensalltag ein, wie man
eben Gas oder Fernseher an- und abstellt. Der Produktions-
vorgang dieser Dienstleistungen ist im Alltag erloschen. Erst
sein Ausfall spielt V-Effekte (Effekte der Verfremdung) ein,
die so gefährlich sind, daß Regierungen militärische Truppen
einsetzen, als ob der Aufstand der Massen ausgebrochen
wäre. Aber er ist es nicht. Die Regierung tauscht ihre Organisation zum Beispiel der Müllabfuhr gegen die Legitimation ihrer Herrschaft ein. Das Leben im kleinen geht
in gewohnter Weise weiter. Die Summe von alltäglicher
Vernunft, »dieses ausgeprobte Handeln«, widersteht den
»wahnwitzigen Zügen der Herrschenden«[6] nicht, ja, verleiht
diesen Zügen den Anschein von Vernunft.

Wendung Nr. 4: Übergang vom individuellen Handeln zur
gesellschaftlichen Praxis
   Die gesamtgesellschaftliche Arbeitsteilung ermöglicht,
daß die fortschrittlichen, aber voneinander unabhängigen
Teilprozesse nur über die Poren der Herrschaft miteinander
kombiniert werden können. Diese Poren der Herrschaft
überspannen gesellschaftlich nützliche Kooperationseffek-
te.[7] Der gesellschaftlichen Emanzipation fehlt die raumzeitliche Bündelung der separaten Handlungsstränge zu einer
gesellschaftsverändernden *Praxis*. Wer nach der »Großen
Methode« lebe, helfe, »die staatlichen Einrichtungen wi-
derspruchsvoll und entwicklungsfähig zu machen«[8]. »Die
Große Methode ist eine praktische Lehre der Bündnisse
und der Auflösung der Bündnisse.«[9]
   Brecht nimmt den Praxisansatz der Feuerbach-Thesen
von Marx auf[10] und orientiert sich durchgehend an Lenin:
Revolutionäre Praxis vergesellschaftet das emanzipatorische
Handeln der Individuen.[11]

Wendung Nr. 5: Totale Praxis schluckt das individuell freie
Handeln
   Je vollständiger eine gesamtgesellschaftliche Einheit von
Denken und Handeln durch Praxis hergestellt wird, je freier

der einzelne von den Grenzen seines Handelns in der gesellschaftlichen Praxis wird, desto bedrohter scheint der Ausgangspunkt des individuell verantwortlichen Handelns. Brecht meint das im Sinne totalitärer Praxis. Das Medium der gesellschaftlichen Befreiung des einzelnen begrenzt seine Individualität neu. Das innere Drama der Revolution beginnt. Die »Große Methode« sei, so Brechts mechanizistische Fehlinterpretation, »eine Lehre über Massenvorgänge«[12]. Handelnde Individuen werden als Masseteilchen in der Mechanik der Macht behandelt. Die totale Praxis hat keine Handelnden mehr. Sie erstarrt zu einer »Großen Ordnung«, deren Ordner die Produktion von Entwicklungsvarianten verhindern. Sicher muß man »in der dritten Person leben«[13] können. Aber es ist derselbe Brecht, der jeden neuen, die Individualität verschlingenden Opfermythos entschieden im Namen des modernen Egoismus zurückweist.[14] Wenn man nicht nach Genuß strebt, warum sollte man da kämpfen? Für Brecht muß nicht der »Verein« wie eine religiöse Bewegung alle Lebenshandlungen der Individuen aufsaugen. Er ist nicht das »Alles in einem«, aber die Möglichkeit, den politischen Sieg zu erkämpfen.[15] Das dialektische Problem besteht in der Frage, wie modern eine gesellschaftsverändernde Praxis möglich wird, die gleichwohl individuell und gruppenspezifisch frei Handlungen synthetisiert.

Wendung Nr. 6: Sozialismus als Produktion und die Spezifik seiner politischen Praxis

Die Regierung als ein Dialektikum aufzubauen heißt »einen guten Konflikt schaffen«[16]. Dem Weg von oben nach unten über Staatsapparaturen hält der Weg von unten nach oben über Gewerkschaften das Gleichgewicht. Dieses Gleichgewicht öffnet die für jede Entwicklung notwendigen Ungleichgewichte der ständigen Neuproduktion von Sozialismus, unter Führung der Arbeiterklasse und ihrer Partei, der nicht die »Große Ordnung«, sondern der Prozeß der »Großen Produktion«[17] wird. Der Verein ist keine auf die Erde herabgestiegene, neuerlich heilige Familie,[18] sondern jene »handelnde Person«, die gesamtgesellschaftliche Lernprozesse öffentlich organisiert.[19] Brecht ist die Erfahrung des späten Lenin gegenwärtig: Revolutionäre Parteien gehen zugrunde, wenn sie es nicht erlernen, ihre Schwächen und Fehler öffentlich mit den Massen zu überwinden, worin ihre Stärke, das Vertrauen des Volkes, besteht.[20] Diese Triangel von Partei, Staat und Gewerkschaften bringt die Produktion von Sozialismus zum Klingen: »Volksherrschaft bedeutet Herrschaft der Argumente.«[21]

Die Folge der Stichworte des Dialektik-Konzepts ist als der Prozeß erstellt zwischen individuellem bzw. gruppenspezifisch erlebbarem Handeln, gesellschaftsverändernder Praxis und der universellen Neuproduktion von Gesellschaft. »produktion muß natürlich im weitesten sinn genommen werden, und der kampf gilt der befreiung der produktivität aller menschen von allen fesseln. die produkte können sein brot, lampen, hüte, musikstücke, schachzüge, wässerung, teint, charakter, spiele usw.«[22] Die Umkehrung dieser Folge verdeutlicht das Problem: funktionsteilige Produktionsprozesse. Die Ungleichzeitigkeiten dieser Teilprozesse werden über Tauschwert und Machtstrukturen zum Zwecke der Erhaltung der Herrschaft koordiniert. Dadurch wird der Impetus des freien Handelns derart stark vordeterminiert, daß emanzipatorisches Handeln in den Enklaven der alltäglichen Beschäftigungstherapien leerläuft.

2. Eine Begegnung des Brechtschen Dialektik-Konzepts mit der Geschichte der Dialektik seit Hegel

Das Bedürfnis nach der dialektischen Frageweise hat den gesellschaftlichen Bruch zwischen Denken und Handeln zur Voraussetzung. Über diese gesellschaftliche Trennung trösten keine vorschnellen Konstruktionen der Einheit von Denken und Handeln hinweg. Von der »Bibel« bis zum Marxschen »Kapital« schallt die Erfahrung: Sie wissen nicht, was sie tun. Die individuell erlebbare und überschaubare Handlung erfüllt gesamtgesellschatliche Funktionen. Die gesellschaftlichen Voraussetzungen und Effekte sind dem Handelnden nicht problemlos präsent. Geld, Macht und Ideologeme signalisieren dem Akteur, daß er auf Gedeih und Verderb seinen funktionsgerechten Part zu leisten hat. Was heißt hier frei handeln? – Masseteilchen, tanze! Funktionsträger von Verhältnissen, funktioniere![23] Individuum, du unterliegst als Sozialatom einer Unschärfe-Relation.[24] Brecht begegnet in den USA so vielen »preisschildchen«, daß er die Gültigkeit seines »Tui-Romans« auf Europa einschränkt.[25] Unter dem Funktionsdruck entstehen, statt reicher Persönlichkeiten, reagierende Atome und introvertierte Seelen. Die Behavioristen und Psychologen haben viel zu tun.[26]

Übersehen wir nicht, welche Errungenschaften durch den Widerspruch von Denken und Handeln möglich werden. Wir können denkend experimentieren, was handelnd unser Untergang geworden wäre. Wüßten wir vollständig, was wir tun, wüßten wir nach allem Handeln nichts Neues. Täten wir, was wir ohnehin wissen, wäre auch nichts Neues getan. Die Trennungslosen entwickeln sich nicht. Der Moderne stehen von Anfang an auf dem Gesicht geschrieben der Schmerz der Trennung und die Entdeckerfreude am Neuen. Die individuell erlebbare Permanenz von Entwicklung wird ein modernes Phänomen, das frühere Gesellschaften in der einheitlichen Ordnung ihrer Praxen nicht kennen. Ja, praktische Einheit, aber nicht um jeden Preis!

Weder in der Konfusion des Mythos noch unter den alles durchdringenden Augen des einen Gottes waren Denken und Handeln auf so problematische Weise gesellschaftlich gegeneinander ausgebildet worden wie seit der Entstehung moderner bürgerlicher Gesellschaftsformen. Hegel resümiert mit Pascal, auf welchem Lebensgefühl die neue Zeit beruhe: »Gott selbst ist tot.«[27] Hölderlins Hyperion schreibt Bellarmin vom »Schutt der Götter« und der »unendlichen Leere« nach ihrer Flucht vor den Menschen. »Me-ti« hebt schon wieder die emanzipatorische Seite des modernen Lebensgefühls hervor: »Das Schicksal des Menschen ist der Mensch.«[28] Auf sich allein gestellt hat es der

Mensch gar nicht so einfach. Da hilft keine neue Religion, nun vom neuen Menschen.[29] Missionslos muß er sich ertragen; trägt er sich?

Die Untersuchungen seit Durkheim und Max Weber führen am historischen Stoff und klassifikatorisch durch, was das Tübinger Dreigespann philosophisch antizipiert hatte. Der moderne kulturelle Freiheitsgewinn besteht in autonomen Wissenschaften, Künsten und der Selbstregulation der Beziehungen der Individuen. Dieser kulturelle Freiheitsgewinn entsteht unmittelbar durch die Versprachlichung und Profanisierung des sakral organisierten Fatums. Doch wer sich von der Herrschaft des Sakralen befreit, entzaubert sich selbst. Das Gesicht als Stilleben.[30] Du hast ein faltiges Geschlecht. Das Ende deines Lebens ist unendlich. In den Revolutionen rollen die Köpfe. Das waren Gesichter. Der Weihrauch wird in Arbeit eingestampft. Ego um Ego wird geboren. Das avantgardistische Geständnis unserer Nacktheit hält an.

Der moderne Freiheitsgewinn der individuellen Handlung hat den Preis einer gesamtgesellschaftlichen »Entzweiung« zur Grundlage, nicht nur die der materiellen und der geistigen Produktion voneinander, auch die innerhalb beider, nun arbeitsteiliger Produktionen. Der heroische Kampf um die Befreiung von der Herrschaft Gottes hat die befreiten Befreier in ihrem höchsten Triumph nicht menschlich gemacht. Götter symbolisieren nicht nur Herrscher, sondern personifizieren auch die zerstückelte Gattung zu einer dem Individuum erlebbaren Einheit. Mit der französischen Vertreibung und der deutschen Verdrängung des christlichen Herrschergottes entflieht auch unwiederbringlich die Alternative zu diesem Gottyrannen innerhalb des abendländischen Kulturerbes. Die griechisch-antiken Gottmenschen fliehen die sich selbst zerstückelnden Befreier. Der Einsatz der Renaissance im weiteren Sinne für eine moderne Einheit von Kultur und Leben nach antikem Muster ist verloren in der Entbindung der kapitalistischen Gesellschaft.

Mythen und Götter sind die Hülsen der in Jahrtausenden

verbrauchten, praktischen Synthesen von Gesellschaft. Was kommt nach diesem Aderlaß der Götter an der Wiege jeder Modernisierung?

Wie können die auseinanderdriftenden Fragmente der menschlichen Gattung noch anders synthetisiert werden als durch den Fetisch des Geldes und den Leviathan, anders als durch diesen Zahnersatz des verjüngten Gottes. Für Hegel ist die gesamtgesellschaftliche Entzweiung der Quell des Bedürfnisses der Philosophie.[31] Die dialektische Konstruktion einer philosophischen Totalität sucht zwar die Möglichkeit einer neuen Vereinigung zu begründen, kann und darf und muß dies aber nicht durch Rückfall in vormoderne rituelle oder kultische Praxen tun. Dialektische Philosophie ist kein Mythos- und kein Religionsersatz, sondern Voraussetzung und Konsequenz der radikalen Selbstaufklärung von frei handelnden Persönlichkeiten.

Es gehört zu den Legenden über Dialektik, daß Dialektik, da sie methodisch die begriffliche Reproduktion von Totalität ermögliche, die Konfusion eines Mythos oder die prästabilisierte Harmonie durch einen Gott wiederherstelle und dadurch noch im 20. Jahrhundert rituell oder kultisch totale Praxen legitimiere. Während Tuis mit dieser Denunziation von Dialektik aufwendig und aufgeregt beschäftigt waren, hatten die Nazis ihre kultische Zwangspraxis für Massen installiert. Hegels Programm ist eines der reflexiven Wendungen der modernen Reflexion selbst. Statt beim romantischen Protest wider die Reflexion stehenzubleiben, kann der reflektierende Verstand auch unmittelbar auf seinem Gebiete durch die Vernunft angegriffen werden. Reflexion wird in der Dialektik nicht mythisch entmachtet oder in sozialromantischer Erbauung einfühlsam verschmäht, sondern, ihrem eigenen Gesetz folgend, gegen Reflexion gewendet. Reflexionsform wird gegen Reflexionsform gewendet, um eine neue Form von Rationalität zu ermöglichen, die der Emanzipation der weltgeschichtlich auszubildenden Sinne bedarf. Der Freiheitsgewinn durch Reflexion, diese aufklärerische Analyse unserer sozialen Pathologien, wird nicht zurückgenommen, auf daß wir krank und in unserem

Protest ohnmächtig blieben, sondern gilt als das in öffentlich kommunikativen Lernprozessen zu Entwickelnde. An die Stelle des Kultes der Gesunden und Normalen tritt nicht der Kult der Kranken und Abnormen, sondern die gemeinschaftliche Emanzipation vom Kult.

In der Tat ist die Grenze zwischen dem dialektischen Programm einer neuen »Vereinigung«, wie es Hölderlin nannte, und den Rückfällen in vormoderne, kultähnliche Zwangspraxen streng zu ziehen. Philosophiehistorisch war die Scheidelinie zwischen beiden Richtungen im Auseinanderleben der Jugendfreunde Hegel und Schelling 1803 gezogen, ohne daß damals beide auch nur hätten ahnen können, welche weltgeschichtlich realen Experimente und Rückschläge noch folgen würden. Hölderlins »Beseeler«, Empedokles, verbrennt auf dieser Scheidelinie.

Der angesprochenen Dialektik-Legende zum Trotz, die zu Brechts Lebenszeit wuchern konnte, schrieb Brecht sein »Buch der Wendungen«. »Me-ti« gehört zu der Reihe dialektischer Werke, die unter der Voraussetzung und in Entwicklung dessen, was Marx die zivilisatorischen Errungenschaften der modernen bürgerlichen Gesellschaft nannte, dennoch die gesellschaftliche Not der Entzweiung zu wenden versuchen. Brecht bezieht Dialektik auf die im Kapitalismus klassenantagonistische Form von allerdings modern differenzierten und komplexen Produktionsprozessen.[32]

Hegel, Marx und Brecht sind in dem folgenden Sinne vergleichbar: Hegels Angriff der Dialektik kann vor der Reflexion nicht ausweichen auf Erbauung. Er muß mit Konsequenz Reflexion durch ihre höchsten Trennungen hindurch gegen sich selber kehren. Marx hält dem Kapital keine Handwerks- oder Landidylle vor. Er stellt dar, wie das Kapital zu seiner eigenen Schranke wird, wie die produktive Modernisierungsfunktion der Eigentumsfunktion des Kapitals widerstreitet. Brecht weicht keinen Schritt hinter die moderne Befreiung der Kunst von ihren rituellen und kultischen Funktionen zurück. Er treibt die »profanisierung, entkultisierung, säkularisierung der theaterkunst«[33] bis zu der Konsequenz, daß der »kern der dramatik« dieser

Kultinstitution »explodiert«.[34] Brecht begreift Kunst als autonomen Produktionsprozeß von Handlungsserien. Er bejaht die Autonomie dieses funktionsspezifischen Produktionsvorganges im Gegensatz zur Gleichschaltung und zur Autarkie der Kunst.[35] Als Produktionsprozeß erzielt Kunst gesellschaftliche Effekte, die eine gesellschaftsverändernde Praxis animieren und durchexperimentieren. Dennoch konstituiert Kunst nicht die revolutionäre Praxis selbst. Würde sich Kunst als die Praxis selber »suggerieren«, könnte sie in eine »theatralisierung der politik« umschlagen, die den Faschismus ausgezeichnet hat.[36]

1   Brecht, B.: Prosa. Bd. IV, Me-ti. Buch der Wendungen, Berlin und Weimar 1975, (im folgenden: P, IV), S. 23.
2   P, IV, S. 99.
3   P, IV, S. 120.
4   P, IV, S. 59.
5   P, IV, S. 110.
6   P, IV, S. 124.
7   P, IV, S. 110f.
8   P, IV, S. 32.
9   P, IV, S. 23.
10 P, IV, S. 39.
11 P, IV, S. 38.
12 P, IV, S. 172ff.
13 P, IV, S. 147.
14 P, IV, S. 108f.,132, 152.
15 P, IV, S. 129.
16 P, IV, S. 31.
17 Brecht, B.: Arbeitsjournal 1938–1955, Berlin und Weimar 1977, (im folgenden AJ), S. 156.
18 AJ, S. 52.
19 P, IV, S. 129f., 135, 159f., 162.
20 Lenin, W. I.: Gesammelte Werke, Berlin 1973, Bd. 31, S. 42 und Bd. 33, S. 297.
21 P, IV, S. 170.
22 AJ, S. 156.

23 Vgl. Marx, Kapital. Erster Band, in: Marx/Engels Werke, Berlin 1972, Bd. 23, S. 100, 512, 561.
24 AJ, S. 246.
25 AJ, S. 220, 255.
26 AJ, S. 164f.
27 Hegel: Jenaer Schriften. Hrsg. v. G. Irrlitz, Berlin 1972, S. 260.
28 P, IV, S. 131.
29 P, IV, S. 138, 140f., 163, 171; AJ, S. 136.
30 AJ, S. 451.
31 Hegel. A. a. O., S. 13f.
32 AJ, S. 52.
33 AJ, S. 132; vgl. P, IV, S. 95, 481.
34 AJ, S. 166.
35 AJ, S. 104.
36 AJ, S. 145, 131.

Produktion und Kommunikation oder Marx und Habermas

»Volksherrschaft bedeutet Herrschaft der Argumente.«
Bertolt Brecht, »Me-ti«

Die globale Problemlage in unserer heute so klein gewordenen Welt, insbesondere die Existenzbedrohung der Menschheit durch ein atomares Inferno, erfordert eine vernünftige Gestaltung des Zusammenlebens der Völker. Die Entwicklung vernünftiger Verhaltens- oder Handlungskoordinierungen hat heute, realistisch betrachtet, weniger aus sich selbst denn angesichts der handfesten materiellen Existenzbedrohungen eine Chance wie nie zuvor. Wenigstens seit dem Jahrhundert der Aufklärung, dem achtzehnten, galt wohl die Wissenschaft als das Modell für Vernunft par excellence. Aber sie konnte in gehaltvollen Philosophien, wie der Kants, als ein solches Muster nur begründet werden, insofern die Synthese der reinen erkennenden mit der moralisch-praktischen Vernunft und der vor allem ästhetischen Urteilskraft gelang. Die Spezialisierung und Disziplinierung der Wissenschaften zu einem Betrieb von Professionen, der sich seit dem 19. Jahrhundert im Kontext der modernen bürgerlichen Gesellschaft und Industrie sozial immer erfolgreicher durchsetzte, unterlief die philosophischen Projekte kultureller Synthesen. Die Abkopplung der wissenschaftlichen Erkenntnis von den sozialen, rechtlich-moralischen, ästhetischen und anderen kulturellen Fragen wurde positivistisch und noch in unserem Jahrhundert logisch-positivistisch legitimiert.

Positive Wissenschaft hat nicht nur die Bekämpfung der Tuberkulose, sondern auch den Einsatz von Giftgas schon im ersten Weltkrieg ermöglicht. Spätestens seit Hiroshima konnte sie auch in der allgemeinen Öffentlichkeit nicht mehr fraglos als das Musterbild für vernünftige Verhaltens- oder Handlungsweisen gelten. Die Entwicklung der Wissenschaft selbst ist heute zum erstrangigen Problem mit strukturellen Folgen für die Gesellschaft, deren natürliche und kulturelle Voraussetzungen geworden.

Die Erforschung der Wissenschaften begann, nicht zuletzt auf Grund marxistischer Initiativen, bereits zwischen den beiden Weltkriegen, entwickelte sich aber erst nach dem zweiten Weltkrieg in allen Industrieländern zu einer multidisziplinären Forschungsrichtung. Das Erkenntnispotential der Wissenschaften für die Entwicklung einer von Klassenantagonismen freien Weltgesellschaft wurde und wird durch anarchische Vermarktungen und machtstaatliche Instrumentierungen in sein inhumanes Gegenteil verkehrt. Wissenschaftsforschung hat die Aufgabe, diese Verkehrung aufzuklären und ihr eine positive Alternative entgegenzustellen. Wie aber läßt sich Wissenschaftsentwicklung vernünftig gestalten, wenn ihrer klassenantagonistischen Determination höchst unvernünftige Resultate entspringen? – Sowenig bei der Beantwortung dieser Frage auf die wissenschaftskritischen Impulse philosophischer Synthesen verzichtet werden kann, ebensowenig reicht ein rein philosophisches Vorgehen angesichts der soziokulturellen Komplexität der Wissenschaftsentwicklung aus. – Im Zeichen welcher menschheitshistorisch alternativen Art und Weise von Wissenschaftsentwicklung, die als solche zwar noch nicht allgemein verwirklicht, gleichwohl aber als strukturelle Möglichkeit schon real ist, läßt sich Wissenschaftsforschung interdisziplinär begründen?

Meines Erachtens sind die traditionellen, noch aus der Auseinandersetzung mit dem logischen Positivismus (R. Carnap) stammenden Dichotomien der Wissenschaftsforschung durch einen im universellen Sinne »kommunikationsorienten« Ansatz zu überwinden. Dies setzt allerdings voraus, daß Kommunikationsforschung von ihren informationstheoretischen und interaktionistischen (oder intersubjektivistischen) Reduktionen befreit wird und sich generell um die Frage gruppiert, wie Verhaltens- oder Handlungskoordinierung durch Zeichenaustausch auf unterschiedlichen Niveaus (von vorsprachlichen über sprachliche bis zu metasprachlichen Niveaus) erfolgt. Damit liegen »kommunikative« Phänomene ähnlich wie die der Wissenschaftsentwicklung oder wie auch globale Probleme der Friedenssicherung und des Umweltschutzes quer zur tradierten Disziplinstruktur der Wissenschaften, d. h. ihre Erklärung bedarf interdisziplinärer Forschung. Die interdisziplinäre Umstrukturierung des Wissenschaftsgefüges in Korrespondenz zu gesamtgesellschaftlich relevanten Problemen stellt die wichtigste Herausforderung für die Wissenschaftsentwicklung am Ende unseres Jahrhunderts dar.

Kommunikativen Prozessen ist der Wechsel zwischen der Perspektive des Teilnehmers und der des Beobachters inhärent. Aus der Perspektive eines teilnehmenden ego werden Zeichenhandlungen motiviert oder bewußt mit der Intention ausgeführt, andere Handlungen von sich und einem alter ego zu koordinieren. Alter ego wird diese für ego subjektiv sinnhafte Handlungssequenz zunächst nur durch Fremdbeobachtung zugänglich: als ein in seiner Umwelt für ihn mehr oder minder bedeutsames Angebot zur Verhaltenskoordinierung. Ob sich eine solche Offerte zur Kommunikation in einem Kommunikationsprozeß fortsetzen kann, hängt davon ab, inwieweit beide, ego und alter ego, es erlernen, zwischen ihren Perspektiven zu wechseln, d. h. zur Selbstbeobachtung überzugehen. Insofern lernt dann ego, sich mit den Augen alter egos zu sehen, und alter ego, sich in dem fremdbeobachteten Verhalten als ein ego subjektiv sinnhaften Handelns zu erleben. Die strukturellen Möglichkeiten kommunikativer Lernprozesse sind in dem uns Menschen wichtigsten Kommunikationsmedium der Sprache gleichsam gespeichert: in der pronominal möglichen Ausbildung der Perspektiven des »Ich«, »Du« und »Er/Sie/Es« im Singular und des »Wir«, »Ihr« und »Sie« im Plural. Wie wenig diese Möglichkeiten kommunikativer Lernprozesse in der bisher antagonistischen Menschheitsgeschichte ausgeschöpft werden, zeigen die Defizite in der öffentlichen Ausbildung aller Perspektiven und die Asymmetrien oder gar Blockierungen im öffentlichen Wechsel zwischen all diesen Perspektiven.

In der Frage, wie »Verhaltens«-Koordinierungen (aus der

Beobachterperspektive faßbar) oder »Handlungs«-Koordinierungen (aus der Teilnehmerperspektive zugänglich) durch Zeichenaustausch unterschiedlichen Niveaus erfolgen können, scheint mir der kleinste gemeinsame Nenner kommunikationsorientierter Fragen zu bestehen. Dadurch wird verständlich, weshalb sie so massiv und in so vielen Wissenschaftsdisziplinen während der letzten Jahrzehnte gestellt werden, von der Semiotik und Informationstheorie, den Sprach-, Literatur- und Kunstwissenschaften über Psychologie, Pädagogik, Sozialpsychologie und Soziologie, Medienforschung, die Geschichtswissenschaften, Philosophie und Wissenschaftstheorie bis hin zur Biologie und Evolutionstheorie. »Kommunikation« ist keine von anderen Verhaltens- oder Handlungsarten separierbare Art, sondern die zeichenvermittelte Koordinierungsweise dieser Arten. Kommunikationsorientierte Probleme entstehen den Wissenschaften nicht nur, insofern schon ihren Gegenständen kommunikativer Charakter zukommt. Wissenschaftsentwicklung ist selbst ein Kommunikationsprozeß, der auf die selbstkritische Objektivierung und Universalisierung von Handlungsweisen als Verhaltensweisen ausgerichtet ist. Insbesondere in der Wissenschaftsentwicklung gibt es keine absolute oder extramundane, gleichsam göttliche Beobachterposition. Die Objektivierung und Universalisierung der Untersuchungen kann nur öffentlich im Prozeß der Kommunikation selbst erfolgen, der sich durch den argumentativen Wechsel zwischen einander korrelativen Teilnehmer- und Beobachterperspektiven auszeichnet. Wissenschaftsentwicklung bleibt im Maße dieses kommunikativen Lernprozesses in die allgemeine Gesellschafts- und Kulturentwicklung eingebettet, oder sie verfällt mit der Deformation letzterer.

Kommunikationsorientierte Forschungen können unter bestimmten Bedingungen zum Feld der entwicklungstheoretischen Begegnung dreier Forschungstraditionen werden: der naturwissenschaftlich-evolutionstheoretischen und der marxistischen Forschungstradition sowie der Forschungstradition sprachpragmatisch gewendeter Philosophien des

Bewußtseins bzw. des Selbstbewußtseins und potenziert des Geistes. Alle drei bedürfen international, wenngleich aus problemgeschichtlich wie systematisch unterschiedlichen Gründen, der Vermittlung ihrer Gesamtkonzeptionen durch interdisziplinäre Kommunikationsforschung, weshalb deren theoretische Begründung gegenwärtig so stark umstritten ist.

Die naturwissenschaftlich-evolutionstheoretische Forschungstradition stößt bei der Untersuchung biotischen Verhaltens auf das Phänomen der Biokommunikation und damit das Problem der Unterscheidung derselben von gesellschaftlicher Kommunikation. Sie bedient sich auch bei der Untersuchung präbiotischer Phänomene informationstheoretischer oder semiotischer Begriffe, wie sie andererseits ebenfalls bei der wahrheitsbezogenen Selbstkritik ihres wissenschaftlichen Handelns kommunikationsorientierte Unterscheidungen braucht, um die Objektivierbarkeit und Universalisierbarkeit ihrer Schlußfolgerungen beurteilen zu können. Der zunehmenden Tendenz zur Aufhebung traditioneller Reduktionismen (Mechanizismus, Physikalismus) in den Naturwissenschaften bis zur Einnahme eines sogar »dialogischen Standpunktes« (bei Ilya Prigogine und Isabelle Stengers oder Humberto R. Maturana und Franciso Varela) steht umgekehrt eine Öffnung der bewußtseins- und geistesphilosophischen Tradition (später Wittgenstein, Habermas) gegenüber. Diese Tradition kommt bei der Hinterfragung ihres Erklärungsprinzips »auf Grund dieses oder jenes Bewußtseins oder Selbstbewußtseins« nicht an dem Problem der Entstehung oder Bildung und Entwicklung von Bewußtsein bzw. Selbstbewußtsein vorbei. Solche Entstehungs- und Entwicklungsfragen lassen sich nicht ohne die Thematisierung des verhaltens- und handlungsbezogenen Gebrauchs von Zeichen, insbesondere sprachlichen Zeichen, beantworten. In dieser Richtung kann von Bewußtseinsproblemen zu Problemen der Sprache oder anders strukturierter Zeichenniveaus und schließlich zu deren sozio-kulturellen und sozionatürlichen Kontexten übergegangen werden, also zu Kommunikationsproblemen.

Karl Marx entwarf schon im vorigen Jahrhundert ein universelles, nicht nur auf Ökonomie bezogenes produktions- und reproduktions-theoretisches Erklärungsverfahren. Dieses stellt einen dialektisch- und historisch-materialistischen Lösungsvorschlag für den Widerspruch zwischen den beiden gebräuchlichsten Erklärungsprinzipien dar: zwischen dem tendenziell reduktionistischen Erklärungsprinzip »infolge dieser oder jener Ursachen bzw. Umstände« und dem tendenziell idealistischen Erklärungsprinzip »auf Grund dieser oder jener bewußten bzw. selbstbewußten Tätigkeit«. Der Marxsche Syntheseversuch beider Prinzipien erfordert zunächst, phänomenologisch von einer historisch bestimmten Tätigkeitsart gesellschaftlicher Individuen auszugehen, wie sie diesen selbst empirisch auffällig und zum Problem wird. Bereits dieser phänomenologische Ausgangspunkt vermeidet die vorgefertigten Schablonen einer bloßen Fremdbeobachtung lebloser Objekte. Was überhaupt als erklärungsbedürftiges Phänomen zu gelten hat, wird aus den unterschiedlichen Teilnehmerperspektiven handelnder Individuen erschlossen, bis der subjektive Widerspruch zwischen diesen Perspektiven methodisch in den Übergang zur Selbstbeobachtung unter Einschluß von Fremdbeobachtung treibt. Die betreffende Tätigkeitsart wird schrittweise hinterfragt: nach den Voraussetzungen, Bedingungen und Folgen ihrer Möglichkeit und Verwirklichung. Ihre Voraussetzungen, Bedingungen und Folgen können jeweils unterschieden werden in objektive, intersubjektive und subjektive, was entsprechende Perspektivenwechsel einschließt. Diese Wechsel betreffen nicht nur die Perspektiven im Singular, sondern auch im Plural. Auf diesem Wege können schließlich die Produktivität und die Reproduzierbarkeit der betreffenden Tätigkeitsarten im einzelnen, besonderen und allgemeinen begriffen werden.

Verständlicherweise hat für Marx im 19. Jahrhundert aus der Fülle menschenmöglicher Tätigkeitsarten die der Arbeit, die im Prozeß der gesellschaftlichen Aneignung der äußeren Natur verausgabt wird, im Vordergrund gestanden. Aber von der philosophischen Orientierung her ist sein produktions- und reproduktionstheoretischer Syntheseversuch auch für andere Tätigkeitsarten relevant, die er systematisch in geringerem Maße thematisiert hat: die Formen gesellschaftlichen »Verkehrs« oder der »Assoziation« zwischen Individuen im Kontext der praktischen Veränderung von Gesellschaftsformationen; die Formen der »Liebe« oder intimen »Verkehrs« der Individuen miteinander im Kontext der soziokulturellen Aneignung der eigenen Natur; die Formen »geistiger Tätigkeit« und des »Spiels« im Kontext spezifisch »kultureller Weisen der Produktion«. Philosophisch unterschied Marx die natürliche von gesellschaftlicher Produktion anhand des universellen Maßes von Produktion und Reproduktion. Die Intensivierung statt machtbesessene Extensivierung der gesellschaftlichen Reproduktion erfordert die Ausbildung und Verwirklichung spezifisch geistiger Produktionsweisen. Marxens Zugang zur Spezifik geistiger Produktion erfolgte, Hegel aufhebend, vom Standpunkt der Verkehrsformen, darunter insbesondere der alltagssprachlichen und expertensprachlichen Verkehrsformen der gesamtgesellschaftlichen Reproduktion, d. h. nicht nur der ökonomischen Reproduktion. Die von Marx selber und insbesondere dem späten Engels als offen hervorgehobene Vermittlungsproblematik des marxistischen Ansatzes ist problemgeschichtlich von Lenin, Antonio Gramsci und Lew. S. Vygotskij weiter entfaltet worden.

Insbesondere der Anschluß an die von Vygotskij, Alexander R. Lurija und Aleksej N. Leontjev Ende der 20er Jahre in der Sowjetunion begründete kulturhistorische Schule ermöglicht die Herstellung des grundlagentheoretischen Zusammenhanges zwischen gesellschaftlicher Produktion und gesellschaftlicher Kommunikation, um die es uns m. E. gerade heute gehen muß. Moderne gesellschaftliche Produktion ist in sich derart komplex strukturiert, daß ihre Reproduktion vielfältige Koordinationsprobleme enthält. Diese Probleme bedürfen kommunikativer Lösungsformen, ohne die gesellschaftliche Reproduktion nicht möglich wäre, es sei denn um den Preis ihrer Destruktion. Kommunikationsorientierte Forschung betrifft die Aufdeckung der Vermittlungsglieder zwischen gesellschaftlicher Produktion und deren spezifisch geistigem Entwicklungspotential. Von Marx und Engels her gedacht, müßte die Erforschung der gesellschaftlichen Kommunikation all jene Vermittlungsglieder aufrollen, die sie als Verkehrsformen im Gesamtprozeß der gesellschaftlichen Produktion geortet haben. Unter diesen spielen die expertenkulturellen Verkehrsformen (der Wissenschaften, Literatur und Künste, Philosophie und Ethik), in denen die kommunikative Alltagspraxis argumentativ verdichtet und problematisiert wird, eine besondere Rolle. Insbesondere die argumentative Selbstorganisation dieser Verkehrsformen sichert, was Marx die Spezifik geistiger Produktion nannte, ihren sowohl gegenständlich als auch gesellschaftlich allgemeinen Charakter. Anderenfalls hätte geistige Produktion überhaupt nicht von sich aus jenes Potential, das zu revolutionären Effekten in der gesamtgesellschaftlichen Reproduktion führt, wenn sie in letzterer angewandt wird. So hat Marx in seinen »Theorien über den Mehrwert« erkannt, daß Wissenschaft ihrem Wesen nach gerade Nicht-Arbeit ist, woraus keineswegs folge, daß sie unproduktiv sei. Ihr gesamtgesellschaftlich produktiver Effekt, in der materiellen Produktion Arbeit zu ersetzen, wodurch die gesellschaftlich notwendigen Arbeitszeiten gesenkt werden können, wäre gar nicht möglich, wenn sie nichts weiter als eine Arbeitsart wäre. Die Fehlidentifikation zwischen Arbeit und gesellschaftlicher Produktion im universellen Sinne stammt keinesfalls von Marx, sondern aus späteren Perioden seiner Vulgarisierung und legitimationsideologischen Indienststellung.

Der derzeit international bedeutendste kommunikationsorientierte Syntheseversuch von Jürgen Habermas bezieht sich auf die Zusammenführung der rationalitäts-, gesellschafts- und evolutionstheoretischen Fragerichtung. Die grundlagentheoretisch begründete Überschneidung dieser drei Fragerichtungen wäre in der Tat nötig, um die geistige Spezifik des gesellschaftlichen Phänomens der Wissenschaftsentwicklung erfassen zu können. Problemgeschichtlich versucht Habermas, die nur noch negativ verstandene

Dialektik Adornos konstruktiv zu überwinden und die Defizite an interdisziplinärer Vermittlung, die in der Frankfurter Schule zu rein philosophischen Substantialisierungen und Subjektivierungen zurückgeführt hatten, zu beheben. Der Habermas der 80er Jahre schließt durchgängig an die Problemlage der sprachpragmatischen Wende von Bewußtseinsphilosophien an, bleibt aber in bestimmtem Maße einer dualistischen und geistesphilosophischen Tradition verpflichtet. Trotz seiner Gemeinsamkeiten mit dem internationalen Marxismus gegenüber neokonservativen und irrationalistischen Strömungen glaubt Habermas, zwecks grundlagentheoretischer Synthese der heute entstandenen Problemlage das Marxsche »Produktionsparadigma« durch sein »Kommunikationsparadigma« ersetzen zu können.

Habermas' Verdienst besteht in der Ausarbeitung einer weiten kommunikationsorientierten Auffassung von Rationalität. Nach dieser Konzeption reduziert sich Rationalität nicht auf die Erkenntnis der Objektivationen eines einsamen Subjekts, das seine Zwecksetzungen, Funktions- und Maßbestimmungen schon immer wie selbstverständlich voraussetzt. Dann scheint sich Rationalität darauf zu beschränken, die für diesen vorgegebenen Zweck günstigste Mittelwahl zu kalkulieren, die für diese nicht hinterfragte Funktionsbestimmung eines Objekts optimale Manipulationsmöglichkeit zu finden, die für solche unterstellte Maßbestimmung operable Quantifizierung des Objekts einzuführen, bis sich schließlich dieses Subjekt selbst nur noch als Objekt zu kalkulieren, zu optimieren oder zu quantifizieren vermag. Habermas durchbricht den entwicklungstheoretischen Zirkel, in den solche teleologischen (zweck-mittel-rationalen oder funktionalistischen) Konzeptionen geraten und den auch systemtheoretische Evolutionsmodelle noch nicht überwinden, soweit sich diese auf die Erklärung funktionaler Anpassungen und dementsprechender Selektionen konzentrieren, statt die aller Selektion vorausgesetzte Bildung von Varianten und die Spezifik soziokultureller Phänomene aufzudecken. Er thematisiert die Strukturen der öffentlichen gesellschaftlichen Kommunikation, die für die Erzeugung, die Erprobung und die Koordinierung von soziokulturell innovatorischen Zwecksetzungen und Integrationsformen in modernen Gesellschaften notwendig sind.

Die strukturelle Möglichkeit, Sprache als die rationelle Koordinierungsweise unserer Handlungen zu verwenden, beschränkt sich keineswegs auf Fremdbeobachtungen aus der Perspektive der dritten Person im Singular. Sie besteht in allen Perspektiven unserer Pronomina und im Lernprozeß, diese Perspektiven wechselseitig übernehmen zu können. Habermas verdeutlicht (vor allem im Anschluß an Wilhelm v. Humboldt und Karl Bühler), daß Sprache nicht nur die uns »objektive Welt« möglicher Sachverhalte erschließt. Sie erschließt uns auch die soziale »Solidarwelt«, die wir unter gegenseitiger Anerkennung als Subjekte miteinander (intersubjektiv) teilen, und die subjektive Welt, zu der nur jedes einzigartige Subjekt im Unterschied zu allen anderen seinen privilegierten Zugang hat. In der sprachlichen Kommunikation werden durchweg Geltungsansprüche erhoben, die durch bessere Argumente in der öffentlichen Diskussion kritisierbar bleiben. Dieser gewaltlose »Zwang« zum besseren Argument löst einen kulturell anspruchsvollen Integrationseffekt aus, der sich grundsätzlich von Integrationsversuchen durch ökonomische und politische Machtausübungen unterscheidet. Die in der sprachlichen Kommunikation zu vertretenden Geltungsansprüche sind nicht nur solche auf die Wahrheit unserer Aussagen, sondern ebenso solche auf die moralisch-rechtliche Richtigkeit unserer Normen und Werte, nach denen wir unser Zusammenleben regulieren, und auf die Wahrhaftigkeit unseres ästhetischen Selbst-Ausdrucks, nach welchem jeder sein subjektiv sinnvolles Leben führt. Die sprachliche Verständigung hat sich laut Habermas als rationale Koordinierungsweise unserer Handlungsarten in Lernprozessen zu bewähren, sowohl solchen der objektiven als auch der sozialen und der subjektiven Welt. Er befreit die üblichen Verkürzungen der Rationalität auf ihre nur kognitiv-instrumentelle Dimension, indem er positiv die ethischen und ästhetischen Dimensionen kommunikativer Rationalität aufzeigt. Die weite kommunikationsorientierte Fassung der Rationalität gestattet es Habermas, zwischen der spezifisch kapitalistischen Selektion von Rationalitätsformen und den kommunikativ viel reicheren Möglichkeiten der modernen Gesellschafts- und Kulturentwicklung zu unterscheiden. Er muß so weder einer Apologie der kapitalistischen Fehlrationalisierungen noch einer irrationalen Kritik an der modernen soziokulturellen Rationalisierung überhaupt verfallen.

Habermas' Anspruch, die Marxsche Theorie der gesellschaftlichen Produktion und Reproduktion ersetzen zu können, beruht sowohl auf einer Fehlinterpretation des Marxschen Gesamtwerkes als auch auf einer noch einseitigen Kommunikationsauffassung. In seinem Marxismus-Verständnis bleibt er noch immer von der Komplementarität zweier Revisionen des marxistischen Forschungsprogrammes geprägt, der Komplementarität zwischen ökonomistischen (z. B. Alfred Sohn-Rethel) und praxisphilosophischen (z. B. Georg Lukács' »Geschichte und Klassenbewußtsein«) Revisionen. Seine Opposition wider solche einseitigen Subjekt-Objekt-Konzeptionen der Arbeit und des Klassenkampfes, in denen die Würde und das Innovationspotential der wechselseitigen Anerkennung gesellschaftlicher Individuen als einzigartiger Subjekte verloren geht, trifft nicht Marx und Vygotskij. Vielmehr treibt sich Habermas selbst noch in die umgekehrte Einseitigkeit eines sprachzentrierten Intersubjektivismus, der zur thematischen Vernachlässigung ökologischer Probleme, des sozialökonomischen Entwicklungszusammenhangs der Gesellschaft mit der äußeren Natur, der soziokulturellen Aneignung der den gesellschaftlichen Individuen eigenen Natur, der arbeits- und klassenhistorisch determinierten Sozialphänomene und der nichtsprachlichen Kommunikationsmöglichkeiten führt.

Reduziert man die Marxsche Produktions- und Reproduktionstheorie nicht auf Arbeits- und Klassentheorie, läßt sich gerade in ihrem Orientierungsrahmen interdisziplinäre Kommunikationsforschung universell begründen. Marx ging es nicht um die Verewigung, sondern um die Überwindung der Reduktion gesellschaftlicher Individuen auf durchschnittliche »Arbeits-« und »Klassenindividuen«. Nur vom Standpunkt der genannten Revisionen entsteht der Eindruck, daß die offensichtliche Vielzahl nicht arbeits- und klassenbedingter Kommunikationsphänomene einen philosophisch außermarxistischen Orientierungsrahmen erfordert. Natürlich gibt es schon in Tiersozietäten Biokommunikation, was darauf hindeutet, daß die Genese von Verhaltenskoordinierung durch Zeichenaustausch evolutionsgeschichtlich tiefere Wurzeln hat, als arbeits- und klassentheoretisch erklärbar wäre. Selbstverständlich gab es gesellschaftliche Kommunikation vor den klassengesellschaftlichen Formationen, wie es sie auch nach diesen geben wird, sofern überhaupt menschliche Gesellschaft existieren wird. Freilich läßt sich nicht speziell arbeitstheoretisch erklären, daß Säuglinge und Kinder überhaupt sprachlich kommunizieren und denken lernen, und dies im Spiel. Sicher entwickeln sich auch Nicht-Arbeitende schon in den Klassengesellschaften, erst recht in den nicht mehr klassendeterminierten Gesellschaften, durch Prozesse der gesellschaftlichen Kommunikation zu sprach- und handlungsfähigen, damit auch bewußten und ihrer selbst bewußten Subjekten. Natürlich lassen sich die kulturellen Errungenschaften der modernen bürgerlichen Gesellschaft, insbesondere die modernen Wissenschaften, nicht auf ihre Arbeits- und Klassenbedingungen reduzieren, denn sonst müßten wir der theoretisch wie praktisch falschen Annahme einer proletarischen versus bürgerlichen Mathematik, Physik, Chemie, Biologie, Medizin etc. folgen.

Wer meint, daß das marxistische Forschungsprogramm an der Erklärung von Phänomenen scheitert, die nicht speziell arbeits- und klassenbedingt sind, verkennt die eigentliche philosophische Leistung von Marx. Dieser hätte keine »Kritik der Politischen Ökonomie« schreiben können, ohne die historischen und logischen Geltungsgrenzen der Arbeits- und Klassentheorien seiner Vorläufer produktions- und reproduktionstheoretisch aufzuzeigen. Anderenfalls hätte er nie die Aufhebung, sondern nur die ewige Wiederkehr der Klassengesellschaft denken können.

Moderne Gesellschaft und »Marxismus-Leninismus« schließen einander aus

Zu Lenins Lebenszeit gab es keinen »Leninismus«, verstanden als die der neuen Epoche angemessene Weiterentwicklung des Marxismus. Der »Marxismus-Leninismus« (im folgenden: M.-L.) ist ideologiehistorisch ein nachleninsches Phänomen, das sich während der 20er Jahre in der Sowjetunion und in der III., d. h. der Kommunistischen Internationale herausgebildet hat. Ich gehe hier nicht dieser Herausbildung und der in der Stalin-Periode erfolgten Systematisierung des M.-L. nach, obgleich wir dringend solcher Studien bedürfen. Vielmehr möchte ich vier Thesen zur Diskussion stellen, die die Fernwirkungen des allgemein üblichen Verständnisses des M.-L. bis in die 80er Jahre hinein betreffen. Die frühere ideologische Monopolstellung des M.-L. in den osteuropäischen Ländern einschließlich der DDR hat den gesellschaftstheoretischen Entwurf einer Konzeption des »modernen Sozialismus«[1] radikal demokratischen Charakters auf das stärkste behindert. Sie blockierte die Rezeption marxistischer wie nichtmarxistischer Forschungstraditionen, die wir für die Ausarbeitung eines eigenständigen sozialistischen Entwicklungsweges gebraucht hätten. Die gesellschaftstheoretische Kritik des M.-L. erfolgt hier nicht nur unter der Losung »Zurück zu Marx«. Die Rekonstruktion des Marxschen Vermächtnisses ist selbst schon auf die heutige Problemlage und den dafür relevanten internationalen Forschungsstand zu beziehen.[2]

1. These: Welthistorisch hat eine sozialistische Entwicklung nur dann eine wirkliche Chance, wenn sie die moderne bürgerliche Gesellschaft positiv negiert.[3] In der seit Stalin üblich gewordenen m.-l. Diskussion wurde dieser Ausgangspunkt, die moderne bürgerliche Gesellschaft, auf Kapitalismus verkürzt. Und Kapitalismus wurde bestenfalls arbeits-

und klassentheoretisch bestimmt. Der Sozialismus erschien dann als die abstrakte Negation des Kapitalismus, insbesondere als die Ersetzung des Privateigentums durch Staatseigentum. Diese Kette von Reduktionen legitimiert ein polit-bürokratisches Machtmonopol, das sich unter vormodernen Startbedingungen in Sowjetrußland durch die Verschmelzung von Partei-, Staats- und Wirtschaftsapparaten herausgebildet hatte. Was fiel und fällt dieser Reduktionskette zum Opfer?: Die positive Bestimmung der modernen Errungenschaften der bürgerlichen Gesellschaft gegenüber allen vorkapitalistischen Gesellschaftsformen und im Unterschied zum Kapitalverhältnis selbst. Die moderne bürgerliche Gesellschaft ist nur insofern eine kapitalistische, als in ihr das Kapitalverhältnis dominiert. Modernetheoretische Überlegungen beziehen sich m. E. auf das Strukturpotential an Formen freien Wettbewerbs in Wirtschaft, Politik und Kultur. Solche Wettbewerbsstrukturen stellen ein evolutionsförderndes Potential dar gegen die Ausbildung von Monopolen gleich welcher Art, ob wirtschaftlicher, politischer oder (bzw. gar und) kultureller Art.

In der üblichen m.-l. Diskussion wurden modernetheoretische Überlegungen von vornherein ideologisch ausgeschlossen, da sie eine demokratische Kritik an der antimodernen staatssozialistischen Monopolbildung ermöglichen. Klassentheoretische Ansätze betreffen die höchst selektive, häufig monopolistische Realisation moderner Strukturpotentiale. Was wir dringend brauchen, ist eine Synthese aus moderne- und klassentheoretischem Vorgehen. Dies schließt eine darauf bezogene Aneignung modernetheoretischer Traditionen von Max Weber und Emile Durkheim, von John Dewey und Talcott Parsons bis Michel Foucault, Niklas Luhmann und vor allem Jürgen Habermas ein. Unsere Praxis war bestenfalls frühmodern oder, zeitgenössischer gesagt, die eines Entwicklungslandes. Sozialismus bedeutet aber welthistorisch nicht die Abschaffung, sondern den Ausbau moderner Wettbewerbsstrukturen. Er bedeutet nicht einmal die Beseitigung des Kapitalverhältnisses, wohl aber die Überwindung der Dominanz desselben.

2. These: Marx nahm in logischer Hinsicht Primatbestimmungen und in historischer Hinsicht Prioritätsbestimmungen vor, wobei er deren Widerspruch ausdrücklich vermerkte.[4] In der m.-l. Ideologie ist diese wie alle anderen Widerspruch-Bestimmungen auf das Niveau von Einheits-, Übereinstimmungs- oder Entsprechungsformeln heruntergewirtschaftet worden. Vor allem aber zeichnet den M.-L. ein Ökonomismus aus, der durch eine humanistische Phraseologie kompensiert wird. Die ökonomistische Fehlidentifikation verschiedener Primats- bzw. Prioritätsbestimmungen hat den Zugang zu den existentiellen Problemen moderner Gesellschaften verbaut:

a) Im Marxschen Verständnis hat die äußere Natur gegenüber der menschlichen Natur Priorität. Die gesellschaftliche Aneignung der äußeren Natur bleibt in stofflich-energetischer Hinsicht die primäre Bedingung der Möglichkeit soziokultureller Entwicklung. Dies ist heute schon im ökologischen Massenbewußtsein offenbar. Der Ökonomismus indes hat nicht nur zur Unterschätzung der ökologischen Problemlage und entsprechender Bewegungen geführt. Er hat auch davon abgehalten, den von Marx noch vorgesehenen Anschluß der materialistischen Geschichtsauffassung an die naturwissenschaftliche Evolutionsforschung zu leisten. Die Synthese zwischen den Theorien der natürlichen und der soziokulturellen Evolution ist seit Jahrzehnten einer der thematischen Schwerpunkte der internationalen Wissenschaftsentwicklung, die der historische Materialismus verschlafen oder an den sog. »Dia-Mat« delegiert hat.[5] Evolutionsmodelle wurden, insbesondere in modernetheoretischer Fassung, ideologisch ausgeklammert, weil sie das revolutionsideologische Alibi der politbürokratischen Monopolbildung in Frage stellen würden.

b) Der Ökonomismus hat nicht nur die Bedeutung der äußeren, sondern auch die Bedeutung unserer eigenen Natur verfehlt. Das Problem der Entwicklungsfolge soziokultureller Aneignungsweisen unserer menschlichen Natur, das Problem der Neugestaltung des Verhältnisses der Geschlechter und Generationen sowie das Problem der Sozialpathologien und Zivilisationskrankheiten konnten so weder grundlagentheoretisch erfaßt noch praxisbezogen gewürdigt werden. Der M.-L. blieb, übrigens im Unterschied zu den bei Marx und Engels noch projektierten Forschungsaufgaben, defensiv gegenüber den neuen sozialen Bewegungen und wehrte aus ideologischen Gründen die Rezeption entsprechender Theorietraditionen ab. Man denke nur an Merlau-Ponty, Moscovici, Foucault oder Freud, Marcuse und Fromm bzw. neue historisch-anthropologische Bemühungen.

c) Der Ökonomismus des M.-L. verewigt die kapitalistische Reduktion der Individuen auf Arbeits- und Klassenfunktionen, wodurch diese Individuen beherrschbar bleiben. Er nimmt häufig die Form eines konservativen Populismus an. Die Sättigung der »durchschnittlichen« und »zufälligen« Individuen (Marx) wird als die Entschädigung dafür propagiert, daß sich die Individuen nicht in der demokratischen Teilnahme an allen gesamtgesellschaftlichen Angelegenheiten befreien können. Da auch diese bloß ökonomische Sättigung nie strategisch gesichert werden kann, eben auf Grund der evolutionsfeindlichen Monopolbildung, bleibt der ökonomistische M.-L. der kapitalistischen Vereinnahmung stets ausgeliefert. Er kann im Krisenfalle nur noch die Zuflucht suchen in der humanistisch garnierten Beschwörung des im »Mittelpunkt« geborgenen, d. h. zur Machterhaltung »geborgten« Individuums und gibt so ein zynisches, machttechnisches Bild vom Menschen als einem apparatemäßig manipulierbaren Objekt, ohne die Würde der Subjektivität und der Intersubjektivität der Individuen zu wahren.

So modern Lenin in seinem Gedanken vom öffentlichen Wettbewerb war, so früh- und halbmodern blieb er in seinem Versuch, die Gesellschaft wie eine Maschine zu organisieren, d. h. das innerindustrielle Planungsregime auf die ganze Gesellschaft zu übertragen. Nicht diese Seite des Leninschen Werkes, sondern die Ansätze von Gramsci, Wygotski und Bachtin, von Klaus Holzkamp und Wolfgang Fritz Haug trugen zur Weiterentwicklung des Marxschen Anliegens bei. Wir bedürfen der Rezeption subjekt- und intersubjektivitäts-theoretischer Forschungstraditionen, so u. a. der Georg Herbert Meads, Karl Bühlers, Alfred Schütz' und Thomas Luckmanns, der Dialogik von Martin Buber über René Spitz bis Michael Theunissen.

Wir stehen vor der Aufgabe, das geläufige Denkmuster der gegenständlich vermittelten Subjekt-Objekt-Dialektik mit dem der symbolisch vermittelten Subjekt-Subjekt-Dialektik sowie dem der symbolischen Selbstbezüge eines endlichen Subjekts zu synthetisieren. Ansätze hierzu gab es bei Marx, so in seinem Verkehrs- oder Assoziationsbegriff sowie in seinen Überlegungen zur soziokulturellen Universalisierung empirisch endlicher Subjekte im Kontext bestimmter Lebensweisen. Die Ausarbeitung dieser Ansätze muß eine argumentative Auseinandersetzung mit dem kommunikationsorientierten Spannungsfeld zwischen Foucault und Habermas, Hubert Dreyfus und Pierre Bourdieu einschließen. Ohne das Begreifen kommunikativer Lernprozesse scheint es mir unmöglich zu sein, endlich das Marxsche Vermächtnis einzulösen: wie denn die nichtantagonistischen Vergesellschaftungsweisen der Individuen *positiv* erklärt werden können.

d) Der humanistisch aufgeputzte Ökonomismus der m.-l. Ideologie hat nicht nur einen neuen Zugang zur äußeren und zur eigenen Natur blockiert (a u. b). Er hat auch nicht nur das Marxsche Grundproblem eliminiert, wie die Reduktion der Individuen auf Arbeits- und Klassenfunktionen positiv aufgehoben werden kann (c). Im üblichen M.-L. ist die gesellschaftstheoretische Frage danach, welche sozialen Verhaltensweisen historisch konkret die primären sind, stets vorentschieden worden, entweder objektivistisch (mit der Formel vom Primat der Ökonomie) oder subjektivistisch (mit der Formel vom Primat der Politik). In dieser ideologischen Selbstbestätigungssucht zweier Apparateebenen, der wirtschaftlichen und der politischen, war für historisch-konkrete Forschung kein Platz.

Demgegenüber hat z. B. in retrospektiver Richtung Maurice Godelier gezeigt, daß in bestimmten Gemeinwesen im Übergang zur Klassengesellschaft Verwandtschaftsbeziehungen primär waren, weil es rein ökonomische oder rein klassenbedingte noch gar nicht geben konnte.[6] Und in prospektiver Richtung war z. B. schon von Marx vorhergesagt worden, daß die Arbeit als der Grundpfeiler der Reichtumserzeugung aufzuheben sei, im Hinblick sowohl auf die Entwicklung der Produktivkräfte als auch auf die der Produktionsverhältnisse.[7] Der ökonomistische Schein, daß immer die ökonomischen Verhaltensweisen die primären sind, entspringt der Dominanz des Kapitalverhältnisses, das – wie schon der junge Marx wußte – durch bloße Verstaatlichung noch nicht aufgehoben, sondern nur verallgemeinert wird.[8]

Im Kapitalverhältnis wird der stofflich-energetische Primat der Aneignung der äußeren Natur mit dem Primat der rein ökonomischen Integration sozialer Verhaltensweisen gekoppelt. Natürlich gibt es noch andere als rein ökonomische Integrationsformen. Politisch liegen solche in dem Spektrum zwischen einerseits persönlichen Herrschafts- und Knechtschaftsverhältnissen und andererseits einer modernen sozialen Demokratie, die nach dem Prinzip der vierfachen Gewaltenteilung zwischen Legislative, Exekutive, Juridikative und Öffentlichkeit aufgebaut ist. Kulturelle Integrationsformen lassen sich in dem Spektrum von mythischen Praktiken oder einer kirchenstaatlich institutionalisierten Massenreligion bis hin zur modernen medialen Integration von kommunikativen Alltags- und Expertenkulturen im Plural unterscheiden. Die DDR ist praktisch eher in die vormodernen politischen und kulturellen Integrationsformen zurückgefallen, statt die modernen entwickelt zu haben.

Was im stofflich-energetischen Sinne primär ist, muß es noch längst nicht im Sinne der sozialen Integration (oder der gesellschaftlichen Synthesis) sein. Ja, mehr noch: Auch das, was historisch-konkret primär für die gesellschaftliche Synthesis ist, muß deshalb noch nicht das primäre Potential der künftigen gesellschaftlichen Entwicklung sein. Es steht außer Frage, daß in den heutigen modernen Gesellschaften eine enorme Aufwertung demokratischer Integrationsformen gegenüber rein ökonomischen Integrationsformen stattgefunden hat. Ebenso scheint mir empirisch klar zu sein, daß die gesamtgesellschaftliche Integrationsform nicht primär von Expertenkulturen ausgeübt wird, von Expertenkulturen wie der Wissenschaft und Technologie, der Literatur und Künste, der Philosophie und Publizistik, obgleich deren öffentliche Integrationsfunktion wenigstens für die gebildeteren Schichten wächst. Dennoch läßt sich zeigen, daß in diesen Expertenkulturen das strategisch entscheidende Potential für die gesamtgesellschaftliche Entwicklung erzeugt wird. Ein Land, das diese Expertenkulturen sich nicht auf internationales Niveau bringen läßt, hat weder weltkulturell noch weltpolitisch, noch weltwirtschaftlich eine eigenständige Zukunftschance.

Alle diese Differenzierungen von Primatbestimmungen, die man durch solche für Prioritätsbestimmungen ergänzen muß, gehen in der üblichen m.-l. Legitimationsideologie verloren. Demgegenüber gestatten die genannten Differenzierungen, einschließlich der zwischen modern und klassenspezifisch, eine produktive Auseinandersetzung auch mit den im Sinne von Jean-Françoise Lyotard »postmodernen« Konzeptionen zur Herausbildung einer Kulturgesellschaft, einer neuen politischen Kultur und einer Kulturwirtschaft.

3. These: Das gravierendste Mißverständnis einer Marxschen Primatbestimmung liegt in der üblichen m.-l. Behandlung der Bewußtseinsfrage vor. Bewußtsein ist bewußt gewordenes Sein, in zweierlei Sinn:

a) Bewußtsein ist selbst eine Daseinsart sui generis, die in sich oder immanent materialistisch erklärt werden muß, statt äußerlich ökonomisch oder empiristisch erklärt werden zu können. Die der bewußten Daseinsart inhärente Materialität besteht in der Verwendung von Zeichen, insbesondere Sprache. Ohne zeichenvermittelte, insbesondere sprachliche Verkehrsformen kann keine Entwicklung von Bewußtsein und Selbstbewußtsein stattfinden. Als Hegel-Schüler wußte dies Marx natürlich. Bei ihm findet sich weder eine empiristische

Widerspiegelungsauffassung noch eine ökonomistische Erklärung spezifisch geistiger Phänomene. Selbst Lenin stellte in seinen Hegel-Konspekten seine frühen, empiristisch-widerspiegelungstheoretischen Überlegungen wieder in Frage. Die bewußter und selbstbewußter Tätigkeit eigentümliche materielle Bewegungsform ist in modernen Gesellschaften zum entscheidenden Entwicklungspotential geworden. Metasprachliche Verkehrsformen haben inzwischen eine ausgebaute kommunikative Infrastruktur und eigene materielltechnische Basis, so daß berechtigterweise von geistigen oder zumindest intelligenzintensiven Produktionsweisen gesprochen werden kann. Ich habe in dem Buch »Kritik der kommunikativen Vernunft« ein kommunikationsorientiertes Programm interdisziplinärer Forschung entwickelt. In dieser Richtung scheint mir der spezifisch geistige Charakter gesellschaftlicher Produktion überhaupt, insbesondere aber die Spezifik geistiger Produktionsweisen erklärbar zu werden. In der DDR besteht großer Nachholebedarf in bezug auf eine vollständige Rezeption der sprachanalytischen und sprachpragmatischen Wende der Weltphilosophie des 20. Jahrhunderts.

b) Die bewußte Daseinsart steht in einem reproduktiven und produktiven Verhältnis zu nichtbewußten Daseinsarten. Die kommunikationsorientierte Wende der internationalen Philosophie der beiden letzten Jahrzehnte geht noch über die sprachanalytische und sprachpragmatische Wende hinaus, nämlich dadurch, daß sie den Entwicklungszusammenhang zwischen nichtdiskursiven und diskursiven Praktiken thematisiert. Statt von dieser Reformulierung bewußtseinsphilosophischer Fragen zu lernen, blieb meines Wissens in der m.-l. Ideologie der Rückfall auf das Niveau eines schlechten Neukantianismus, kombiniert mit einer schlechten Wissenssoziologie, vorherrschend. Dieser schon an Hegel und Marx gemessene Rückfall kommt u. a. in der üblichen Unterscheidung von Bewußtseinsformen und -arten zum Ausdruck. Ich will aber auch an dieser Stelle nicht unerwähnt lassen, daß es in der DDR-Philosophie Ausnahmen gab, auf die meine Kritik nicht zutrifft. So gelang z. B. Georg

Klaus in den 60er Jahren ein für diese Zeit beachtlicher Anschluß an die sprachpragmatische Wende.

4. und letzte These zu der Frage, was denn nun kurz gesagt »moderner Sozialismus« bedeute. Wie kann, strukturell betrachtet, wahrscheinlich werden, daß die freie Entwicklung aller auf der freien Entwicklung jedes einzelnen beruht, wie es im »Manifest« hieß?

a) Privateigentum und klassenantagonistische Herrschaft bedeuten die Ausbildung von Monopolen statt von Wettbewerbsformen. Dies schließt ein, daß zumindest ein Teil (wenn nicht die Mehrheit) der Bevölkerung von der Partizipation an allen gesamtgesellschaftlich relevanten Angelegenheiten ausgeschlossen bleibt. Demgegenüber bedeutet moderner Sozialismus die erstmals vollständige Entfaltung aller Formen modernen wirtschaftlichen, politischen und kulturellen Wettbewerbs sowie die Teilnahme ausnahmslos aller Individuen an diesen gesamtgesellschaftlich relevanten Wettbewerbsarten. Die gesellschaftlichen Individuen vermögen sich von ihrer Reduktion auf Arbeits- und Klassenfunktionen in dem Maße zu emanzipieren, wie sie an diesen drei wichtigsten Wettbewerbsarten gleichzeitig partizipieren und sich in diesem Sinne universalisieren.

b) Wie läßt sich moderne wirtschaftliche Evolution strukturell sichern? – Zweifellos in dem Maße, in dem im internationalen Rahmen der inner- und zwischenzweigliche Wettbewerb selbständig agierender Produktionskomplexe um den Zusatzgewinn von Innovationen frei führbar ist. Wodurch kann moderne politische Evolution strukturell gewährleistet werden? – Offenbar indem der Wettbewerb zwischen Klassen, Schichten, Gruppen, Bewegungen oder Bündnissen um die Hegemonie frei in den Formen der vierfachen Gewaltenteilung austragbar wird. Und wie erweist sich moderne kulturelle Evolution strukturell als wahrscheinlich? – Gewiß in dem Maße, in dem der internationale Wettbewerb zwischen gesellschaftlichen Individuen bzw. deren Gruppierungen um die bessere Erfüllung universeller Ansprüche öffentlich und in argumentativen

Verkehrsformen geführt werden kann. Die drei wichtigsten universellen Ansprüche sind der auf objektive Wahrheit, der auf intersubjetive Richtigkeit und der auf subjektiv wahrhaftige Sinngebung.

c) Eine sozialistische Orientierung erhält die Ko-Evolution dieser drei Wettbewerbsarten erst unter folgender Bedingung: Die Zwecksetzungen, Werte und Normen, die aus dem kulturellen Wettbewerb hervorgehen, müssen zu den wirksamen Regulativa des politischen und wirtschaftlichen Wettbewerbs werden. So könnte die Marxsche Forderung nach Aufhebung der Entfremdung menschlicher Wesenskräfte, nach Überwindung der Verselbständigung des wirtschaftlichen und politischen Lebens modern reformuliert werden. Als die derzeit wichtigsten kulturellen Neuorientierungen sahen wir im Forschungsprojekt »moderner Sozialismus« die folgenden drei an, die auch die programmatischen Versuche der Gruppierungen der demokratischen Volksbewegung der DDR im Herbst 1989 durchziehen: die individuelle Selbstverwirklichung ausnahmslos aller, die Solidarität mit sozial oder anders Benachteiligten bzw. Behinderten und die Sicherung der natürlichen Lebensgrundlagen.

Damit der kulturelle Wertewandel evolutionär führend wird, reicht es nicht aus, daß in den Alltags- und Expertenkulturen das humanere Beispiel der Lebensführung und das zwanglos überzeugendere Argument »zählt«. Für die radikale soziale Demokratisierung, die moderner Sozialismus bedeutet, brauchen wir weitergehende strukturelle Sicherungen. Der kulturelle Wertewandel muß durch die mannigfaltigen Formen der Öffentlichkeit hindurch politisch und ökonomisch wirksamen Einfluß gewinnen. Dies ist zu verwirklichen, wenn die politische Demokratie in drei Richtungen zugleich profiliert wird: als vierfache Gewaltenteilung, wodurch die drei klassischen Gewalten am sanften Druck der öffentlichen Meinungsbildung orientiert werden; als föderative Demokratie, wodurch eine Vielzahl zentralisierter Entscheidungskompetenzen in den regionalen Lebensräumen der Staatsbürger dezentralisiert wird; als Erweiterung der Betriebs- oder Einrichtungsräte zum Aufbau einer

Art zweiter Kammer, in der Interessen nicht in parteienzentrierter Form artikuliert, sondern gesamtgesellschaftlich relevante Zweige mit je spezifischen Rationalitätsformen repräsentiert werden. Es macht wenig Sinn, in der Föderalisierung nur den Parteienproporz der parlamentarischen Demokratie zu wiederholen. Statt dessen sollte die Föderalisierung der vierfachen Gewaltenteilung mit der Repräsentation gesamtgesellschaftlich relevanter Zweige und deren spezifischer Rationalitätsarten verbunden werden.

Schließlich gilt es, die so kultivierte und ausgebaute politische Demokratie zu einer Demokratisierung des Wirtschaftslebens zu erweitern, wodurch sie erst zu einer radikalen sozialen Demokratie wird. Dabei kann sich die Wirtschaft durch eine Vielzahl von Eigentumsformen auszeichnen, ohne das Staatseigentum an den für die gesamtgesellschaftliche Entwicklung strategisch entscheidenden Produktionsmitteln aufzugeben. Es wäre jetzt ja das Eigentum eines durch und durch demokratisierten Staates. Wie kann der wirtschaftliche Wettbewerb wirksam soziokulturell reguliert werden, ohne die ihm eigentümliche Gewinnorientierung (in Einheiten des Geld-Mediums) zu beeinträchtigen?

Dies sollte gleichzeitig auf drei Wegen geschehen: Durch die politische Gewaltenteilung hindurch kann eine entsprechende Gesetzgebung (Arbeits-, Sozial-, Betriebs-, Umwelt- u. a. Gesetzgebung) sowie angemessene Auftragspolitik gegenüber der Wirtschaft erfolgen. Um den damit verbundenen Bürokratisierungsaufwand gering zu halten, ist es zweitens vor allem erforderlich, alle Regulativa in das Geld-Medium zu übersetzen, insbesondere die Preisbildung den gesamtgesellschaftlich (nicht nur betriebswirtschaftlich) anfallenden Reproduktionskosten entsprechend (Thomas Kuczynski) zu beeinflussen. Dafür können alle Instrumentarien der Geld-, Steuer-, Kredit- und Zinspolitik eingesetzt werden. Drittens schließlich wären die üblichen Modelle der Mitbestimmung zu erweitern. So könnten die Aufsichtsräte von Aktiengesellschaften nicht nur paritätisch aus Vertretern der Belegschaften und Eigentümer zusammengesetzt, sondern um einen dritten Teil ergänzt werden. In diesem sollten, um gesamtgesellschaftlich relevante Innovationsstrategien schon von ihrer Ausbildung an demokratisieren zu können, Vertreter folgender Interessen präsent sein: der Region, der Öffentlichkeit, möglicher Anwender und Betroffener so- wie unabhängiger Expertenkulturen. Rainer Land hat den derart erweiterten Aufsichtsrat gesamtgesellschaftlich relevanter Unternehmen »Wirtschafts- und Sozialrat« genannt.

1   Siehe Brie, M./Land, R./Segert, D. (Hrsg.) Philosophische Grundlagen der Erarbeitung einer Konzeption des modernen Sozialismus. Materialien der Eröffnungsberatung vom November 1988. Manuskript-Druck der Humboldt-Universität, Berlin Juni 1989.

2   Vgl. ausführlich: Krüger, H.-P.: Kritik der kommunikativen Vernunft, Berlin 1990; kurz ders.: Produktion und Kommunikation oder Marx und Habermas, Sinn und Form, Heft 6/1989.

3   Vgl. Krüger, H.-P.: Zur Differenz zwischen kapitalistischer und moderner Gesellschaft, in: Deutsche Zeitschrift für Philosophie, H. 3/1990.

4   Vgl. u. a. Marx, K.: Grundrisse der Kritik der Politischen Ökonomie, Berlin 1953, S. 24–28.

5   Statt der Ausbildung einer unkritischen Ontologie unter dem Namen des »Dialektischen Materialismus« wäre die Entwicklung der materialistischen Dialektik erforderlich gewesen. Siehe auch Anmerkung 2.

6   Vgl. Godelier,M.: Ökonomische Anthropologie, München 1972.

7   Vgl. Marx, K.: Grundrisse der Kritik der Politischen Ökonomie, a. a. O., S. 585–600.

8   Vgl. Marx, K.: Ökonomisch-Philosophische Manuskripte (1844), in: Marx/Engels, Werke, Ergänzungsband. Erster Teil, S. 534.

Postmoderne als das kleinere Übel

Kritik und Affirmation in Lyotards »Widerstreit«

1. Vorschlag zur Reformulierung »postmoderner« Fragen

Wolfgang Welsch hat in seinem Überblick über die Vielzahl der Postmoderne-Konzepte überzeugend die beiden Grundvarianten herausgearbeitet, die wiederum das Spiegelbild zweier konträrer Moderne-Diagnosen darstellen: »Immer wieder tritt unter den verschiedenen Postmoderne-Versionen eine charakteristische Opposition hervor: Die einen plädieren für Pluralität, die anderen für neue Ganzheit. Dieser Gegensatz gründet interessanterweise bereits in konträren Moderne-Diagnosen und ist deren Reflex. Als Krankheit der Moderne wird das eine Mal ihre Uniformierungstendenz, das andere Mal ihre Differenzierungssucht beschrieben. Daher verordnen dann – postmodern – die einen eine Therapie der Pluralisierung, die anderen eine Homogenisierung.«[1] Da sich beide Grundvarianten gegenseitig ausreichende Gegenargumente vorrechnen können, sei offenbar schon die Moderne selbst durch diesen Gegensatz zwischen einerseits fortwährender Ausdifferenzierung immer spezialisierterer Handlungsbereiche und andererseits deren Reintegration zu einem gesamtgesellschaftlichen Ganzen zu kennzeichnen. Ist dann aber philosophisch betrachtet die Postmoderne-Diskussion überhaupt mehr als eine bloße Wiederholung der Moderne-Diskussion?

Welsch versteht die Forderungen nach einer postmodernen Neugestaltung der Gesellschafts- und Kulturverfassung nicht als die nach der Ablösung oder Überwindung spezifisch moderner Gesellschafts- und Kulturstrukturen. Er sucht nach einem Weg der Überschreitung des genannten Gegensatzes von der Art, daß »Ganzheit nur via Differenz«[2] einzulösen sei. Vielheit und Ganzheit sind nur korrelativ in bezug aufeinander bestimmbar, weshalb der eigentliche

Streit unter den Postmodernen – wollen diese nicht nur den über die Moderne wiederholen – darum gehe, auf welcher »formalen« Ebene von »Strukturgründen« diese Korrelation immer wieder neu bestimmt werden kann. So bleibt für Welsch »nur ein Weg: die Einsicht in den strikt formalen Charakter der Idee des Ganzen und daher die Zulassung und Anerkenntnis unterschiedlicher inhaltlicher Optionen«. Das Ganze könne im Sinne von Integration »nur in der Struktur offener Ganzheit gewahrt und gedacht werden; jedes geschlossene Ganze wäre ja notwendigerweise gegen anderes geschlossen und damit schon nicht mehr das Ganze«.[3]

Was hier auf den ersten Blick als ein akademisch philosophischer Streit über den Zusammenhang von Vielfalt und Ganzheit, Differenzierung und Homogenisierung, Inhalt und Form erscheinen könnte, entspringt heute als Problem schon den Alltagserfahrungen eines jeden Bürgers, zumindest in urban und von der kommunikativen Infrastruktur her entwickelten Regionen. Wer möchte nicht der Vielfalt an Lebensstilen, der Differenziertheit des Angebots auf Märkten und in Diskursen, der inhaltlichen Farbenpracht an Subkulturen das Wort reden? Wer genösse nicht gern das täglich werdende Wechselbad zwischen der Vertrautheit und der Exotik von Lebensformen, durchfährt man nur eine Großstadt oder überfliegt man gar die Kontinente, wenigstens am Fernseher oder dem Videogerät? Wer möchte nicht einer inhaltsreichen Arbeit sicher sein, deren spezielle Anforderungen Selbstbetätigung gewährt, als mündiger Bürger öffentlich die Geschicke seiner Gesellschaft mitbestimmen, in seiner Freizeit von einem Fußballspiel oder Theaterstück überrascht, im Unglücksfalle so schnell als möglich vom Spezialisten umsorgt werden? – Aber wie kommen wir in dieser Vielheit von Lebenformen miteinander aus ohne Fäuste, Fahrradketten, Brechstangen, Messer, Revolver, Bomber und Raketen? Wie kann der einzelne die ihm fremdartig kodierten Verhaltensweisen anderer Lebensformen, sei es im eigenen Land oder gar aus gänzlich anderen Kulturen, verstehen? Wieviel Sprachen und Habitusformen kann, muß, sollte er erlernen, von denen der »Gruftis« und »Skinheads«

bis zu denen der »Yuppis«, von »Apartheit« oder »Perestroika« bis »Tienmen«? – Und wie kann gesichert werden, daß die Fülle an inhaltlich ausdifferenzierten, hochspezialisierten Handlungsarten für Wirtschaft, Politik und Kultur nicht zu destruktiven Folgen im Ganzen führt? Sterbende Wälder und Meere; kleine und große, kalte und heiße Kriege; Normalisierung der Krisen, Verkehrschaos im Berufsverkehr; Aggressionen, Neurosen, Psychosen; Überstreß und irreparables Opfer des absoluten Zufalls zwischen unkoordinierten Subsystemen.

Gerade wer in der heutigen Welt globaler Interdependenzen für Vielfalt, Differenzierung und Fülle an Inhalten plädiert, muß – angesichts der schon erfolgten oder bereits wahrscheinlichen Destruktionen – die Frage nach dementsprechender Ganzheit, Homogenisierung oder Form beantworten können. Welche Art von Ganzheit, die sich nicht wieder fetischartig und institutionell verselbständigt, ermöglicht eine Vielfalt, die für alle produktiv wird? Welche Arten der Differenzierung bleiben dem Homo sapiens in seiner sozionatürlichen Bedürftigkeit – bei aller soziokulturellen Selbsterschaffung als Homo faber, Homo ludens und Homo signans – angemessen? In welchen Formen können die Widersprüche zwischen inhaltlich entgegengesetzten Lebensauffassungen für alle produktiv ausgetragen werden?

Diese für den Marxismus alte Frage nach einer nicht mehr von Sozialantagonismen dominierten, sondern in freier Assoziation gesellschaftlich bewußt werdenden Art und Weise der soziokulturellen Entwicklung stellt sich nicht nur von der Vielfalt der Lebensweisen der Individuen in Gruppen oder Schichten her.[4] Die moderne Ausdifferenzierung spezieller Handlungsarten, die institutionell und medial vernetzt werden und gegebenenfalls in ihrer Funktion relativ autonome Subsysteme ausbilden, schafft Koordinierungsprobleme eigener Art. Wie können etwa Subsysteme der Wirtschaft und des Staates, der Dienstleistungen und des Bildungswesens produktiv statt destruktiv gekoppelt werden und dies über Ländergrenzen hinweg, da es die Fernwirkungen der Verhaltensweisen in diesen Subsystemen erfordern? – Solche Fragen entziehen sich schnell dem Horizont einer konkret-historischen, dem Individuum in seinen raumzeitlich unmittelbaren Kooperationen mit anderen Individuen vertrauten Lebensweise. Seine Handlungen, die es lebensgeschichtlich mit einem bestimmten Sinn intendiert, gewinnen infolge der subsystemischen Vernetzung mit fernen Voraussetzungen, Bedingungen und Folgen häufig eine andere als die intendierte Bedeutung, eben für andere, mit denen es nicht mehr unmittelbar kooperiert und von denen es höchstens über Vermittlung öffentlicher Kommunikationsmedien wissen kann. Zudem muß heute nicht mehr zwangsläufig die Lebensgeschichte eines Individuums der Entwicklung ausschließlich eines gesellschaftlichen Subsystems subsumiert werden, wie z. B. schon allein die Lebenszeit eines Industrieproletariers im 19. Jh. noch von seiner in einem bestimmten Industriezweig verausgabten Arbeitszeit bestimmt wurde. Neue Chancen zur Entwicklung gesellschaftlicher Individuen entstehen, insofern jedes Individuum an mehreren Subsystemen partizipieren kann, sei es im lebensgeschichtlichen Wechsel nacheinander oder gar im relativ gleichzeitigen (wöchentlichen) Wechsel verschiedener Tätigkeitsarten. Dies erfordert freilich entsprechende Verkürzungen und Flexibilisierungen der Arbeits- oder Beschäftigungszeiten.

Das Problem der strukturellen Formen, in denen inhaltliche Divergenzen ausgetragen und inhaltliche Spezialisierungen integriert werden können, begegnet uns unter beiden Apsekten, dem der Lebensweisen wie dem der Subsysteme. Unter dem ersten Aspekt, dem der Lebensweisen, stehen – von den Individuen und für sie unmittelbar gesellschaftlichen Gruppierungen ausgehend – Fragen der soziokulturellen Zweck- und Maßbestimmung, der Wert- und Normbildung, der Sinngebung im Vordergrund. Unter dem zweiten Aspekt, dem des Ausbildungsgrades gesellschaftlicher Subsysteme, steht die Frage der effizienten Erfüllung gesellschaftlicher Teilfunktionen im Vordergrund, die der soziokulturellen Zweck- und Maßbestimmung dienen sollten, sich aber häufig an deren Stelle setzen. In beiderlei Hinsicht stellt m. E. der Wettbewerb – im Gegensatz zum Monopol wie zur antagonistischen Konkurrenz – das spezifisch moderne Strukturpotential zur Lösung inhaltlicher Widersprüche dar. Dabei gilt es, diese spezifisch moderne Aufgabe, die Lösung der Widersprüche zwischen inhaltlichen Optionen zu formieren, wenigstens dreifach zu differenzieren, nämlich im Hinblick auf die kulturelle Evolution und hinsichtlich deren Verwirklichung durch politische und wirtschaftliche Evolution. Zudem fallen die spezifisch modernen Strukturformen für kulturellen, politischen und wirtschaftlichen Wettbewerb nicht mit den klassenspezifischen Inhalten ihrer Entstehung, Ausbildung und selektiven Realisation zusammen.[5] Vielmehr stellen diese Wettbewerbsformen das Strukturpotential zur Zivilisierung oder Kultivierung der Lösungsform bislang antagonistischer Widersprüche dar.

Die evolutionär offene Struktur des Wettbewerbs ist die von Welsch gesuchte Form einer unabgeschlossenen Ganzheit, die inhaltliche Vielfalt produziert und reproduziert. In ihr ist es gleichermaßen möglich, Differenzen in bezug auf bereits Vergleichbares zu offerieren, innovative Spezialisierungen auszubilden und bei Bewährung zu verallgemeinern, ebenso aber um die bessere Reintegration der überspezialisierten Optionen zu wetteifern. Sieht man von den wirksamen neokonservativen Versuchen ab, die »Postmoderne« für sich zu vereinnahmen,[6] bleiben an ihr sozial- und kulturphilosophisch betrachtet zwei Fragen rationell, unabhängig davon, ob man diese terminologisch als »postmoderne« deklariert.

Erstens: Wie kommen die historisch konkret verschiedenartigen, zuweilen entgegengesetzten Lebensweisen im Plural miteinander aus, und zwar derart, daß eine für alle produktive kulturelle Evolution ermöglicht, also eine kulturimperialistische Subsumtion aller unter eine Lebensweise vermieden wird? – Diese Frage hat natürlich auch schon während der Entstehung (16.–18. Jh.) und Durchsetzung (seit der 2. Hälfte des 19. Jh.) moderner Gesellschaften und Kulturen bestanden. Aber seit den 70er und 80er Jahren unseres Jh. entsteht diese Frage auf dem Niveau einer realen Internationalisierung und Globalisierung soziokultureller

Prozesse. Sie wird nicht mehr nur im Sinne der national- und klassenspezifischen Ausprägung von Lebensweisen, die von der sozialen Stellung der Individuen in einem bestimmten gesellschaftlichen Subsystem dominiert werden, gestellt. Inzwischen rückt in den entwickelten Ländern die Frage in den Vordergrund, wie die Lebensweise der Individuen von ihrer Reduktion auf »durchschnittliche Klassenindividuen«[7] emanzipiert werden kann. Wir bedürfen soziokultureller Lernprozesse zwischen nationalen und kontinentalen, klassen- und schichtspezifischen Lebensweisen und der Partizipation der Individuen an allen gesamtgesellschaftlich relevanten Subsystemen. Auf einem anderen als diesem Wege öffentlich kommunikativer Lernprozesse können nicht jene universalisierbaren soziokulturellen Zweck- und Maßbestimmungen herausgebildet werden, die sich der globalen Vernetzung in ökologischer, ökonomischer und politischer Hinsicht gewachsen zeigen.

Zweitens: Wenn die Herausbildung und Ausbreitung moderner Gesellschaftsstukturen wesentlich auch mit der Ausdifferenzierung gesamtgesellschaftlich teilfunktionaler Subsysteme zusammenhängt, dann verschärft sich zunehmend die Frage, wie deren autonom erweiterte Reproduktionen integrativ gekoppelt worden können. Was etwa im ökonomischen Subsystem nach rein wirtschaftlichen Wertmaßstäben höchst effizient sein kann, muß dies keineswegs in ökologischer, sozialer oder kultureller Hinsicht sein. Dies gilt auch umgekehrt. Selbst in den Expertenkulturen der Wissenschaften, Literatur und Künste, der philosophisch-ethischen Diskurse haben wir uns seit dem Scheitern der letzten großen philosophischen Systembauten im 19. Jh. daran gewöhnt, daß das Wahre nicht mit dem Guten, das Gute nicht mit dem Schönen, das Schöne nicht mit dem Wahren zusammenfallen müssen, ebensowenig das Falsche mit dem Bösen und Häßlichen. Diese einst modernistischen Entdeckungen der Entzweiung, deren Versöhnungsgötter gestorben waren, hat zwischenzeitlich bereits massenhaft das Alltagsbewußtsein erreicht. Aber auch die gesamtgesellschaftlich destruktiven Folgen dieser einst gefeierten Autonomisierung spezialisierter Handlungsbereiche sind inzwischen offenbar, ohne daß man den modernen Gewinn an Differenzierungen entbehren möchte. Wie also gesamtgesellschaftlich teilfunktionale, durch Institutionen und Medien spezialisierte Handlungsketten so aufeinander abstimmen, daß sie gesamtgesellschaftlich produktiv koevolvieren, und dies auf globaler Stufenleiter, wie es der Weltmarkt längst verlangt?

Die traditionelle und konservative Antwort auf solche Integrationsfragen besteht immer darin, daß ein institutioneller Vermittler (etwa ein Weltmonopol, eine Weltregierung oder ein Weltgott) eingeführt wird mit den bekannten Gefahren der Verselbständigung desselben, der evolutionsfeindlichen Monopolisierung von Macht- und Entscheidungsfunktionen, der Fetischbildung. Statt dessen wäre danach zu fragen, wie die ausdifferenzierten Formen des modernen wirtschaftlichen, politischen und kulturellen Wettbewerbs in sich – bei Wahrung ihrer Spezifik – doch füreinander zur wechselseitigen Voraussetzung, Bedingung und Folge werden, was sich für den Entwicklungszusammenhang zwischen stofflich-materiellen und spezifisch geistigen Produktionsweisen leicht zeigen läßt. Wenn ein nicht subventioniertes Wirtschaftsunternehmen nur durch wissenschaftlich-technische Innovationen im Wettbewerb bestehen kann und dabei von einem Markt abhängig ist, der sozialstaatlich und soziokulturell reguliert wird, dann kann es nicht nur ökonomischen Wertmaßstäben folgen, wenngleich diese ihre Präferenz behalten werden. Es muß auch wissenschaftlich-technisch neuen Maßstäben Rechnung tragen und ebenso auf die ökologische, soziale und kulturelle Verträglichkeit seiner Produkte, Verfahren und ganzen Organisationsweise achten. Ähnliche Tendenzen der Mit- oder Ko-Bewertung nach andersartigen Kriterien, auf die eine bestimmte Organisation nicht spezialisiert ist, zeichnen sich auch in der Politik und Kultur ab, ohne daß die dort jeweils dominierende Hegemonie- oder Argumentationsorientierung ihre Präferenz verlieren müßte. Ein bestimmter expertenkultureller Wettbewerb kann in seiner Realisierung nicht nur von expertenkulturellen, sondern muß auch von ökonomischen, politischen, andersartig expertenkulturellen und alltagskulturellen Wertmaßstäben abhängig gemacht werden. Ebenso hängt die Realisierung politischer Hegemonie im modernen demokratischen Wettbewerb zugleich auch von ökonomischen und kulturellen Kriterien ab. Es ist die öffentliche Änderung der Realisierungsbedingungen einer bestimmten Wettbewerbsart, die letztere über ihre spezielle Präferenz hinausgehend integrationsfähiger, weil andersartigen Wertmaßstäben aufgeschlossener macht. Die soziokulturelle Integrationsfähigkeit wächst so nicht durch neue Zentralisierungsschübe, sondern über Präferenzen von Wertmaßstäben. Diese gingen aus der Urteilsbildung in der öffentlichen gesellschaftlichen Kommunikation hervor und würden dezentral von den in einem bestimmten Wettbewerb stehenden Individuen, Gruppen oder Organisationen besser oder schlechter verwirklicht.

Unterstellt man diesen früher von mir unterbreiteten Diskussionsvorschlag zur marxistischen Konzipierung spezifisch moderner Strukturpotentiale der Gesellschafts- und Kulturentwicklung,[8] dann erhalten viele Forderungen postmoderner Sozial- und Kulturphilosophen einen rationellen und eben daher auch bestreitbaren Problemgehalt. Rationell ist dieser insofern, als es welthistorisch nicht mehr nur um die Entstehung und Ausdifferenzierung moderner Strukturen kulturellen, politischen und wirtschaftlichen Wettbewerbs geht, sondern um deren Integration. Allerdings erforderte diese Integration dann dreierlei:

a) Bei aller mehrfachen (pluralisierten) Bewertung sozialer Handlungsstränge müßte die Spezifik der jeweiligen Wettbewerbsart durch Präferenz ihres Bewertungsmaßes (ihrer kulturellen Argumentations-, politischen Hegemonie- oder wirtschaftlichen Gewinnorientierung) gewahrt bleiben. Anderenfalls besteht die Gefahr, daß wir den modernen Gewinn an Differenzierungen verlieren und die Integrationsfunktion sich verselbständigt, bis gar die schwer errungene Wettbewerbsstruktur überhaupt monopolistisch aufgelöst wird. Insofern ist das auch unter dem Titel der »Postmoderne«

diskutierte Problem der »Doppel«- oder »Mehrfach-Codierung«[9] gesellschaftlicher Verhaltenskoordinierungen im Sinne der historisch konkreten Urteilsbildung über kontextual angemessene Präferenzen ernst zu nehmen.

b) Die moderne Differenz zwischen dem soziokulturellen Wettbewerb der Lebensformen und dem Wettbewerb in den (vor allem ökonomischen und politischen) Subsystemen wäre wie folgt zu verändern: Die jeweils historisch universalisierbaren Resultate der soziokulturellen Lernprozesse zwischen den Lebensformen müßten als Zweck- und Maßbestimmung politischer und ökonomischer Wettbewerbe wirksam werden. Bisher ist wohl eher das Umgekehrte der Fall, die nachträgliche Anpassung der Lebensformen an die vorgängig »geschaffenen Fakten« wirtschaftlicher und politischer Prozesse. Die Ökonomie wird im Sinn des stofflich-energetischen Austausches mit der äußeren und eigenen Natur primär bleiben. Aber daraus folgt nicht, daß sie dies wie im Kapitalismus zugleich für die gesellschaftliche Integration und die Möglichkeiten sozialer Evolution überhaupt sein müßte. Der Wechsel in der für die moderne Evolution und ihre gesellschaftliche Integration führenden Rolle von der Ökonomie (19. Jh.) über die Politik (20. Jh.) zur Kultur (21. Jh.?) erfordert einen enormen Aufschwung der in der öffentlichen gesellschaftlichen Kommunikation möglichen Lernprozesse, darunter die Partizipation jedes Individuums an allen gesamtgesellschaftlich relevanten Subsystemen.

c) Beide Integrationen moderner Differenzen – sowohl die durch die Einführung artfremder Maßstäbe in Wettbewerbsformen spezifischer Präferenz als auch die durch die Erringung der evolutionär führenden Rolle soziokultureller Integration – wären auf globaler Stufenleiter auszubilden. Anderenfalls würden sich solche Integrationsversuche nicht den bereits existierenden globalen Problemen der Friedenssicherung, des Umweltschutzes und der Überwindung des Entwicklungsgefälles gewachsen zeigen, also zugunsten traditionaler und konservativer Integrationsversuche scheitern, wenn nicht auch diese noch scheitern.

Integration in diesem dreifachen Sinne bedeutet keine

Ablösung oder Überwindung moderner Strukturen, sondern deren logische wie historische Intensivierung zur Ko-Evolution der führenden soziokulturellen mit politischen und wirtschaftlichen Wettbewerbsformen. Diese rationelle Problematik wird häufig als die condition post-moderne diskutiert, weil die Moderne nicht als das Strukturpotential an kulturellen, politischen und wirtschaftlichen Wettbewerbsformen erkannt, sondern fälschlicherweise mit der klassenantagonistischen Entstehung und Selektion dieser so schon deformierten modernen Strukturen identifiziert wird. Die Unbestimmtheit postmoderner Forderungen, damit die Beliebigkeit ihrer Interpretation und Möglichkeit ihrer neokonservativen Indienststellung, verdanken sich dieser unterstellten Fehlidentifikation. Die Konservativen aller Länder ähneln sich in der Ablenkung der Aufmerksamkeit von den klassenantagonistischen Deformationen moderner Wettbewerbsformen. Modernetheoretische Überlegungen ersetzen nicht die Analyse der klassenspezifischen Schichtung in allen gegenwärtigen Gesellschaften, sondern erweitern diese Analyse im Hinblick auf die Strukturpotentiale, deren Verwirklichung es gestatten würde, den Wettstreit um die bessere Ko-Evolution zivilisiert auszutragen. Die Vagheit der Postmoderne-Diskussion lenkt von der nötigen Synthese zwischen klassen- und modernetheoretischen Analysen ab.

Im folgenden möchte ich die als rationell umrissene Problematik und die angedeutete Fehlorientierung an dem philosophischen Hauptwerk des wohl derzeit berühmtesten Philosophen der Postmoderne diskutieren, an »Der Widerstreit« von Jean-François Lyotard.

2. »Widerstreit« statt neuer substantieller Ganzheit und anstelle postmoderner Beliebigkeit wie Gleichgültigkeit

Lyotard ringt seit seiner Schrift »Das postmoderne Wissen«[10] um eine doppelte Abgrenzung, die ihm philosophisch in seinem Werk »Der Widerstreit«[11] gelungen zu sein scheint.

Es geht ihm einerseits um die begründete Widerlegung der Forderungen nach einer neuen substanziellen Ganzheit, mögen diese Postulate neokonservativ oder linksromantisch gemeint sein, als postmoderne oder sonstwie tituliert werden. Die Moderne leidet für ihn weniger an Überdifferenzierungen denn an nochmaligen ideologischen Ganzheitsversprechen, deren Realisation diktatorisch in »blutige Sackgassen« gemündet sei: »Daher der Kummer der Zuschauer am Ende dieses 20. Jahrhunderts.«[12] Andererseits ist ihm ebenso die postmoderne Popularphilosophie der Beliebigkeit und Gleichgültigkeit, der »zynische Eklektizismus des ›Alles ist erlaubt‹«, dieser »Postmodernismus der Abschlaffung«, der sich zwischen den Ruinen moderner Hoffnungen wohl fühlt und nur schon Dagewesenes zitiert oder parodiert, zuwider.[13] Was Lyotard »Widerstreit« nennt, und wie er selbst in der Kommunikation solchen Widerstreit zu provozieren versucht, richtet sich gegen beides gleichermaßen, sowohl gegen neue substantielle (mythische, religiöse oder ideologische) Ganzheiten als auch gegen den Rückzug aufs Beliebige und Gleichgültige der Differenzierungen.

Wenn sich Lyotard gegen jede Art von Totalisierung einer bestimmten inhaltlichen Auslegung der Moderne wendet, sei diese eine geschichtsphilosophisch spekulative, wirtschaftlich oder parlamentarisch liberalistische, kommunistische oder reformistische, dann nicht deshalb, weil ihm jede inhaltlich bestimmte Interpretation der Moderne gleichviel bedeutet, sondern in diesem, auch schon eingangs mit Welsch zitierten Problembewußtsein: Die Frage nach der Unterscheidung der Postmoderne von der Moderne liegt auf der Ebene, Strukturen zu bilden, die eine immer erneute und damit künftiger Entwicklung offen bleibende Formierung von inhaltlich unterschiedlichen oder gegensätzlichen Interpretationen ermöglichen. Dies entspricht in meinem Verständnis der Differenz zwischen modernen Wettbewerbsformen und deren klassenspezifischen Inhalten. Um Verwechslungen mit dem zynischen Eklektizismus postmodernistischer Abschlaffung zu vermeiden, spricht Lyotard inzwischen lieber davon, daß man »die Moderne

redigieren«[14] müsse, statt sie durch eine Postmoderne ab-
zulösen, wenngleich er seine internationale Karriere seinem
früheren Assoziationsspiel mit dem Ausdruck der »Postmoderne« verdankt. Wer in der intellektuellen Welt von
Paris oder New York gehört werden will, muß nicht nur
laut schreien, sondern braucht einen Markennamen.

Lyotard orientiert sich positiv an den Differenzen des
Inkommensurablen, an dem Widerstreit zwischen heterogenen »Diskursarten«.[15] Dieser Widerstreit exponiere sich
historisch in der »deliberativen, der beratenden Politik der
modernen Demokratien«[16]. Lyotard strebt die philosophische Erkenntnis dieser beratenden oder von historisch uni-
versalisierbarer Legitimation abhängigen Politikart moderner Demokratien an, im Unterschied zu drei anderen Phä-
nomenkomplexen: dem »Kapital«, der vormodernen Dominanz des »Narrativen« und der noch nicht erneut – unter
der condition postmoderne – redigierten Moderne. Während
die auf normative Legitimation angewiesene Politik moderner Demokratien »die Heterogenität der Diskursarten zuläßt«, verlange der »ökonomische Diskurs des Kapitals« im
Gegenteil die »Unterdrückung« dieser Heterogenität oder
dulde sie nur »in dem Maße, wie das soziale Band (noch)
nicht einzig und allein mit dem ökonomischen Satz (Ab-
tretung und Gegen-Abtretung) verschmolzen ist«.[17] Unter
dem »Narrativen« wird die Erzählung der Geschichte einer
konkret-historischen Gemeinschaft wie ein Mythos verstanden. Dessen bekannte identifikatorische Kraft entwickle
sich »einzig aus den formalen Eigenschaften der narrativen
Tradition, die in einer invariablen Welt von Namen veran-
kert ist, in der nicht nur die Helden, sondern auch die
Erzähler und ihre Zuhörer fixiert und austauschbar und
folglich als solche jeweils und wechselseitig identifizierbar
sind«[18]. Die Auflösung dieser wechselseitigen Identifikation
in verschiedenartige Differenzen führe zur modernen Heterogenität der Diskursarten, mit der das Narrative seine
vormodern gesamtgesellschaftliche Wirksamkeit einbüßt
und in der es nur noch als eine unter vielen Diskursarten
vorkommt. Schließlich bleibe die moderne Heterogenität

im 19. Jh. bis in die Gegenwart nochmals verdeckt durch die großen universalistischen Legitimationserzählungen, die ich bereits genannt habe. Laut Lyotard bezwecken diese im Namen »des« Menschen oder der Menschheit »die Auslöschung« der Namen der partikulären Geschichten vormoderner bzw. kleiner Gemeinschaften.[19] In der noch nicht redigierten Moderne werde noch nicht der Widerstreit zwischen den heterogenen Diskursarten als solcher allgemein anerkannt, sondern fortwährend gemeistert, »vergessen und erträglich« gemacht durch den »transzendentalen Anschein einer alleinigen Zweckmäßigkeit«[20], eben der durch die jeweilige große Legitimationsideologie vermittelten. Das Deliberative sei – im Unterschied zum Narrativen, aber auch im Gegensatz zu der totalitären Realisation der großen universalistischen Legitimationserzählungen, insbesondere in Gestalt des Kapitals, nur eine zerbrechliche, weil »lose Anordnung von Diskursarten, und dies reicht aus, um das Vorkommnis und den Widerstreit darin sprießen zu lassen«[21].

Diese dreifache Unterscheidung des Widerstreits zwischen heterogenen Diskursarten, der moderne Demokratien auszeichne, verspricht ein sozial- und kulturphilosophisch anspruchsvolles Problembewußtsein. Der moderne Gewinn an strukturellen Differenzierungen wird nicht mit dem Kapital identifiziert, sondern als von demselben bedroht erfaßt. Empfohlen wird nicht eine konservativ romantische Rückkehr in die Geborgenheit der Mythen kleiner Gemeinschaften. Zudem scheint Lyotard mit seiner Redigierung eine Art kritischer Selbstreflexion der Moderne anzugehen: die Kritik an klassenantagonistischen Versuchen, die modernen Ausdifferenzierungen nochmals durch eine inhaltlich partikuläre Ganzheit zu integrieren, die sich ideologisch durch eine universalistische große Erzählung legitimiert und realiter bis zur monopolistischen Ersetzung des demokratischen Widerstreits verselbständigt. – Um so wichtiger wird nun die Frage, wie Lyotard diese rationelle Problematik entfaltet und bis hin zu welchen positiven Lösungsvorschlägen er sie durchführt.

Was versteht Lyotard unter »Diskursarten«, die derart inkommensurabel oder heterogen sein sollen, daß der »Widerstreit« zwischen ihnen unvermeidlich ist und zumindest stellenweise auch das Kapital als eine Diskursart angesprochen werden kann? – Lyotard geht von der semiologischen, insbesondere sprachpragmatischen Wende der Bewußtseins- und Geistesphilosophien aus. Danach werden Phänomene des Bewußtseins oder Geistes nicht mehr primär aus sich selbst heraus, etwa durch Selbstreflexion, erklärt, sondern aus den Verwendungsweisen der diesen Phänomenen eigenen Materialität an Zeichenrepertoires, insbesondere Sprachen. Dies ist eine, eigentlich schon von Marx und Engels intendierte, Umstellung bewußtseins- und geistesphilosophischer Fragen: »Der ›Geist‹ hat von vornherein den Fluch an sich, mit der Materie ›behaftet‹ zu sein, die hier in der Form von bewegten Luftschichten, Tönen, kurz der Sprache auftritt. Die Sprache ist so alt wie das Bewußtsein – die Sprache *ist* das praktische, auch für andere Menschen existierende, also auch für mich selbst erst existierende wirkliche Bewußtsein, und die Sprache entsteht, wie das Bewußtsein, erst aus dem Bedürfnis, der Notdurft des Verkehrs mit andern Menschen.«[22] Bereits in Marx' Idealismus-Kritik ist die Einsicht vorhanden, daß die Entwicklung gesellschaftlichen Bewußtseins und geistiger Kultur nur in diesen entsprechenden zeichenvermittelten, insbesondere sprachlichen Verkehrsformen erfolgen kann, in denen die kulturhistorisch akkumulierten Zeichenmuster aktualisiert und rezipiert, variiert und selektiert werden von endlichen Individuen unter endlichen Umständen.[23]

Lyotard wendet gegen Descartes berechtigt ein: »Nicht das denkende oder reflexive Ich (je) hält der Prüfung des alles umfassenden Zweifels stand (...), sondern der Satz und die Zeit. Aus dem Satz: ›Ich zweifle‹ folgt nicht, daß ich bin, es folgt vielmehr, daß es einen Satz gab. Ein anderer Satz (der eben gelesene: ›Es gab einen Satz‹) hat den ersten fortgesetzt, indem er sich als der darauf folgende darstellte. Und ein dritter, der eben gelesene / ›Es gab einen Satz‹ /, folgt auf /, Ich zweifle‹ / hat die beiden ersten weiter verkettet, indem er deren Verkettung im Sinne der Form der geordneten zeitlichen Reihe darstellte, (>Es gab ...<, >folgt auf< ...).«[24] Die in der Zeit immer gerade endliche Aktualisierung von Sprache setzt diese als »die Totalität von möglichen Sätzen« und die Operatoren der zeitlichen Reihenbildung voraus, womit Lyotard im Sinne de Saussures so etwas wie das Strukturpotential der Sprache (die »langue« im Unterschied zur »parole«) und die zeitliche Sukzession der Äußerung dieses Potentials meint: »Man müßte hinzufügen: Der Satz >ich zweifle< setzt nicht nur die Sprache (language) und den seriellen Operator (die Abfolge) voraus, sondern auch einen früheren Satz, an den er anknüpft, indem er das Regelsystem transformiert, in dem der frühere Satz sein Universum darstellt. Das >gleiche< Universum, das behauptet wurde, ist nun problematisch. Neben diesem früheren und vorausgesetzten Satz klingt eine Frage mit an (...), die auf ihn bezogen ist: >Was ist nicht bezweifelbar<?«[25]

Unter einem Satz versteht Lyotard, im Sinne von Ch. S. Peirce, »den Satz, der >der Fall< ist, den >token<-Satz, den Ereignis-Satz«, während ein »>type<-Satz ... der Referent eines Ereignis-Satzes« ist. Das für Lyotard zentrale Problem des »Überganges« von einem Satz zu einem anderen in der Zeit – »die Zeit im Satz, der Satz in der Zeit« – sei »notwendig« nicht im logischen, sondern im ontologischen Sinne: »Daß es keinen Satz gibt, ist unmöglich: notwendig gibt es: >Und ein Satz<. Man muß verketten ... Verketten ist notwendig, wie verketten nicht.«[26] In diesem weiten Sinne der Sprache als eines Geschehens oder als eines Ereignisses kann dann auch Schweigen als ein Satz vorkommen, dann nämlich, wenn der Übergang aus zu hinterfragenden Gründen nicht regelgeleitet erfolgt, obwohl vom Prinzip her Sprachkompetenz vorliegt. »Daß >Und ein Satz< notwendig ist, bedeutet, daß die Abwesenheit von Sätzen (das Schweigen usw.) oder die Abwesenheit von Verkettungen (der Anfang, das Ende, die Unordnung, das Nichts usw.) ebenfalls Sätze sind. Was unterscheidet diese Sätze hier von anderen? Mehrdeutigkeit, Gefühl, >Wünsche< (Ausruf) usw.«[27]

Im Unterschied zu den Übergängen, deren »Wie« geregelt

(z. B. formallogisch oder kognitiv) ist, lenkt Lyotard die Aufmerksamkeit gerade auf die ontologischen Fälle eines »Was«, das sprachlich nicht geregelt zu artikulieren ist, so das Schweigen derer, die Auschwitz als Opfer überlebt haben.[28] Was ist hier geschehen, das sich den Regeln des Wie der Zeit im Satz oder des Satzes in der Zeit entzieht? »Der Widerstreit ist der instabile Zustand und der Moment der Sprache, in dem etwas, das in Sätze gebracht werden können muß, noch darauf wartet. Dieser Zustand enthält das Schweigen als einen negativen Satz, aber er appelliert auch an prinzipiell mögliche Sätze. Was diesen Zustand anzeigt, nennt man normalerweise Gefühl. ›Man findet keine Worte‹ usw. Es bedarf einer angestrengten Suche, um die neuen Formations- und Verkettungsregeln für die Sätze aufzuspüren, die dem Widerstreit, der sich im Gefühl zu erkennen gibt, Ausdruck verleihen können, wenn man vermeiden will, daß dieser Widerstreit sogleich von einem Rechtsstreit erstickt wird und der Alarmruf des Gefühls nutzlos war. Für eine Literatur, eine Philosophie und vielleicht sogar eine Politik geht es darum, den Widerstreit auszudrücken, indem man ihm entsprechende Idiome verschafft.«[29]

Wenn man den ontologischen Geschehnissen oder Ereignissen gerecht werden will, die (noch) nicht nach geregelten Verfahren (der Rechtssprechung, der wissenschaftlichen Erkenntnis, der politischen Demokratie etc.) als Fälle dieser oder jener Art behandelt werden können, kommt alles auf die nähere Bestimmung der Regeln selbst an. Eine solche Bestimmung nimmt Lyotard unter drei Aspekten vor. Jedes Universum, das in einem Satz dargestellt werde, enthalte pragmatisch betrachtet vier Instanzen. Zudem würden die Sätze nach Regelsystemen (régimes) miteinander verkettet, wobei diese Regelsysteme untereinander heterogen und damit nicht ineinander übersetzbar seien. Und schließlich würden die nach verschiedenen Regelsystemen verknüpften Sätze nochmals nach einem Zweck miteinander verkettet, d. h. zu einer Diskursart.

Die *erste* Unterscheidung der vier Instanzen eines Satzes

variiert die in der semiotischen bzw. linguistischen Pragmatik übliche Differenzierung in bezug auf den Sender, den Empfänger, die von beiden intersubjektiv geteilte Bedeutung und die Referenz des Kommunikationsereignisses: »Auf vereinfachende Weise müßte man sagen, daß ein Satz darstellt, worum es geht, den Fall ...: Referenten; ebenso das, was der Fall meint: den Sinn (oder die Bedeutung – H.-P. K.); wohin oder an wessen Adresse diese Sinnschicht des Falles gerichtet ist: den Empfänger; schließlich wo-›durch‹ oder in wessen Namen der Sinn (bzw. die Bedeutung) des Falles vermittelt wird: den Sender. Der Zustand des Satz-Universums ergibt sich aus der Situation, in der diese Instanzen zueinander stehen. Ein Satz kann mehrere Referenten, mehrere Bedeutungen, mehrere Empfänger und mehrere Sender umfassen. Jede dieser vier Instanzen kann – muß aber nicht – im Satz ausgewiesen sein.«[30]

Lyotard nennt diese Unterscheidung, obgleich er sie fortwährend benutzt, vereinfachend, weil die übliche Pragmatik einschließlich der Wittgensteins anthropozentrische Vorstellungen mitführe, als ob es willentlich freistünde, Sprache zu benutzen, und als ob sie wie ein Mittel durch ein Subjekt gegenüber einem Objekt gebraucht würde. Man müsse daher besser sagen: »Sender und Empfänger sind markierte oder nicht-markierte Instanzen, die durch einen Satz dargestellt werden. Dieser Satz ist keine Botschaft, die von einem Sender zu einem Empfänger – beide von ihm unabhängig – gelangt. Sender und Empfänger werden im Universum, das der Satz darstellt, situiert, genauso wie dessen Referent und dessen Sinn.«[31] So richtig Lyotards Kritik an der informationstheoretischen Reduktion (Botschaft in bit) sprachlicher Kommunikation ist, so wenig folgt daraus, daß Heideggers Auffassung vom Sprachgeschehen die richtige Alternative zur Sprachpragmatik bietet – worauf ich im dritten Abschnitt dieses Artikels zurückkomme. Einstweilen bleibt rationell der in Semiotik und Linguistik bekannte Gedanke festzuhalten, daß Sprache ein Struktur- oder Musterpotential darstellt, das in der sprachlichen Kommunikation in vier Richtungen (als vier »Instanzen«) aktualisiert werden kann, wie eindeutig bestimmt und kombiniert oder vage dies im einzelnen auch erfolgen mag.

Der *zweite* Aspekt betrifft die Regeln, nach denen Sätze gebildet werden und durch die die sprachlichen Struktur- oder Muster-Potentiale konkretisiert werden. »Jedem Satz-Regelsystem entspricht ein Darstellungsmodus eines Satz-Universums.«[32] Insofern haben wir von der Darstellung auszugehen: »Ein Satz stellt zumindest ein Universum dar (...). Er führt ein ›Es gibt‹ (entspricht sinngemäß im Deutschen der Kopula-Aktualisierung – H.-P. K.) mit, welchen Regelsystemen er auch immer unterstehen mag. Es gibt das, was bedeutet wird, wovon, für wen und durch wen dies bedeutet wird: ein Universum.«[33]

Die in einer Darstellung zumindest noch latent vorhandene Mehrdeutigkeit der vier Instanzen wird situativ nach den Regeln der Satzbildung eingeschränkt. »Eine Situation bedeutet, daß sich im Zentrum des von einem Satz dargestellten Universums Relationen ergeben, die durch die Form von daran anknüpfenden Sätzen (durch das Regelsystem des Satzes, das bestimmte Verkettungen verlangt) angezeigt werden; Relationen, die die Instanzen untereinander in Beziehung setzen ... Die Form von Sätzen zeigt an, wie die Instanzen im Verhältnis zueinander situiert sind.«[34] Danach können, den Modi der Darstellung entsprechend, »Situationsgattungen« oder »Familien von Relationen zwischen den Instanzen« unterschieden werden wie kognitive, evaluative, präskriptive, interrogative, performative oder exklamative.[35] So zentrieren sich kognitiv verknüpfte Sätze um die Ermittlung der Realität des Referenten, präskriptiv verkettete Sätze um die Berechtigung oder Nicht-berechtigung eines Senders, eine Aufforderung bestimmter Bedeutung an den Empfänger zu richten etc.[36]

Die ersten beiden Aspekte der vier Instanzen und deren Relationierung nach Satz-Regelsystemen betreffen m. E. das soziokulturelle Strukturpotential der Sprache selbst, die Muster der ihr möglichen Verwendungen. Dies nennt Lyotard im Anschluß an Kant den Gegenstand einer Idee. Der *dritte* Aspekt verschiedener Diskursarten rückt die Frage der gesellschaftshistorisch zweckmäßigen Verwirklichung sprachlicher Strukturpotentiale, ihre konkret-historisch selektive Institutionalisierung, in den Vordergrund.

Sätze verschiedener Regelsysteme »können in Hinblick auf einen durch eine Diskursart festgelegten Zweck miteinander verkettet werden. Beispielsweise verkettet der Dialog eine Frage mit einer Ostension (Zeigen) oder einer Definition (Beschreiben), wobei der Einsatz darin besteht, daß die beiden Parteien Übereinstimmung hinsichtlich der Bedeutung eines Referenten erzielen. Diese Diskursarten liefern Regeln zur Verkettung ungleichartiger Sätze, Regeln, mit denen Ziele erreicht werden können: Wissen, Lehren, Rechthaben, Verführen, Rechtfertigen, Bewerten Erschüttern, Kontrollieren ... Es gibt keine Sprache (Language) im allgemeinen, es sei denn als Gegenstand einer Idee.«[37] In den Diskursarten werden die Sätze nach einem bestimmten Zweck sozialer Wirkung verkettet, wobei zweckentsprechend Mittel, »die nicht angebracht sind«, ausgeschlossen werden: »Von einem Satz-Regelsystem (...) zum anderen braucht eine Verkettung nicht unbedingt triftig zu sein ... Diese mangelnde Triftigkeit aber kann in einer Diskursart durchaus angebracht sein ... Beispielsweise überreden, überzeugen, besiegen, zum Lachen, zum Weinen bringen usw. Angebracht kann es sein, auf nicht-triftige Weise zu verketten, um eine dieser Wirkungen hervorzurufen. Die Teleologie beginnt bei den Diskursarten, nicht bei den Sätzen. Als verkettete aber sind die Sätze immer in (mindestens) eine Diskursart einbegriffen.«[38] In den Diskursarten geht es kurzum um strategischen Sprachgebrauch: »Man muß, wie üblich, die Bildungs- und Verkettungsregeln, die das Regelsystem eines Satzes bestimmen, und die Verkettungsmodi, die von den Diskursarten abhängen, auseinanderhalten. Zweierlei Dinge sind es, wie Wittgenstein feststellt: einerseits die Gesamtheit der konstitutiven Regeln des Tennis- oder Schachspiels, andererseits die Gesamtheit von Empfehlungen, die eine erfolgversprechende Strategie bilden ... Die Diskursarten sind Strategien. Von niemandem.«[39]

Nun behauptet Lyotard durchgängig, daß sowohl die

Satz-Regelsysteme untereinander als auch die Diskursarten untereinander heterogen im Sinne von inkommensurabel sind. Dies leuchtet insofern ein, als jedes Regelsystem (bzw. jede Diskursart) auf eine Relationierungsart der Instanzen (bzw. einen bestimmten Zweck) konkurrenzlos spezialisiert ist. Dadurch kann es zwar innerhalb desselben (bzw. derselben) einen Wettbewerb um die bessere Relationierung (bzw. Erfüllung) der Relationierungsart (bzw. Zweckart) geben, nicht aber zwischen den Regelsystemen (bzw. Diskursarten), da für deren Interrelationen kein gemeinsamer Vergleichsmaßstab zur Verfügung steht. Dies ist eine in der postempiristischen Wissenschaftstheorie für Paradigmen (Erklärungsmuster) hinlänglich bekannte und im einzelnen gut belegte Behauptung.[40] Lyotard verweist problemgeschichtlich zu Recht immer wieder auf Kants politische Schriften und die »Kritik der Urteilskraft«, insofern es darin um die Frage der Herausbildung von Urteils- und Schlußverfahren für Phänomene geht, die nicht unter die universellen Gesetze bzw. Regeln der reinen erkennenden und reinen praktischen Vernunft subsumiert werden können oder wenn doch, dann nur im Sinne einer Als-ob-Erklärung, die aber besser auf praktisch lebenskluge Urteils- und Schlußfindung angewiesen bleibt.[41] In Lyotards Insistieren darauf, Ereignisse nicht wie Fälle bekannter Art nach gegebenen Gesetzen oder Regeln abzuarbeiten, sondern als Herausforderung für die Findung und Erfindung neuer Gesetze und Regeln anzunehmen, lebt auch insbesondere der avantgardistische Anspruch der philosophischen, wissenschaftlichen, literarischen und künstlerischen Expertenkulturen fort.[42]

Warum aber gibt es Widerstreit und nicht nur die Beliebigkeit oder Gleichgültigkeit des heterogenen bzw. Inkommensurablen? Wenn sich die Sätze, die verschiedenen »Regelsystemen und Diskursarten – etwa der Erkenntnis oder den Ideen – angehören, darin treffen, daß sie einen Widerstreit verursachen, dann müssen sie insgesamt bestimmte Eigenschaften gemeinsam haben«[43]. – Worin besteht dieses Gemeinsame, das nicht im Sinne eines ausge-

bildeten Vergleichsmaßstabes, der einen regulären strategischen Wettbewerb ermöglicht, Gemeinsames sein kann?
Diese Frage beantwortet Lyotard einerseits durch Rückgriff
auf das noch nicht durch Regeln eindeutig bestimmte Strukturpotential der Aktualisierung von Sprache in Form von
Sätzen überhaupt (die offenen Kombinationsmöglichkeiten
der vier Instanzen) und andererseits durch die Entfaltung
des Problems der Eigennamen: Das »›Treffen‹ kann nur in
einem gemeinsamen Universum statfinden, andernfalls wäre
kein Treffen möglich! ... ich behaupte nicht, daß dieses
Universum die Realität sei, ich behaupte nur, daß es die
Bedingung für das Treffen der Sätze und folglich die Bedingung des Widerstreits darstellt ... Von der besonderen
Beschaffenheit dieses Universums läßt sich sagen, daß sie
das Ergebnis des Treffens ebenso ist wie seine Bedingung
(beide Ausdrücke sind äquivalent). Ebenso ist der Satz des
Linguisten die transzendentale Bedingung der Sprache, auf
die er sich bezieht. Das hindert nicht, daß die Sprache den
Satz des Linguisten empirisch bedingt. *Transzendental* und
empirisch sind Ausdrücke, die lediglich zwei verschiedene
Satzfamilien anzeigen: den philosophisch kritischen (kriti-
zistischen) und den kognitiven Satz. Und schließlich: die
Sätze ungleichartiger Regelsysteme und Diskursarten ›treffen‹ sich in den Eigennamen, ›treffen‹ sich in den Welten,
die durch die Namensgeflechte festgelegt werden.«[44]
Offenbar will Lyotard sagen, daß in dem, was er das
Geschehen oder das Sich-Ereignen der Sprache nennt, die
transzendentale Bedingung der Möglichkeit zu sprechen
(das Strukturpotential der Sprache) und die empirische (zeitlich endliche) Bestimmung einer Sprachverwendung zusammenfallen. Indem das Strukturpotential der Sprache (die
Mehrdeutigkeit der vier Instanzen) akutalisiert wird, kann
empirisch »immer nur eine einzige (Verkettung – H.-P.
K.) zugleich geschehen (›aktualisiert‹ werden)«, unter Ausschluß anderer Möglichkeiten zu verketten.[45] Aber indem
zeitlich endlich verkettet wird, wird doch auch zugleich
nichts anderes als eben dieses Strukturpotential aktualisiert.
Das den Regelsystemen oder Diskursarten Gemeinsame,

das – über ihre bloße Gleichgültigkeit hinausgehend – ihren Widerstreit ermöglicht, ist sowohl Ergebnis empirischer Sprachverwendung als auch Strukturbedingung der Möglichkeit, Sprache zu verwenden. Es ist der – nicht im Sinne des formalen Logikers, aber im Sinne des Linguisten – »metasprachliche« Bezug der »Umgangssprache«[46] auf sich selbst.

Dies ist für die Semiotik und Linguistik keine überraschende Einsicht: Gerade indem Sprachmuster situativ aktualisiert, d. h. kontext- und kotextbezogen selektiert und variiert werden, werden sie im Zeichenprozeß (der »Semiose«) universalisiert und umgekehrt.[47] Dieses »eigentliche Leben der Semiose« entfaltet sich »als Pragmatik der Kommunikation«.[48] Kommunikation gewinnt aus der für sie charakteristischen Spannung zwischen »kommunikablen und nicht kommunikablen Aspekten« eine eigene Dynamik. Der die sprachliche Kommunikation auszeichnende »Effekt des Sinn-›Flimmerns‹, des Oszillierens von Bedeutungen zwischen bestimmten konstanten Grenzwerten« struktureller Art entspringt sowohl ihrer ko-textuellen als auch ihrer kontextuellen »Inhomogenität«.[49] Insofern sprachliche Kommunikation nicht medial und institutionell eingeschränkt wird auf codierten Zeichenaustausch, ist sie stets mehr als die strategische Optimierung eines vorgegebenen Strukturmusters oder Zwecks. Die Aufmerksamkeit richtet sich allgemein in den diesbezüglichen internationalen Forschungen weniger auf die strategische Optimierung soziokulturell vorhandener Strukturmuster oder Zwecke, als vielmehr auf die Generierung neuer, soweit sie sich im Spektrum von persönlichkeits- bis umweltbezogen als Entwicklungsschritt bewähren.[50] Dafür sind wiederum mediale und institutionelle Kopplungen zwischen den verschieden spezialisierten Kommunikationsformen erforderlich, so daß im Wechsel der diversen Teilnehmer- und Beobachterperspektiven diese »dezentriert« (oder objektiviert) und als solche universalisiert werden können.[51]

Lyotard wiederholt auf seine Weise die Erkenntnis vom unmittelbar gesellschaftlichen Charakter der Sprache, den

Marx unter anderem so zum Ausdruck gebracht hatte: »Die Sprache selbst ist ebenso das Produkt eines Gemeinwesens, wie sie in andrer Hinsicht selbst das Dasein des Gemeinwesens, und das selbstredende Dasein desselben.«[52] Lyotard nimmt diese Seite an Marx und ihm folgender Forschung (Vygotskij, Gramsci) nicht zur Kenntnis, attestiert dem Marxismus aber immerhin ein »Gefühl des Widerstreits«, das fälschlicherweise mit dem Proletariat und dessen »realer politischer Organisation« identifiziert worden ist.[53] An Marx orientierte Forschung wird so rein ideologiegeschichtlich mit einem trotzkistischen, maoistischen oder stalinistischen »Klassenkämpfer« identifiziert, der sich –wie Lyotard früher selbst – transzendentalen Fragen nach der menschlichen Gattung nicht gewachsen gezeigt hat.[54] An anderer Stelle wird der Leser über die richtige struktursemiotische Erkenntnis informiert, als sei diese mit dem Marxschen Forschungsprogramm unvereinbar: »Das von einem Satz dargestellte Universum ist unmittelbar ›sozial‹, wenn man unter ›sozial‹ versteht, daß dabei ein Sender, ein Empfänger, ein Referent und eine Bedeutung zusammen situiert werden. Unter ›unmittelbar‹ verstehe ich, daß keine dieser Instanzen aus einer anderen als ihrem Ursprung abgeleitet werden kann ... Das Soziale wird immer vorausgesetzt, da es im kleinsten Satz dargestellt oder mitdargestellt wird ... Im Universum ... sind mehrere Instanzen situiert, eine ›ich‹- oder ›wir‹-Instanz, eine ›du‹- oder ›ihr‹-Instanz, eine ›er/sie‹- oder ›sie‹ (Plural)-Instanz ... Das Soziale ist das Universum, das sie (die Instanzen – H.-P. K.) durch ihre Situation bilden, insofern diese Situation sich auf menschliche Namen bezieht, ist das Universum, das vom Satz bedeutet wird.«[55]

Das im Satz dargestellte Universum ist ein sprachliches Strukturpotential für soziale Situierungen, dem es als solchem noch an Realität mangelt. Auch Lyotard versucht – wie in der Philosophie seit Hegel üblich –, den Widerspruch zwischen Realität und Möglichkeit durch den Übergang zur Wirklichkeit zu lösen. Das Universum (der Sprache) ist noch nicht die Welt. Aber was Welt ist, kann kein Mensch gottgleich wissen, d. h. nicht aus der absoluten extramundanen Beobachterrolle des »kosmischen Exils« (Mc Duwell)[56] bestimmen. Lyotard absolviert den Übergang zur Wirklichkeit durch das Problem der Benennung oder Namensgebung als des »Indikators einer möglichen Wirklichkeit«: »Netze von quasi-deiktischen Indikatoren, die aus Namen von ›Gegenständen‹ und Namen von Bezügen gebildet sind, bezeichnen die ›Gegebenheiten‹ und die zwischen ihnen gegebenen Bezüge, das heißt eine Welt. Ich nenne es Welt, weil sich diese Namen als ›starre‹ jeweils auf etwas beziehen, auch wenn dieses etwas gar nicht da ist; und weil dieses etwas für alle Sätze, die sich mit seinem Namen auf es beziehen, als ein gleiches gilt; und auch deshalb, weil jeder dieser Namen unabhängig ist von den Satz-Universen, die sich darauf beziehen, insbesondere von den Sendern und Empfängern, die in diesen Universen dargestellt sind.«[57] Der Name könne als »Bindeglied« zwischen verschiedenartig geregelten Sätzen bzw. Diskursarten fungieren, da er »zugleich die doppelte Fähigkeit besitzt: zu bezeichnen und bedeutet zu werden«.[58] Wirklich sei dann der Referent, »der sich in diesen drei Situationen als der gleiche erweist: bedeutet, benannt, gezeigt«[59].

Ich halte die in diesem Zusammenhang von Lyotard entfaltete Kritik am logischen Positivismus, am Szientismus und an Rückfällen in eine vorkantische Metaphysik für begründet. Sie faßt die negativen Argumente der pragmatischen bzw. kommunikationsorientierten Wende der Bewußtseins-, Geistes- und Erkenntnis-Konzepte zusammen, woraus sich ergibt: »Die Wirklichkeit ist keine Frage des absoluten Zeugen, sondern eine Frage der Zukunft.«[60] Es gebührt keinem Regelsystem und keiner Diskursart allein das »Monopol« auf die Bestimmung soziokultureller Wirklichkeit.[61] Der Widerstreit geht um die künftig zu verwirklichende Möglichkeit, die die Realität der institutionalisierten Regeln und Diskursstrategien als der immer gerade gegebenen Grenze überschreitet. »Dem Widerstreit gerecht zu werden bedeutet: neue Empfänger, neue Sender, neue Bedeutungen, neue Referenten einzusetzen, damit das Unrecht Ausdruck finden kann und der Kläger kein Opfer mehr ist. Dies erfordert neue Formations- und Verkettungsregeln für die Sätze. Niemand zweifelt, daß die Sprache diese neuen Satzfamilien und Diskursarten aufzunehmen vermag. Jedes Unrecht muß in Sätze gebracht werden. Eine neue Kompetenz (oder ›Klugheit‹) muß gefunden werden.«[62]

Bis hierhin vermag ich Lyotards »Widerstreit« als eine sinnvolle Entfaltung des Problems der modernen Vielfalt sprachlicher Verkehrsformen zu interpretieren. Beim Widerstreit geht es nicht mehr um den soziokulturellen Wettbewerb, der innerhalb einer institutionalisierten sprachlichen Verkehrsform nach deren medial vorgegebenem Vergleichsmaßstab geführt wird. Vielmehr handelt es sich im Falle des Widerstreits um jenen soziokulturellen Wettbewerb, der sich auf die Generierung neuer Zweck- und Maßbestimmungen bezieht und die Urteilsbildung über die Präferenz verschiedenartiger Wettbewerbskriterien betrifft. Insofern schreibt Lyotard zu Recht, »daß das Denken, die Erkenntnis, die Ethik, die Politik, die Geschichte, das Sein von Fall zu Fall an den Nahtstellen zwischen den Sätzen auf dem Spiel stehen«[63].

3. Lyotards Flucht aus der Kritik in die Affirmation

Marx ging es nicht allein um die Angabe der sprachlichen Strukturbedingungen für die Möglichkeit zu widerstreiten, sondern auch um die gesellschaftshistorischen Bewegungs- und Lösungsformen wirklicher Widersprüche. Diese Frage zielt tiefer als jene nach dem Dasein des Geistes oder Bewußtseins in der Sprache. Sie verlangt eine radikalere als die nur semiologische oder sprachpragmatische Wende bewußtseins- bzw. geistesphilosophischer Voraussetzungen. Sie strebt eine positive Erklärung der auch nichtsprachlichen Voraussetzungen, Bedingungen und Folgen sprachlicher Verkehrsformen an. Diese Frage ist die Konsequenz der semiologischen oder sprachpragmatischen Wende: Wenn Sprache – aus der Beobachterperspektive betrachtet – als

Verhaltenskoordinierung oder – aus der Teilnehmerperspektive betrachtet – als Handlungskoordinierung verwendet wird, worin bestehen dann die zu koordinierenden Verhaltensweisen bzw. Handlungsweisen der Individuen zueinander und zur Natur? – Diese Frage müßte doch Lyotard beantworten, wenn er seinen eigenen Begriff der Diskursarten im Unterschied zum Strukturpotential der Sprache positiv ausführen würde. Inwiefern ist dann Sein mehr, als in der Sprache zu sein, d. h. als der Möglichkeit nach bewußt werdendes Sein? – Diese Frage möchte ich verstanden wissen nicht im Sinne einer vorkantisch-metaphysischen Setzung von Sein aus einer quasi göttlichen Beobachterperspektive, sondern im Sinne der Wahrung der Errungenschaften der semiologischen, insbesondere sprachpragmatischen Wende. Ich frage nach dem begründeten Rückschluß aus dem sprachlich bewußt gewordenen Sein auf ein Sein, das sprachliches Dasein real ermöglicht oder verunmöglicht, sich verwirklichen läßt oder nicht verwirklichen läßt.[64]

Auf diese Fragerichtung reagiert Lyotard auffallend unsicher, so wenn er einerseits das »Kapital« als eine »Diskursart« bezeichnet und andererseits selbst dahinter ein Fragezeichen setzt.[65] Obgleich er sich seiner Herkunft nach für einen Marxisten hält, differenziert er nicht mehr zwischen »dem ökonomischen Diskurs (dem Tausch, dem Kapital)«[66]. Soziales Sein fällt für ihn mit *ewigem Antagonismus* zusammen, ohne daß noch zwischen klassenspezifischen Antagonismen und andersartigen gesellschaftlichen Widersprüchen unterschieden werden könnte. Der Antagonismus zwischen Kapital und Arbeit wird weder spezifiziert noch historisiert, sondern gilt als das Exempel für Widerstreit schlechthin.[67] Damit führt Lyotard, sich selbst widersprechend, die Fehlidentifikation zwischen »kapitalistisch« und »modern« wieder ein. Statt diese Differenz im gesellschaftlichen Sein positiv zu bestimmen, flieht er in die Ontologie Martin Heideggers. Selbst der späte Wittgenstein, von dem die sprachpragmatische Wende ausging, wird wegen seiner »anthropomorphen« und »humanistischen« Ausdrucksweise verabschiedet.[68] Die Sätze setzen sich selbst. Das Strukturpotential der Sprache wird gegenüber seinen kommunikativen Verwendungsweisen durch Individuen ontologisch verselbständigt.

Es sei gleichsam das Schicksal der Sprache, verwendet zu werden, und sie sei nicht anders zu verwenden als nach Regelsystemen und in Diskursarten, deren Zweckbildung nicht weiter untersucht wird. Es kehrt nur immer vorab die ontologische Behauptung wieder, daß sich die Zwecke der Diskursarten antagonistisch ausschließen müssen: »Nicht weil die Menschen bösartig wären, sind ihre Interessen und Leidenschaften antagonistisch. Ebenso wie das Nicht-Menschliche – die Tiere, die Pflanzen, die Götter … – werden die Menschen in Regelsystemen von heterogenen Sätzen situiert und von Spieleinsätzen aus heterogenen Diskursarten in Anspruch genommen, und so kann das Urteil, das sich auf das Wesen ihres sozialen Seins bezieht, nur einem dieser Regelsysteme oder wenigstens einer dieser Diskursarten entsprechen; und so läßt das Gericht dieses Regelsystem und/oder diese Diskursart die Oberhand über die anderen gewinnen und tut diesen notwendigerweise Unrecht, indem es die Heterogenität der Sätze, um die es im Sozialen und in dessen Kommentar geht, in sein eigenes Idiom transkribiert.«[69] – Aber wer sagt, erkennt, beurteilt dies so und nicht anders? Maßt sich hier nicht Lyotard selbst wieder die extramundane Beobachterrolle der alten Metaphysik an? Widerspricht es nicht seiner eigenen Forderung, neue Empfänger, Sender etc. »einzusetzen«? Und wer tut das?

Inzwischen erhellt die Bedeutung der durchgängig »maschinellen« Redeweise Lyotards; er spricht von »Regelsystemen«, »Verkettungen«, »starren Bindegliedern«, »Operatoren«, »Strategien« zur Optimierung vorgegebener Zwecke etc. Trotz vorgeblicher Kritik am informationstechnischen und systemtheoretischen Vokabular wird dieses doch von ihm selbst benutzt. So verstanden kann Sprache gar nicht anders aktualisiert werden als dadurch, daß sie wie ein anonymes verselbständigtes Systemgeschehen abläuft, welches dadurch ein anderes, nicht minder anonymes und verselbständigtes Systemgeschehen aktuell ausschließt. Die Pragmatik der Sprache kann für Lyotard gar keine andere sein als eine sozial antagonistische, als der ewige »Bürgerkrieg der ›Sprache‹ mit sich selbst«: »Man kann nicht einmal sagen, daß der Krieg (notgedrungen: Bürgerkrieg), der Klassenkampf, die revolutionäre Gewalt gerechter seien als das Gericht, weil sie den Widerstreit zutage förderten, anstatt ihn als Rechtsstreit zu maskieren. Die Rache ist keine Autorisierung. Sie demonstriert, daß ein anderes Gericht, andere Urteilskriterien (wenn vorhanden) möglich und anscheinend vorzuziehen sind. Angenommen aber, die Veränderung findet statt, so ist es unmöglich, daß die Urteile des neuen Gerichts nicht neues Unrecht schaffen, weil sie die Fälle von Widerstreit als Rechtsfälle beilegen oder beizulegen glauben werden. Darum kann für die Politiker der Spieleinsatz nicht im Guten, sondern nur im kleinsten Übel bestehen. Oder wenn man das vorzieht: das kleinste Übel müßte das politisch Gute sein. Unter Übel verstehe ich (...): das Verbot jederzeit möglicher Sätze, einen Argwohn gegen das Vorkommnis, die Geringschätzung des Seins.«[70]

Sein ist für Lyotard nichts anderes als sprachlich gesetztes Sein, und dieses lasse sich nicht anders setzen als in ontologischer Notwendigkeit dadurch, daß antagonistisch verkettet wird und antagonistische Zwecke strategisch realisiert werden. Dann fügt jede Aktualisierung von Sprache »notwendigerweise ein Unrecht zu«, nämlich den gerade nicht aktualisierten, anders »möglichen Sätzen«.[71] Das Schicksal ist jedenfalls »Verkettung«, die »zu einer Art ›Sieg‹ der einen über die anderen wird«: »Es ist nicht nötig, sich zur Beschreibung dieses Sachverhalts auf einen Willen, auf eine Intention zu berufen. Es genügt, die Aufmerksamkeit auf folgendes zu lenken: Es gibt nur einen Satz ›auf einmal‹. Eine Menge möglicher Verkettungen (oder Diskursarten), nur ein einziges aktuelles ›Mal‹.«[72] Es ist nicht mehr nötig, soziales Sein zu erkennen und zu verändern, denn dies führte zu Verkettungen erneuten Unrechts. Die Unbestimmtheit der vier Instanzen, die in jedem Satz mitdargestellt wird und damit das Soziale zum Referenten »eines immer neu zu fällenden Urteils« mache, ermögliche erneuten Widerstreit, der nach Stärke zu einem zeitweiligen Handelsfrieden und schließlich zum erneuten Krieg zwischen den Diskursarten führe.[73] Wir sitzen gleichsam im Tretrad einer im ontologischen Sinne notwendigerweise sozialantagonistischen Sprachverwirklichung. Das beste, das uns geschehen kann, ist das kleinere Übel, der erneute Widerstreit mit der gleichen Wirkung. »Krieg dem Ganzen ... aktivieren wir die Differenzen«[74], fordert Lyotard gegen Habermas, der den »verständigungsorientierten« im Unterschied zum strategisch »erfolgsorientierten« Sprachgebrauch zum Originalmodus menschlicher Sprachverwendung erklärt hat und – von diesem kulturellen Entwicklungspotential ausgehend – sozialontologische Differenzierungen der Moderne und ihrer klassenspezifischen Institutionalisierungsformen vornimmt.[75]

Lyotard zehrt auf der einen Seite – gegenüber logischem Positivismus, Szientismus und Metaphysik – von dem rationellen Gehalt der sprachpragmatischen Wende, d. h. insbesondere von der Aufdeckung der unmittelbar gesellschaftlichen und gleichwohl modern spezialisierten Strukturpotentiale für Sprachverwendungen. Auf diesem Wege gelingt es ihm, über die Feststellung bloßer Heterogenität oder Inkommensurabilität hinauszugehen und für den »Widerstreit« zu plädieren. Der Widerstreit korrespondiert in der materialistischen Dialektik systematisch betrachtet mit der »subjektiven Logik« (Hegel) dialektischer Widersprüche, d. h. mit den kommunikativen Strukturbedingungen dafür, daß solche Widersprüche bewußt, formierbar und gegebenenfalls lösbar werden können.[76] Auf der anderen Seite aber identifiziert Lyotard das modern diversifizierte Strukturpotential von Sprachverwendungen mit der sozialhistorisch antagonistischen Institutionalisierung dieses Potentials. Warum die Strukturmuster möglicher Sprachverwendungen ontologisch notwendig zusammenfallen müssen mit der sozialantagonistischen Institutionalisierung dieser Muster, wird nicht erklärt.[77] Es bleibt ein philosophisches Geheimnis, das sich mit Heidegger in der sich selbst redenden Sprache zelebriert. Statt nichtsprachliches Sein aus sprachlichem Dasein methodisch zu erschließen und die diesbezüglich objektiven Widersprüche zwischen beiden aufzudecken, tritt Lyotard die Flucht nach vorn in die Ontologisierung eines ewig antagonistischen Sprachgeschehens an.

Für diese Flucht nach vorn weiß Lyotard keine Argumente anzugeben. Er bringt Stimmungen oder Gefühle zum Ausdruck, die sich bei ihm – wohl mit einer gewissen Repräsentativität für den im Kalten Krieg linksradikal engagierten Teil westlicher Intelligenz – zum philosophischen Vorurteil verhärtet haben. Lyotard gehörte 1950 bis 1964 der linksradikalen Gruppe »Socialisme ou barbarie« an, die – wie ihr Name schon aussagt – der exklusiven Alternative des »Entweder alles oder Nichts« folgte, gerade im Ergebnis der Fehlidentifikation moderner Gesellschaft und Kultur mit einem System von nichts weiter als Klassenantagonismen, gegen deren dann auch stalinistische Reproduktion die Permanenz der Revolution gesichert werden sollte.[78] Da sich auch von den 60er bis zu den 80er Jahren nicht alles, d. h. nicht das linksradikale Sozialismusideal, verwirklichen ließ, blieb das daran gemessene Nichts, blieben Scheitern, Enttäuschung, Verzweiflung zu verarbeiten. In der unbestimmten Möglichkeit des Wechsels zwischen den vier Instanzen von Ich-, Du- und Wir-Perspektiven, die sich nicht antagonistisch ausschließen oder aus den Perspektiven der Pronomina in der dritten Person subsumiert werden – darin scheint sein früheres Ideal noch einmal auf und wird doch zugleich als »Illusion« verabschiedet.[79] Es fand sich, es findet sich, es wird sich finden kein Adressat: »Schon seit langem hält das Auslaufen der Serie, hält die Vereinsammung an.«[80]

Lyotards »Widerstreit« ist eine zu Hegel negative Phänomenologie des gescheiterten »Enthusiasmus« und der »Dispersion« des Vernunftideals,[81] aber schon längst ohne Melancholie und Trauer, »ohne Heimweh nach dem Selbst«[82]. *Diese Postmoderne ist die Flucht in die Affirmation der*

Antagonismen im Plural, in das kleinere Übel, als es die Dominanz des einen Antagonismus wäre: »Das einzige unüberwindliche Hindernis, auf das die Hegemonie des ökonomischen Diskurses stößt, liegt in der Heterogenität der Satz-Regelsysteme und Diskursarten ...«[83] – Wir wissen inzwischen aber, wohin dieser Bürgerkrieg der Sprache führt, bestenfalls nämlich wird er fortgesetzt, solange die Opferbaren eben reichen. Es ist der alte Gedanke des permanenten Klassenkampfes, der aus dem modernen Mangel an opferbereiten Individuen postmodern ontologisiert wird. Es ist das *postmoderne Opfer der Moderne im Plural der Antagonismen.* Es ist die »Vergeltung« – diese »*Autorität des Unendlichen* oder *des Ungleichartigen,* wenn dies nicht so vielsagend wäre«[84] – für die Namen »Auschwitz« und »Stalin«. »Um die Namen streicht die Vergeltung. Für immer?«[85] »Das *Erhabene* behauptet sich nicht jenseits, sondern im Zentrum des *Aufgehobenen.«*[86]

So gegensätzlich der klassenspezifische Inhalt der Phänomene Faschismus und Stalinismus war, ihre strukturelle Verwandtschaft bestand in einer klassenbedingten Monopolisierung politischer, wirtschaftlicher und kultureller Positionen, d. h. gerade in einer Auflösung der modernen Formen freien Wettbewerbs in Kultur, Politik und Wirtschaft. Die moderne Ko-Evolution dieser drei Wettbewerbsformen bleibt instabil. Sie ist der Gefahr ihrer monopolistischen Auflösung, gleich von welcher Seite, stets ausgeliefert: natürlich im Namen des Menschen oder der Menschheit! – In diesem Sinne verstehe ich Lyotards Kritik an der Totalisierung humanistischer Legitimationsideologien als einen wichtigen Beitrag zur ideologischen Abrüstung auf allen Seiten. Er leistet diesen Beitrag, indem er seinerseits ideologisch provoziert, als gäbe es keine andere Möglichkeit, Sein ontologisch auszulegen, denn die seinige. Diese Provokation überläßt es dem Leser, die Frage zu beantworten, ob und wie denn gesellschaftliches Sein anders zu gestalten wäre. Und wie anders als im argumentativen Wettbewerb könnte jeder von uns, der sich selbstverständlich frei von ideologischen Vorurteilen wähnt, diese bei sich selbst entdecken? Und wie anders als im demokratischen Wettbewerb könnte jede politische Richtung, die natürlich soziale Gerechtigkeit verspricht, die sozial ungerechten Folgen ihrer Politik erfahren lernen? Und wie anders als im ökonomischen Wettbewerb könnte jedes Unternehmen, das inzwischen längst die soziale wie ökologische Verträglichkeit seiner Produkte anpreist, deren Unverträglichkeit zu spüren bekommen? – Wer am Ende dieses antagonismusreichen Jahrhunderts noch immer nicht auf die modernen Strukturpotentiale dafür setzt, den politischen durch den kulturellen und den wirtschaftlichen durch den politischen Wettbewerb zu regulieren, mag ein Realist sein. Aber es könnte sich um den Realismus auch des eigenen Untergangs handeln.

1   Welsch, W.: Unsere postmoderne Moderne, Weinheim 1987, S. 53.
2   Ebd., S. 60.
3   Ebd., S. 69f. Hier reagiert Welsch positiv auf Habermas' Moderne-Projekt und Postmoderne-Kritik, nach der es nicht mehr darum gehen kann, den soziokulturell anderen die eigene inhaltliche Interpretation erfüllten Lebens aufzuzwingen, sondern darum, gemeinsame universelle Prozeduren der Lösung von Widersprüchen zwischen unterschiedlichen bzw. gegensätzlichen Lebensauffassungen auszubilden. Vgl. Habermas, J.: Der philosophische Diskurs der Moderne, Frankfurt a. M. 1985, S. 396–404; ders.: Die Einheit der Vernunft in der Vielfalt ihrer Stimmen, in: Merkur, Heft 1/1988, S. 1–10, 12–14.
4   Vgl. Kühne, L.: Zum Begriff und zur Methode der Erforschung der Lebensweise, in: Weimarer Beiträge, Heft 8/1978.
5   Vgl. zu beiden Aufgaben Krüger, H.-P.: Zur Differenz zwischen kapitalistischer und moderner Gesellschaft, in: DZfPh, Heft 3/1990; ders.: Moderne Gesellschaft und »Marxismus-Leninismus« schließen sich aus, in: Initial. Heft 2/1990.
6   Vgl. u. a. Koslowski, P.: Die postmoderne Kultur. Gesellschaftlich-kulturelle Konsequenzen der technischen Entwicklung, München 1987.

7   Vgl. Marx, K./Engels, F.: Die deutsche Ideologie, in: MEW, Bd. 3, S. 74–77.

8   Siehe Krüger, H.-P.: Zur Differenz ... a. a. O., ders: Moderne Gesellschaft ..., a. a. O.

9   Vgl. Welsch, W.: Unsere postmoderne Moderne, S. 322–328. Dieses Problem steht aber auch unabhängig vom Markennamen der Postmoderne zur Diskussion. Vgl. u. a. Luhmann, N.: Ökologische Kommunikation, Frankfurt a. M. 1986.

10 Vgl. Lyotard, J.-F.: Das postmoderne Wissen. Ein Bericht, Graz/Wien 1986, S. 175–193 (frz.: Paris 1979).

11 Lyotard, J.-F.: Der Widerstreit, München 1987 (frz.: Paris 1983).

12 Ebd., S. 296.

13 Lyotard, J.-F. u. a.: Immaterialität und Postmoderne, (West-) Berlin 1985, S. 38.

14 Lyotard, J.-F.: Die Moderne redigieren, Bern 1989, S. 204ff.

15 Vgl. Lyotard, J.-F.: Der Widerstreit, S. 13, 27, 33, 225, 233, 282; vgl. ders. u. a.: Immaterialität und Postmoderne, S. 40ff.

16 Lyotard, J.-F.: Der Widerstreit, S. 245.

17 Ebd., S. 293.

18 Ebd., S. 252; vgl. ders.: Das postmoderne Wissen, S. 63–75.

19 Vgl. Lyotard, J.-F.: Der Widerstreit, S. 257.

20 Ebd., S. 245.

21 Ebd., S. 250.

22 Marx, K./Engels, F.: Die deutsche Ideologie, a. a. O., S. 30.

23 Vgl. ausführlich Krüger, H.-P.: Kritik der kommunikativen Vernunft, Berlin 1990, Kap. 1.5.–1.6.; ders.: Kommunikation, in: Sandkühler, H. J. (Hrsg.): Europäische Enzyklopädie Philosophie und Wissenschaften, Bd. 2, Hamburg 1990.

24 Lyotard, J.-F.: Der Widerstreit, S. 108, vgl. S. 9f

25 Ebd., S. 109.

26 Ebd., S. 113–119, vgl. S. 142.

27 Ebd., S. 122, vgl. S. 10.

28 Vgl. ebd., S. 28ff., 34.

29 Ebd., S. 33, vgl. S. 106f

30 Ebd., S. 34f. Der Übersetzer Lyotards, Joseph Vogl, vermerkt (Ebd.), daß Lyotard mit »Sinn« (sens) »Bedeutung« im Unterschied zur »Referenz« meint. Vgl. auch schon die Variation der sprachpragmatischen Vier-Instanzen-Unterscheidung mit einem undifferenzierten Pauschal-Verweis auf Peirce, Ch. S., Morris, Ch. W., den späten Wittgenstein, L., die Sprachakttheoretiker und Habermas, J. in: J.-F. Lyotard: Das postmoderne Wissen, S. 36–41.

31 Lyotard, J.-F.: Der Widerstreit, S. 30; vgl. zum an die Pragmatik und die Humanwissenschaften gerichteten Vorwurf des Anthropozentrismus ebd., S. 31f., 103, 226, 229.

32 Ebd., S. 215.

33 Ebd., S. 125.

34 Ebd., S. 126.

35 Vgl., ebd. S. 127, 149, 215.

36 Vgl. ebd., S. 78–82, 91, 184f., 198ff.

37 Ebd., S. 10.

38 Ebd., S. 149.

39 Ebd., S. 227f.

40 Vgl. zum Überblick über postempiristische Wissenschaftstheorie K. Bayertz: Wissenschaft als historischer Prozeß. Die antipositivistische Wende in der Wissenschaftstheorie, München 1980; Kröber, G./Krüger, H.-P. (Hrsg.): Wissenschaft – Das Problem ihrer Entwicklung, Bd. 1, Berlin 1987; vgl. zu Lyotards Verweisen auf die postempiristische Wissenschaftstheorie Lyotard, J.-F.: Das postmoderne Wissen, S. 64. 83, 93, 174, 186; ders.: Der Widerstreit, S. 39; ders.: Grundlagenkrise. In: Neue Hefte für Philosophie (Göttingen), Nr. 26/1986.

41 Lyotard kann als guter Kant-Kenner gelten. Seine Kant-Interpretation gehört international zu den anregendsten der Gegenwart. Vgl. außer seinem »Widerstreit« (passim) auch Lyotard, J.-F.: Der Enthusiasmus. Kants Kritik der Geschichte, Wien 1988 (frz.: Paris 1986).

42 Lyotard hebt den avantgardistischen Anspruch seiner Philosophie u. a. im Unterschied zum normalen Wissenschaftsbetrieb hervor, in dem nach vorgegebenen Regeln Theorien abgearbeitet werden: »Der Modus des Buches ist philosophisch und nicht theoretisch (oder sonstwie beschaffen), insofern sein Einsatz in der Entdeckung seiner Regeln besteht und es deren Kenntnis nicht zum Prinzip erhebt.« (Lyotard, J.-F.: Der Widerstreit, S. 13); vgl. zu seinen positiven Bezugnahmen auf die Avantgarde auch u.a. Lyotard, J.-F. u. a.: Immaterialität und Postmoderne, S. 38f.; ders.: Grundlagenkrise, a. a. O., S. 23–33.

43 Lyotard, J.-F.: Der Widerstreit. S. 57. Lyotard gibt außer dem Satzmodell (vier Instanzen) und den Eigennamen noch eine dritte Gemeinsamkeit an, die Formen der Gegebenheit von etwas in Raum und Zeit, die aber im Sinne der Phänomenologie Merleau-Pontys (Le Visible et l'invisible) präreflexiv und präprädikativ sind, also nicht zur Strukturbedingung eines sprachlich bewußt werdenden Widerstreits werden können, in dem

schon immer (bis auf Dichtung) reflexive Objekt-Subjekt-
bzw. Subjekt-Subjekt-Differenzen auftreten. Ders.: Grundlagenkrise, a. a. O., S. 7, 13, 17, 20ff. Lyotard geht davon aus,
daß diese dritte anthropologische Gemeinsamkeit kapital- und
technikinduziert ersetzt wird durch einen künstlichen Zeitraum, die »Zeit der Informationsingenieure« (ebd., S. 31). Er
spricht vom »Entzug der Formen der Gebung zugunsten der
Vorherrschaft des Kalküls und des Geschmiedeten« (ebd.,
S. 29), wodurch Gegebenes nicht mehr im Sinne der Kantschen
Ästhetik passiv synthetisiert werden kann, sondern unter den
postmodernen Bedingungen »der verallgemeinerten Simula-
tion nur als Exemplifizierung einer bereits aufgestellten Regel
erfaßt wird und so seinen Charakter als Einzelnes verliert«
(ebd., S. 32). Vgl. auch ders.: Der Widerstreit, S. 286–292.

44   Lyotard, J.-F.: Der Widerstreit, S. 57f.
45   Ebd., S. 59.
46   Ebd., S. 13, 136, vgl. S. 67, 117, 201ff., 262
47   Vgl. Peirce, Ch. S.: Collected Papers, Cambridge/Mass.
     1931/1935, Vol. 5. S. 484; Morris, Ch. W.: Grundlagen der
     Zeichentheorie. Ästhetik und Zeichentheorie, München 1972,
     S. 21; Jakobson, R.: Selected Writings, The Hague 1971, Vol. 2,
     S. 261.
48   Eco, U.: Zeichen. Einführung in einen Begriff und seine Ge-
     schichte, Frankfurt a. M. 1977, S. 189; vgl. ders.: Einführung
     in die Semiotik, München 1972, S. 437–442.
49   Lotman, J.: Kunst als Sprache, Leipzig 1981, S. 16, 113.
50   Vgl. Krüger, H.-P.: Kritik der kommunikativen Vernunft,
     Kap. 3 u. 5; ders.: Kommunikation. a. a. O.
51   Krüger, H.-P.: Das mehrdeutige Selbst. H. R. Maturanas
     Konzept philosophisch betrachtet, in: Krohn, W./Küppers, G.
     (Hrsg.): Selbstorganisation. Aspekte einer wissenschaftlichen
     Revolution, Braunschweig/Wiesbaden 1990.
52   Marx, K.: Grundrisse der Kritik der politischen Ökonomie,
     Berlin 1953, S. 390.
53   Lyotard, J.-F.: Der Widerstreit, S. 282, 284.
54   Vgl. die Interview-Antworten von Lyotard, J.-F. u. a. in:
     Immaterialität und Postmoderne, S. 36f., 44.
55   Lyotard, J.-F.: Der Widerstreit, S. 231f.
56   Vgl. ebd., S. 81; gegen Metaphysik und logischen Positivismus
     siehe ebd., S. 56, 73.
57   Ebd., S. 77.
58   Ebd., S. 83.
59   Ebd., S. 82; vgl. S. 140.

60 Ebd., S. 99; vgl. Rorty, R.: Habermas and Lyotard on Post-modernity, in: Praxis international, Vol 4 (Oxford), Nr. 1/ 1984, S. 33f., wo Rorty richtig zeigt, daß Lyotard die »Grund-lagenkrise« moderner Wissenschaft mit einer permanenten Revolution verwechselt und häufig das empiristische Verständ-nis moderner Wissenschaft fehlidentifiziert mit dem, was Wis-senschaftler tun wider empiristische Annahmen.

61 Vgl. Lyotard, J.-F.: Der Widerstreit, S. 107.

62 Ebd., S. 33.

63 Ebd., S. 11.

64 Vgl. zur Auflösung der Differenz zwischen Sein und sprachli-chem Dasein von »rechts« (Heidegger) oder »links« (Sohn-Ret-hel) Krüger, H.-P.: Kritik der kommunikativen Vernunft, Kap. 2.3–2.6.

65 Vgl. Lyotard, J.-F.: Der Widertreit, S. 230, 282.

66 Ebd., S. 11.

67 Vgl. Ebd., S. 27f. S. Benhabib spricht richtig von dem »totalen Verlust einer historischen Perspektive in der Rhetorik der Desillusion« bei Lyotard. (Benhabib, S.: Kritik des »postmo-dernen Wissens« – eine Auseinandersetzung mit Jean-François Lyotard, in: Huyssen, A./Scherpe, K. R. (Hrsg.): Postmoder-ne, Reinbek 1986, S. 119).

68 Vgl. Lyotard, J.-F.: Der Widerstreit, S. 10–13, 30; vgl. aber die halbe Distanzierung von Heideggers »Übermenschentum« ebd., S. 197, 236f.

69 Ebd., S. 233, vgl. auch S. 229. Daraus ergeben sich performative Selbstwidersprüche bei Lyotard, insbesondere zwischen sei-nem eigenen ethischen Anspruch in bezug auf die Opfer und seiner eigenen deskriptiven und ontologisierenden Auslö-schung handlungsfähiger Subjekte. Diese Selbstwidersprüche sind zutreffend herausgearbeitet worden von S. Benhabib: Kritik des »postmodernen Wissens« … a. a. O., S. 110, 114, 120f.; Frank, M.: Die Grenzen der Verständigung. Ein Gei-stergespräch zwischen Lyotard und Habermas, Frankfurt a. M. 1988, S. 100f.

70 Lyotard, J.-F.: Der Widerstreit, S. 234, vgl. auch S. 298f. und zum »Bürgerkrieg der Sprache« S. 236.

71 Ebd., S. 11.

72 Ebd., S. 227.

73 Vgl. ebd., S. 233, 251. Lyotard nimmt hier direkt und vermittelt über Michel Foucault die Nietzsche-Tradition wieder auf. Vgl. Honneth, A.: Der Affekt gegen das Allgemeine. Zu Lyotards Konzept der Postmoderne, in: Merkur (München), Heft

8/1984. Dort heißt es: Lyotard »projiziert Nietzsche in Wittgenstein hinein, so daß der Wille zur Macht, hinter dem sich schon bei jenem die künstlerische Produktivität verbirgt, die Gestalt einer sprachlichen Einbildungskraft annimmt« (S. 895). Wellmer erklärt Lyotards Postmodernismus als »Fröhliche Wissenschaft« (Nietzsche), die ästhetisch in den Versuch mündet, Semiotik durch »Energetik« zu ersetzen. (Wellmer: Zur Dialektik von Moderne und Postmoderne. Vernunftkritik nach Adorno, Frankfurt a. M. 1985, S. 55, 63).

74 Lyotard, J.-F.: Beantwortung der Frage: Was ist postmodern? in: Tumult 4, [(West-)Berlin] 1982, S. 142.

75 Vgl. Habermas, J.: Theorie des kommunikativen Handelns, Frankfurt a. M. 1981, Bd. 1, S. 384–452; Bd. 2, S. 182–232, 572–593; ders.: Der philosophische Diskurs der Moderne, S. 396–425.

76 Vgl. zu diesem kommunikationsorientierten Erbe der Hegelschen Phänomenologie und subjektiven (oder Begriffs-) Logik im Marxismus Krüger, H.-P.: Kritik der kommunikativen Vernunft, a. a. O., Kap. 1.5–1.6. u. 2.3–2.6. Lyotard fehlt allerdings das Problembewußtsein, zwischen objektiven und subjektiven Widersprüchen, darunter auch objektiven Antagonismen, unterscheiden zu müssen. Vgl. zum Fehlen einer Widerspruchstypologie bei ihm Frank, M.: Die Grenzen der Verständigung, S. 79–90.

77 Vgl. dagegen zur soziolinguistischen Erklärungsmöglichkeit der Differenz zwischen Mustern und Institutionen Ehlich, K./Rehbock, H.: Muster und Institution, Tübingen 1985.

78 Vgl. Lyotard, J.-F. u. a.: Immaterialität und Postmoderne, S. 36f., 44f. Honneth zeigt überzeugend, wie diese politische Lebensgeschichte Lyotards in dessen Postmoderne-Konzept fortwirkt und zum Selbstwiderspruch führt. (Vgl. Honneth, A.: Der Affekt gegen das Allgemeine, a. a. O., S. 900ff.)

79 Vgl. Lyotard, J.-F.: Der Widerstreit, S. 168–180 (Hegel-Exkurs), S. 187–200 (Lévinas-Exkurs).

80 Ebd., S. 15.

81 Vgl. ebd., S. 12, 169, 174, 176, 295ff..

82 Ebd., S. 187.

83 Ebd., S. 299. Diese Flucht Lyotards in den Plural der Antagonismen, um wenigstens den einen Antagonismus, die Kapitaldominanz, zu behindern, enthält auch die rationelle Problemstellung der »Vermarktung der Sprache ... auf der Grundlage der Kommunikationsideologie«. (Lyotard, J.-F. u. a.: Immaterialität und Postmoderne, S. 48). Mit Kommunikationsideolo-

gie ist hier das begrenzte Paradigma der Informationsverarbeitung gemeint, dessen technische Realisation in der Tat nicht zu Produktivkräften führt, die grundsätzlich nicht in kapitalistischer Form entwickelt werden könnten. Die Kapitaldominanz läßt sich im Kontext der modernen bürgerlichen Gesellschaft über Wertmodifikation für geistige Produktion intensiv erweitert reproduzieren (vgl. Anm. 5), so daß sich der Antagonismus zwischen einerseits der gesellschaftlich notwendigen und durchschnittlichen Zeit an abstrakter Arbeit und andererseits der indivduell verbrauchten Zeit an konkreter Arbeit universalisiert auf alle gesellschaftlichen Tätigkeitsarten. Insofern wird erklärlich, warum traditioneller Klassenkampf heute die Form einer universellen Auseinandersetzung um reale Lebenszeit für sinnvolle Betätigung annehmen kann. Vgl. Lyotard, J.-F. u. a.: Immaterialität und Postmoderne, S. 49–52, 86f.; ders.: Der Widerstreit, S. 285–294.

84 Lyotard, J.-F.: Der Widerstreit, S. 61.
85 Ebd., S. 104.
86 Ebd., S. 138.

Zur kulturellen Aufgabe öffentlicher Medien in einer modernen Demokratie

Es sind zwei Vorschläge Brechts, die mich zu den folgenden Bemerkungen animieren: sein viel zitierter Vorschlag, den Rundfunk aus einem Distributionsapparat in einen Kommunikationsapparat zu verwandeln, und sein selten zitierter Vorschlag, Volksherrschaft als die Herrschaft der Argumente zu verstehen.[1] Der zweite Vorschlag überschreitet die übliche Interpretation moderner Volksherrschaft als der Teilung zwischen den drei Gewalten der Gesetzgebung, Regierung und Rechtsprechung. Er enthält die Forderung, Volksherrschaft als eine Kommunikationsweise zu verwirklichen, die argumentatives Niveau erreicht. Der erste Vorschlag stellt die nicht minder übliche Übertragung der Struktur moderner Wirtschaft auf moderne kulturelle Produktion in Frage. Für moderne Wirtschaft ist die Trennung zwischen der Produktion, der Distribution, der Zirkulation und der Konsumtion charakteristisch, wobei diese Trennung durch Geld äußerlich zu einem Reproduktionsprozeß vermittelt wird. Brechts Forderung, zur Kommunikation überzugehen, enthält zwei Probleme: Wie kann kulturelle Produktion und Reproduktion anders als geldförmig vermittelt werden, da das Geldmedium die Trennung zwischen Produktion, Zirkulation, Distribution und Konsumtion reproduziert? Und wie kann die Asymmetrie überwunden werden, die eintritt, wenn Medien wie der Rundfunk oder später das Fernsehen sozial nur als ein Distributionsapparat für Ideologien verwendet werden, wodurch die Rezipienten auf eine passive Konsumentenrolle festgelegt bleiben?

Kommunikation wäre demnach – zumindest im Hinblick auf Kultur – ein Prozeß, in dem ein symmetrischer (chancengleicher) Wechsel zwischen den Perspektiven der Produktion, Zirkulation, Distribution und Konsumtion ermöglicht wird. Geld hat zwar – angesichts des Äquivalenzprinzips im geldvermittelten Austausch – ein Potential zur Symmetrisierung der Positionen von Warenbesitzern; aber dieser Austausch erfordert keinen Prozeß des Erlernens der anderen Perspektiven, sondern nur ein zweckrationales Abschätzen und Rechnen. Die höchste Form der Asymmetrie wird ökonomisch wie politisch erreicht, wenn die Vermittlung von Teilprozessen monopolisiert wird. So verschieden der klassenspezifische Inhalt von Faschismus und Stalinismus war, strukturell sind beide in einem verwandt: Sie lösen den Wettbewerb in und zwischen den Teilprozessen monopolistisch auf. Sie verkehren insbesondere die Gewaltenteilung in ein Gewaltenmonopol. Unter dieser Voraussetzung wird Kommunikation als der symmetrische Wechsel zwischen den Perspektiven unmöglich und nur als Schein zelebriert.

Aber selbst bei intakter klassischer Gewaltenteilung bleibt die Kommunikation auf ein ideologisches statt argumentatives Niveau begrenzt. Es existiert dann zwar – gegenüber dem Gewalt- und damit Ideologiemonopol – der Vorteil einer Vielzahl ideologischer Perspektiven, doch die bloße Pluralität der Teilperspektiven sichert noch nicht, daß zwischen ihnen ein symmetrischer Wechsel zustande kommt. Sie sichert auch nicht, daß jede parteigebundene Teilperspektive in sich durch das Erlernen eines symmetrischen Wechsels zwischen individuellen Teilperspektiven entsteht. In jedem Falle schieben sich Organisationen (wie Parteien) und Institutionen (wie legislative, exekutive oder juridische Apparate) zwischen die Kommunkation der Individuen. Solche Organisationen und Institutionen haben ihr Eigenleben. Sie filtern die Kommunikation zweckgebunden. Dies schließt nicht nur Spezialisierungen, sondern auch neue asymmetrische Beziehungen ein. Asymmetrien und Interessenbindungen werden aber ideologisch überspielt und als mehrheitsfähig drapiert. Daraus resultieren alles und somit nichts versprechende Worthülsen (Ideologeme), die die parteienzentrierte parlamentarische Demokratie auch so langweilig machen.

Das ideologiesprachliche Kommunikationsniveau der klassischen Gewaltenteilung trifft nicht das, was Brecht als

Übergang zur Kommunikation vorschwebte.[2] Der symmetrische Wechsel zwischen den Perspektiven im Plural wird erst in Kommunikationsprozessen wirklich, deren Fokus die Argumentation bildet, so etwa im »Kaukasischen Kreidekreis«. Dies ist ein anspruchsvolles Niveau der Kommunikation, d. h. der Verhaltenskoordinierung durch Zeichenaustausch. Geld und Ideologien führen zu viel schnelleren, weniger aufwendigen und wohl auch wirksameren Verhaltenskoordinierungen als ausgerechnet Argumentationsprozesse. Indessen zahlen die geld- und ideologieförmigen Arten der sozialen Verhaltenskoordinierung für ihre Vorteile auch den Preis ihrer Blindheit.

Die sich ausschließlich über das Geldmedium reproduzierende Wirtschaft ist sozial, kulturell und ökologisch blind. Sie ist derart blind, daß heute kaum noch jemand etwas gegen eine soziokulturelle und ökologische Orientierung der Marktwirtschaft hat. Die ideologischen Geister scheiden sich am Maß der sozialen, ökologischen und kulturellen Regulierung geldvermittelter Wirtschaft. Wie blind eine rein ideologische Verhaltenskoordinierung in soziokultureller als auch naturbezogener Hinsicht ist, zeigen am besten die Extremfälle, in denen sich ein Ideologie- auf ein Gewaltmonopol stützt: von der Geschichte der Inquisition über die des Faschismus und Stalinismus bis hin zu »Khomeni-Revolutionen«. Demgegenüber ist die Pluralisierung der ideologischen Verhaltenskoordinierung ein Fortschritt, der aber vom instabilen Kompromiß lebt. Dieser Kompromiß bleibt in dem Maße stabil, als er wirtschaftliche Ressourcen zur kompensatorischen Umverteilung hat und als der demokratische Wettbewerb zwischen den Ideologien doch einen Perspektivenwechsel erfordert, so begrenzt und asymmetrisch er noch sein mag. Umgekehrt zeigt die Geschichte der Auflösung moderner Demokratien in Bürgerkriege oder Kriege nach außen, wie instabil diese durch die dreifache Gewaltenteilung legitimierte Herrschaftsform wird, sobald ihr die wirtschaftlichen und kulturellen Ressourcen ausgehen: der Fall der Weimarer Republik.

Für die kulturelle Sicherung moderner Demokratien spielen die sogenannten Massenmedien inzwischen eine entscheidende Rolle. Moderne Gesellschaften sind in sich von einer derart hohen Komplexität an vielfältigen Lebensweisen und teilfunktionale Systembildungen, daß sie einer öffentlichen Vermittlung (für alle und im Interesse aller) bedürfen.[3]

Versagen diese Medien in der Erfüllung ihrer kulturellen Aufgabe, einen symmetrischen Wechsel zwischen allen divergierenden Perspektiven im Plural zu ermöglichen, wird die Demokratie gefährdet. Jedes Versäumnis im erlernbaren Wechsel mit den Perspektiven anderer begünstigt, daß diese anderen als Feinde wahrgenommen und ausgegrenzt werden, statt sie als gleichberechtigte Partner in den Prozeß des Erlernens anderer Perspektiven einzubeziehen. Jede kulturelle Ausgrenzung einer Perspektive führt zur Akkumulation eines für die Demokratie destruktiven Potentials, das sich im Krisenfall auch politisch und wirtschaftlich entlädt. Umgekehrt kann durch die kulturelle Einbeziehung immer neuer Perspektiven ein für die Demokratie produktives Potential akkumuliert werden, aus dem sich im Krisenfall Varianten auch in der politischen und wirtschaftlichen Kompromißbildung bewähren können.

Medientechnisch betrachtet gab es seit den zwanziger Jahren unseres Jahrhunderts enorme Fortschritte. Die zuvor textsprachlichen Medien (wie Buchdruck und Zeitungen) wurden durch audiovisuelle Medien ergänzt. Diese haben den Vorteil, textsprachliche Kommunikationsniveaus mit mündlich gesprochenen und nonverbalen Kommunikationsniveaus kombinieren zu können. Damit erweitert sich der Adressatenkreis auf alle modernen Alltagskulturen, nicht nur Expertenkulturen. Der symmetrische Perspektivenwechsel wird für ein breites Publikum auch auf nonverbalsymbolischem Wege vollziehbar, ohne ständig explizit in aufwendige Argumentationsprozesse einsteigen zu müssen, die der konzeptionelle Hintergrund des Arrangements bleiben können. Zudem erlauben die neuen Informationstechnologien, räumliche Distanzen zeitlich nahezu zu synchronisieren und Rückkopplungen zwischen allen Teilprozessen einzurichten, so daß sich diese nicht gegeneinander verselbständigen müssen.

Die Schwierigkeiten liegen in der sozial selektiven Nutzung dieser medientechnischen Möglichkeiten, deren sozialer Organisation als »Apparat« (Brecht). Der öffentliche Gebrauch der Medien zum symmetrischen Wechsel zwischen allen möglichen Perspektiven wird gerade dadurch behindert, daß das ökonomische Gewinnprinzip oder das parteizentrierte Modell der Gewaltenteilung auf die soziale Organisation der Medien übertragen wird. Die Übertragung läuft auf eine Verdopplung des ökonomisch und politisch ohnehin Gegebenen hinaus, statt sich von diesem Gegebenen durch seine Verfremdung zu emanzipieren. Die kulturelle Aufmerksamkeit für eine offene Zukunft wird der Aufmerksamkeit für die kommerzielle und die politische Wiederholung der Gegenwart geopfert. Auf diesem Wege degenerieren die potentiell öffentlichen Medien zu Wirtschaftsunternehmen der Werbebranche und zu Propagandaabteilungen der Staaten im Staate, d. h. der Parteien. Ihre kulturelle Aufgabe wird dann nur noch beiläufig erfüllt, soweit dies die Untermalung politischer und wirtschaftlicher Werbung erfordert.

Was ökonomisch gewinn- und politisch macht-trächtig ist, muß kulturell keineswegs sinnvoll sein. Kulturell interessiert, was unserer gebrauchswertmäßigen Bedürftigkeit als einem endlichen Natur- und Gesellschaftswesen angemessen ist. Dies gilt es zu entdecken – durch die öffentliche Konfrontation der ökonomisch und politisch bedingten Teilperspektiven hindurch. Die Sinn-Surrogate, die ökonomische und politische Werbung vermitteln, lassen einen leicht zum Opfer einer umweltzerstörerischen oder krebserzeugenden Warensorte, eines weder nach außen noch innen friedensfähigen Ideologemes werden. Um zwischen den berechtigten und falschen Werbe-Versprechen unterscheiden zu können, braucht der mündige Bürger inmitten der für den einzelnen schwer überschaubaren »Risikogesellschaft«[4] auch die Möglichkeit, stets in der Öffentlichkeit auf die strittigen Ratschläge unabhängiger Experten zurückgreifen zu können. In dem durch die öffentlichen Medien zu organisierenden Austausch zwischen den verschiedensten Alltags- und Expertenkulturen entsteht für jeden die Möglichkeit, kompetent und seinem Lebenssinn entsprechend zu handeln.

Die Kommerzialisierung und parteipolitische Instrumentierung der Medien behindert nicht nur, daß jeder von uns in der Kommunikation mit anderen zu sich selbst kommt. Sie gefährdet auch den modernen wirtschaftlichen und politischen Wettbewerb selber, dessen dauerhafte Sicherung gegen eine monopolistische Auflösung auch ein kulturelles Gegengewicht erfordert. Wer im ökonomischen Wettbewerb einmal gesiegt hat, verfügt über mehr Geld als die anderen und damit bessere Ausgangschancen für die nächste Runde, bis er seine Siegerposition auf Zeit in eine dauerhafte Monopolsituation überführen kann. Ebenso besitzt eine Partei, die einmal im politischen Wettbewerb gewonnen hat, als Mehrheitsrepräsentant bessere Möglichkeiten, im nächsten Wettkampf zu bestehen, bis sie ihre Mehrheitsposition gar zum machtpolitischen Monopol verfestigt. Die Wettbewerbsregeln »Mehrgeld« oder »Mehrheit« sichern nicht davor, daß zeitweilige Wettbewerbssieger eine dauerhafte Monopolsituation aufbauen. Um so wichtiger ist ein wenigstens kulturelles Gegengewicht, das sich an das Prinzip des symmetrischen und damit chancengleichen Perspektivenwechsels hält, unter Einschluß aller früheren oder kommenden Minderheiten bzw. finanziell Schwachen, damit der Wettbewerb erneut beginnen kann.

Aus alldem folgt, daß die Forderung nach einer Selbstverwaltung für Medien, die primär eine kulturelle Aufgabe erfüllen sollten, wohl doch mehr ist als nur der illusionäre Wunsch derer, die noch immer nicht von ihrer »emanzipationskonservativen«[5] Ideologie Abschied genommen haben. Sicher, jedes Sollen enthält etwas von einem normativen Menschenbild und kann insofern auch ideologischen Charakters sein. Wie ideologisch partikulär diese normative Perspektive ist, kann sich aber nicht anders herausstellen als dadurch, daß sie den kommunikativen Wechsel mit anderen Perspektiven eingeht, darin bestätigt oder korrigiert wird. Die Ideologie der Ideologien ist die Blockierung der Kommunikation. Durch das Ausschalten der Übernahme einer Fremdbeobachtung in die Selbstbeobachtung hält man sich selbst für ideologiefrei und beobachtet die anderen als die Ideologen. Das im Kommunikationsprozeß bestehende, insofern entideologisierte, sich nicht mehr für das Zentrum haltende Normativ ist ein Existenzial menschlichen Daseins.[6] Es geht aber nicht nur um eine Therapie der Versorgung der Individuen mit Sinn, angesichts der in modernen Gesellschaften immer wieder aufbrechenden Sinn- und Motivationskrisen.

Das erklärungsbedürftige Mehr am Ende unseres Jahrhunderts sind deskriptiv zugängliche Tatsachen: Es handelt sich um negative, wie die der geführten Kriege gegen unsere eigene und gegen die äußere Natur, und um positive, wie die eines durch öffentliche Medien vermittelten Lernprozesses in Sachen Demokratie und Umweltschutz. Die positive Tatsache des Beginns einer ökologischen und demokratischen Umgestaltung der Industrie- und Monopolgesellschaften wird nicht erklärlich, wenn man von den entsprechenden kommunikativen Lernprozessen abstrahiert. Ebensowenig sind die Kriege gegen Artgenossen und gegen den Erhalt der Evolutionsnische unserer Gattung erklärbar, ohne die kausalen Folgen zu thematisieren, die aus der Blockierung kommunikativer Perspektivenwechsel hervorgehen, d. h. aus der allein geld- und ideologievermittelten Weise der Verhaltenskoordinierung.

Falls diejenigen, die noch immer nur auf die blockierten und asymmetrischen Kommunikationsarten setzen, die Realisten sein sollten, handelt es sich um die Realisten des Untergangs – ein wohl kaum beneidenswerter Realismus. Was diesen Realisten der Selbstdestruktion als der reine Idealismus erscheinen mag, ist nichts weiter als das Ergreifen der realen Möglichkeit von kommunikativen Lernprozessen. – Was denn wäre vorm Abgrund realistischer als dies? – Wir brauchen das kulturelle Gegengewicht der medialen

Kopplung von Alltags- und Expertenkulturen zum schieren Überleben. Dahin ist es mit dem, was vom ökonomistischen und ideologistischen Standpunkt aus als überflüssiger Luxus gilt, gekommen.

Welche Art von Selbstverwaltung brauchen Medien, die den öffentlichen Wechsel zwischen alltags- und experten-kulturellen Perspektiven ermöglichen? Solche Medien soll-ten rechtlich gesprochen als vierte Gewalt konstitutionell anerkannt und damit frei von jeder Unterordnung unter eine der drei klassischen Gewalten sein. Angesichts ihrer kulturellen Aufgabe wäre ihnen ein gemeinnütziger Status mit allen daraus erwachsenden wirtschaftlichen Entlastun-gen angemessen. Ihre Selbstverwaltung schließt einerseits die in Betrieben oder Einrichtungen üblichen Räte zur In-teressenvermittlung der in den Medien hauptamtlich Be-schäftigten ein, andererseits eine Art Kuratorium, das nicht nur aus den kompetentesten Medienspezialisten besteht, sondern auch aus den Repräsentanten derjenigen Alltags- und Expertenkulturen, die nebenamtlich die Rolle der Pro-duzenten und Rezipienten dieser Medien ausüben können. Die operativen Leitungen solcher Medien arbeiten im Rah-men der Grundsatzentscheidungen des Kuratoriums zur Programmgestaltung und unter Berücksichtigung der Kom-promisse im Personalrat. Akzeptiert der Eigentümer diese Grundstruktur rechtsverbindlich, ist es formell zweitrangig, ob es sich um staatliches, genossenschaftliches, privates oder gemischtes Eigentum handelt. Aufgrund der kulturellen Sta-bilisierungsfunktion solcher Medien für die Demokratisie-rung ist der Staat zu einer wirtschaftlichen Förderung ohne inhaltliches Mitspracherecht für solche Medien verpflichtet, die sich nicht aus sich kostendeckend reproduzieren können. Dies ist etwa im Hinblick auf die Förderung der Grundla-genforschung längst üblich.

Um den symmetrischen Perspektivenwechsel verwirkli-chen zu können, gelten die sich historisch entwickelnden Alltags- und Expertenkulturen als gleichrangig. Die im par-lamentarischen Verfahren übliche Mehrheitsregel gilt hier zugunsten von Minderheiten nicht, wodurch der Wertewandel, der zu neuen Mehrheiten führen kann, befördert wird. Was in der Programmgestaltung zählt, sind argumentative und nicht-sprachlich symbolische Möglichkeiten zum Perspektivenwechsel und zur Symmetrisierung der Perspektiven in der Kommunikation. Dies schließt die kritische Darstellung von Reduktionen und Blockierungen möglicher Perspektivenwechsel ein, wo sie auch immer vorkommen mögen. Die Objektivierung, die Subjektivierung und die Universalisierung von Lebens- oder Geltungsansprüchen sind nur in bezug aufeinander und gleichzeitig in der Kommunikation möglich. Lotman begreift Kommunikation als das immer erneute Durchlaufen der Differenz zwischen Kommunikablem und Nichtkommunikablem. Was historisch nicht kommunikabel ist, kann nur in der kommunikativen Differenz zum bereits Kommunikablen erfahren werden.[7]

Die Produktion dieser Differenz kommt der Entdeckung neuer Themen gleich, die bislang im politischen und wirtschaftlichen, aber auch kulturellen Wettbewerb keine Rolle spielen, verdrängt, tabuisiert oder kompensiert werden. Die Entdeckung solcher Themen und die thematische Umorientierung der gesellschaftlichen Kommunikation ist die kulturelle Aufgabe öffentlicher Medien in einer modernen Demokratie.

1   Vgl. Brecht, B.: Schriften zur Literatur und Kunst, Bd. 1, Berlin und Weimar 1966, S. 130–134.
2   Vgl. zur ideologiekritischen Aufgabe von Brechts Radioexperiment: Wöhrle, D.: Bertolt Brechts medienästhetische Versuche, Köln 1988, S. 56 u. 59.
3   Ausführlich Krüger, H.-P.: Kritik der kommunikativen Vernunft, Berlin 1990, (1. u. 5. Kapitel). Vgl. auch kürzer ders.: Zur Differenz zwischen kapitalistischer und moderner Gesellschaft, in: Deutsche Zeitschrift für Philosophie, Berlin 1990, Heft 3; ders.: Moderne Gesellschaft und »Marxismus-Leninismus« schließen sich aus, in: Initial 1990, Heft 2.

4 Vgl. Beck, U.: Risikogesellschaft. Auf dem Weg in eine andere Moderne, Frankfurt (Main) 1986.

5 Luhmann, N.: Autopoiesis als soziologischer Begriff, in: Haferkamp, H./Schmidt, M. (Hrsg.): Sinn, Kommunikation und soziale Differenzierung, Frankfurt (Main) 1987, S. 309.

6 Dies akzeptiert selbst Luhmann, insofern er das Sinn-Phänomen bei sozialen und psychischen Systemen für unvermeidlich hält. Vgl. ders.: Soziale Systeme, Frankfurt (Main) 1984, S. 92ff.

7 Vgl. Lotman, J.: Kunst als Sprache, Leipzig 1981, S. 11ff., 113ff.

Statt eines Schlusses: Später Besuch

(3. November-Woche 1991)

Es klingelt an der Wohnungstür. Ich bin unschlüssig, ob ich öffnen soll. Aber ich kann mich ohnehin nicht auf meine Arbeit konzentrieren. Vor mir steht ein alter Freund. Wir haben uns länger nicht gesehen. Er schaut nicht gut aus, doch wer tut dies heute schon, nach alledem. Ich möchte nicht mich erblicken. Wir ergrauen alle anders. Ihn hat es an den Wimpern erwischt. Und zuwenig Schlaf ließ in seinem linken Auge ein Äderchen platzen. Ich bin mir nicht sicher, ob er mich ansieht. Etwas anderes als Mineralwasser mag er nicht. Ich bin müde und genehmige mir an diesem Abend einen weiteren schwarzen Tee. Ja, auch er hat noch Arbeit und vage Aussichten auf eine neue. Vielleicht erreiche ihn die Entscheidung zum bevorstehenden Weihnachtsfest. Er kommt mir nervös und verstockt vor.

Zur Entspannung rufe ich die Erinnerung an diese alte Freundin und jenen alten Bekannten wach. Mir hätte offenbar etwas Besseres einfallen können. Der ist schon arbeitslos und läßt sich umschulen, vom Intelligenzler oder wie es jetzt heißt: Akademiker zum Vertreter irgendwelcher Versicherungen. Vielleicht scheut er die Stasi-Überprüfung. Sie hat es zeitweilig zu einem Stipendium in den USA gebracht. Danach kein Anspruch auf Arbeitslosengeld. Oder doch? – Das frühere Gefühl will sich nicht einstellen. Wie denn auch? Der gemeinsame Gegner ist verschollen. Das Jahr Eins nach dem Beitritt – das Wort Vereinigung ist fehl am Platze – öffnete mehr als einen Spalt zur Vergangenheit. Eine Medienkampagne hat begonnen, als käme nun nach der materiellen Entwertung des Staats- und Genossenschaftseigentums die symbolische ostdeutscher Leben. Heute, inmitten der Konkurrenz, moralisch mit den moralischen Fehlungen von damals umgehen. Wer wirft den ersten Stein?

Wir sind inzwischen die Vergangenen, mit Haut und Haar. Die früher radikalste Reformvariante, die DDR entlassen aus dem sowjetischen Imperium in eine Art zweites Österreich, ist seit den März-Wahlen 1990 und den Verhandlungen im Kaukasus überholt. Vielleicht sind wir auseinandergedriftet, müssen uns gar gegeneinander profilieren. Nein, ein Zurück gibt es nicht und wollen wir nicht. An die Permanenz der Revolution war für Hineingeborene wie uns schon vor dem polnischen Kriegsrecht nicht mehr zu glauben. Es scheint, auch unter den neuen Verhältnissen nichts weiter als die Mühsal der Permanenz von Reformen übrigzubleiben. Die legt nun jeder etwas anders aus. Na ja, na gut. Wir gewöhnen uns ein.

Haben wir Ostdeutschen es diesmal mit etwas Reformierbarem zu tun? Unsere Hände waren nicht die glücklichsten. Lange auf dem Rücken verschränkt, in den Hosentaschen geballt, fiel plötzlich auseinander, was sie im Herbst 1989 berührten. So mächtig konnten sie doch nicht gewesen sein. Lauter Woody Allens. Können ostdeutsche Hände auch aufbauen? – Wollen wir es hoffen. Ja, es ist fraglich, wo unter ferner liefen sie zum Aufbau überhaupt zugelassen werden. Sie sind schmutzig. Aber wer definiert Schmutz vom Standpunkt welchen Vakuums? Er sagt: Seelen-Cleanen als Vorstufe zum Körper-Klonen. Als wären Bücher wie Bernard Mandevilles „Bienenfabel" zur strukturellen Verwandlung privater Laster in öffentliche Vorteile nie geschrieben worden.

Ja, die Strukturen der Entlastung und Entschuldigung. Ohne Verinnerlichung hätten sie nicht funktioniert. Die alternative Möglichkeit als zulässig in die Strukturen einbauen. Und die Menschen sich kulturell beobachten lassen, um ihnen eine Distanz gegenüber sozialen Regeln zu ermöglichen. Die Gleichsetzung der DDR mit dem Dritten Reich verharmlost dieses und spricht uns Ostdeutsche von zu vielem frei. Eine Generalamnestie für alle diese Armen. Aber der Schmutz bleibt. Warum definieren wir ihn nicht selber? Eiter stechen. Wunden lecken. Ungeschoren davonkommen. Schlammschlacht. Dramaturgisches Handeln vor der Kamera. Gespielte Authentizität. Der Aufstieg der Unbefleckten. Leben umschreiben. Aus dem Fenster springen. Die Prämierung der Untätigen. Und das alte Dilemma: Wer früher nicht vor Bonzen andere denunzieren wollte, denunziert heute nicht vor inzwischen westdeutschen Entscheidungsträgern. Schon wieder der Rückzug in die informelle Diskussion kleiner, voneinander abgeschotteter Kreise. Eine Unzahl von Sondermaßstäben. Die Multiplikation der Welt nach innen, ohne ihre wirksame Pluralisierung im Äußeren. Warum benehmen sich Entscheidungsträger erneut wie Bonzen, oder nehmen wir sie nur so wahr? Die ewig Subalternen hätten es nicht anders verdient.

Dies mag moralisch und in the long run richtig sein, entgegnet er. Aber wenn es stimmt, daß die allermeisten Entscheidungsträger nicht anders können, als die Selbstkritik der Ostdeutschen im Konkurrenzkampf nach westdeutschen Standards zu benützen? Ist es moralisch, die Leute, wenn nicht ans Messer zu liefern, so doch ins offene Messer laufen zu lassen? Wir drehen uns im Kreis realpolitischer Rücksichtnahmen. Wer bisher öffentlich etwas eingestanden hat, wurde häufig ohne genauere Prüfung der historischen Handlungsmöglichkeiten abgeschossen. Stellen freischießen nennt man das, du Indianer, hat mir kürzlich ein westdeutscher Freund gesagt. Eine schnelle politische Scheinlösung, die in endlosen Rechtsverfahren wieder aufbrechen wird, ohne den Betroffenen Ruf und Lebenszeit zurückgeben zu können. War dies in früheren historischen Umbrüchen je anders? Immer kann man sich nicht ändern, weil die damit bekundete Eigenschwäche der wirkliche oder vermeintliche Gegner ausnutzen wird oder zumindest könnte. Sollten wir uns schon wieder – wie damals in der DDR – völlig im geheimen ändern müssen? Ich möchte nicht darauf bauen, daß die Ostdeutschen sich und die Welt auch beim nächsten Male im guten überraschen werden. Es mag eine existentielle Enttäuschung pro Generation noch produktiv zu wenden sein. Aber bereits eine zweite zerreißt oder brüht derart ab, daß mir vor den doppelt Geschlagenen schlecht und bange wird.

Es geht nicht mehr ohne sie. Sie sind die übergroße, die begüterte und die den Ton angebende Mehrheit. Hätten die Westdeutschen kein Vermögen zur Selbstkorrektur ausgebildet, könnten sie auch von den Ostdeutschen nur Anpassung verlangen und erzwingen. Während die meisten Medien noch immer mit dem Abgesang der DDR beschäftigt sind, kommt die Wahrheit der alten Bundesrepublik ans Licht. Alle ihre Ideale und Strukturen stecken in der Bewährungsprobe, die Folgen des Beitritts gestalten zu müssen. Warum sollten sich die Ostdeutschen ausziehen, um von besser gekleideten Leuten zwangsgemustert werden zu können. Wenn die Westdeutschen zugleich unter sich aufräumen würden, könnte sich das Selbstvertrauen der Ostdeutschen in die neuen Strukturen so stark entwickeln, daß sie sich dem Bittersten ihrer Lebensgeschichten und der erschreckendsten Kontinuität ihrer Verhaltensweisen zu stellen vermögen. Vielleicht ergäbe dies dann einen Verstärkungseffekt von West nach Ost und umgekehrt, der uns diesem ungewohnt großen Deutschland ein Stück näherbrächte, als würde es tatsächlich noch unser Land. Träumen wir schon wieder?

Nein, die Bauchflaschen mit dem Frankenwein kenne ich noch nicht. Er hat eine in seiner Tasche vergessen. Vielleicht für den alten Fall eines gemeinsamen Gegners. Der neue, die blauäugigen Versprechen und die in der Eigentumsfrage offenbaren Fehlentscheidungen aus Bonn, machen es den Ostdeutschen leicht. Ich hole den Korkenzieher. Wenigstens ihrem Wein kann man vertrauen. Die Problemlage müßte sich doch auch in die Sprache des Geldes umrechnen lassen, bis dieses ihnen vertrauteste Medium Reformnot signalisiert.

Ja, ich hätte der westdeutschen politischen Klasse weniger Kurzsichtigkeit zugetraut. Die gesamt- und außereuropäischen Bedingungen. Man mag sie für eine Ausrede, Hoffnung oder Bedrohung halten. Sie tangieren die nun einmal in Mitteleuropa – zwischen allen – lebenden Deutschen am meisten. Osteuropa als Lateinamerika. Die nötige Amerikanisierung Westeuropas hat Grenzen. Der potenzielle Ostmarkt lenkt von der eigentlichen Herausforderung Japan ab.

Vielleicht nicht einmal dies: Katastrophe und Massenexodus. Wer wird an der geschlossenen Grenze schießen? Die ökologischen Bumerangs. Das soziale Polster wird schmaler. Wie verkraftet die Mehrheit der Westdeutschen ein Leben ohne realen Zuwachs, gar mit realen Einbußen? Der DM-Nationalismus gilt auf beiden Seiten. Was geschieht, wenn er nicht mehr bzw. auch er nicht funktioniert? Die Mehrheit der Ostdeutschen mag an Mangel-Situationen vorangepaßt sein, aber nicht aus freier Selbstbeschränkung. Was folgt, wenn das heutige Arbeitslosengeld in einigen Jahren nur noch Sozialhilfe wert ist? Da reicht auch die jetzt über uns hereinbrechende Verrechtlichung aller möglichen Beziehungen nicht mehr aus. Ansprüche müssen nicht nur formal einklagbar sein, sondern auch material eingelöst werden können. Kredite und Schulden sind das Zauberwort. Wir Ostdeutschen kennen die Vertagung der Lösungen in die Zukunft als einen ideologischen Mechanismus, dem die Wiederkehr der Vergangenheit zu folgen scheint, just im Moment der Feier, die zum Totenschmaus geriet. Wer einer großen Inflation, die im Ausnahmezustand enden kann, vorbeugen will, muß diese Gefahr nicht herbeireden, aber sie doch zu erkennen geben: freiwillig ein Hamster im Laufrad werden.

Ja, die Gegenüberstellung desorientiert. Die Westdeutschen sind viel differenzierter als wir eben über sie reden. Einige von ihnen können herzhaft lachen, das uns schon wieder vergangen ist. Zuweilen fahre ich nur deshalb nach Westberlin, um mich anstecken zu lassen. Die neuen Wahlverwandtschaften. Wir kennen die Machtspiele unter ihnen zuwenig aus eigener Erfahrung. Ach so, du bist auch in die Rolle des Stellvertreters geraten. Diese festen Bilder. Die unglaublichsten Koalitionen. Die meisten erscheinen als überdifferenziert, noch der kleinsten Distinktion im Selbstlauf einmal etablierten Wettbewerbs hinterherjagend, wir ihnen wohl als unterdifferenzierte Schulanfänger, da unsere Unterschiede unter den alten Verhältnissen nicht mehr zählen, bis auf das nur ausnahmsweise gültige Raster der entweder Täter oder Opfer. Die Täter-Opfer und die Opfer-

Täter und die weder noch. Warum eigentlich nicht die Verfeinerung mit einer innehaltenden Aufmerksamkeit für liberale Grundstrukturen koppeln? – Ja, ich hätte mir auch gewünscht, daß ihre Meinungsmacher weniger parteipolitisch reagierten. Die geschlagenen Schlachten des Kalten Krieges. Recht behalten bis zum Verdruß, statt mit der Überraschung neu anzufangen, damals, als alle noch sagten, dies hätten sie nicht vorausgesehen. Es gibt Geschichte. Bedarf Selbstbewußtsein seiner Schaustellung? Wenn sich dies von selbst versteht, solange die Erschütterung des Selbstverständlichen eben aussteht. Es fällt einem Teil von ihnen doch selbst auf. Wahrscheinlich haben auch sie Ängste, nur andere Techniken, damit umzugehen. Als hätten wir uns an ihr Boot gehangen, und sie wollen uns nicht hineinlassen, da es untergehen könnte. Wir sind jetzt aber darinnen.

Nein, persönlich hatten wir keinen Aufstieg vor uns, oder doch? Ja, in der zweiten Hälfte der 80er Jahre ging es einfach besser. Die Erosion des DDR-Regimes war fortgeschritten. Wir waren nur noch selten als die »revisionistischen« Vertreter ausgrenzbar. Gewiß, unsere Projekte konnten erst auf Sparflamme gekocht werden. Die Dialogpolitik gegenüber dem Westen war in Gang gekommen. Der Generationswechsel in der Wissenschaft stand in den 90er Jahren bevor. Es gab eine offizielle Nachwuchsförderungs-Politik. Und dann ab 1985 das Gorbatschow-Phänomen, die lang erwartete Verunsicherung der Dogmatiker und Ermutigung der Reformer. Im Schnittpunkt dieser drei Politiken mit dem Bonus der Eigenstaatlichkeit ging es uns gut, gemessen an unseren eigenen, nicht westdeutschen Standards. Im Lichte der letzteren gesehen glichen sich unsere Arbeitsbedingungen dem schlechten Durchschnitt an. Du konntest dir sogar einen Trabanten leisten, spotte ich. – Und du dir ein Fahrrad. Wir werden sehen, wieviel wir inzwischen wert sind. Eingruppiert werden wir derzeit wie Westdeutsche des zweiten Bildungswegs, die mir auch schon wie Ostdeutsche vorkamen.

Wir wollten in der DDR schrittweise immer mehr sehen lassen. Als ob uns der Rest objektiv zufallen würde. Die politische Vermittlung zur Opposition scheuten wir inzwischen. Eine listige Perspektive im ungewissen Vertrauen auf die Gunst der Umstände, also nicht listig genug. Wir glaubten uns in der Geschichte stehend, als wären wir in der Schlange der Laufbahn eben die nächsten. Bequemer ging es nicht. Das kleinmütige Geschichtsbild der akademisch schon Vor-Integrierten mit dem I-Tüpfelchen der Kritik. Das reformistische Selbstverständnis der neuen, in Dienstleistung und Kultur auf Kommunikation angewiesenen Angestellten. Wir akkumulierten und dolmetschten die westlichen Diskurse. Ein Beitrag zur ideologischen Abrüstung. Marx wurde mit und gegen Marx ent-missioniert. Von dem stalinistischen Konstrukt »Leninismus« blieb nicht mehr als eine geschichtsideologische Anmaßung von Diktatur zurück, die im Koordinatensystem moderner Evolutionen eine Sackgasse darstellte. Wir bohrten in die brüchigen Festungsmauern der offiziellen Legitimation Fenster um Fenster, bis wir einem Teil unserer westlichen Zeitgenossen zu ähneln begannen. Gleichen konnten wir ihnen ohnehin nicht. Dafür waren Sozialisation und Bildungsweg zu anders, ist es lebensgeschichtlich nun zu spät. Wir gehörten in der DDR wenigstens zu denjenigen, die tatsächlich arbeiteten, statt unter dem Vorwand, die Politik erlaube dies nicht, nur abzuwarten oder gar noch mit den Wölfen zu heulen.

Es gereichte uns zur Ehre, zweimal im Jahr nicht als ein DDR-Vertreter auf Staatskosten, sondern als ein DDR-Fachmann auf westliche Kosten zu einem Vortrag reisen zu dürfen, in den letzten zwei oder drei Jahren der DDR. Eine freundliche Gabe westlicher Kollegen an die Provinz. Eine Chance für die an der Peripherie, im Dazwischen lebenden. Nicht im Zentrum dem mörderischen und modischen, dem überhitzten und überspezialisierten Konkurrenzkampf ausgeliefert sein. Aber doch die Früchte von den Stilblüten oder dem Leerlauf desselben in teilnehmender Beobachtung auf Zeit unterscheiden lernen können. Eben vom Zwang der DDR-Herkunft emanzipiert und noch keinem neuen Schulzwang unterworfen. Die Endphase der DDR bot, in die Fäden der Entspannung verwickelt, überraschende Löcher der Freiheit. Ihre politisch-ideologische Reglementierung funktionierte in der Forschung kaum mehr, die neue des Marktes und des Beamtenstatus noch nicht. Outsider. Grenzgänger im Modernisierungsgefälle.

Wir waren im Niemandsland und staunten, Exoten dort, Verschämte hier. Manchmal trösteten wir uns kulturgeschichtlich. Neues war schon oft von einer gleichsam vormodernen Substanz an Gemeinschaftlichkeit ausgegangen, die aber bereits in die Zentrifugen der Modernisierung geraten sein mußte. Diese Gemeinschaftskultur war einerseits schon ihrer Kommerzialisierung, Bürokratisierung und Entgötterung im Plural der Dirkurse ausgesetzt, andererseits jedoch darin noch nicht zerstäubt worden. In diesem Zugleich des sich Ausschließenden konnte sie schwanger gehen. Ich kam vielleicht nicht zufällig über die schottische Moralphilosophie, die deutsche Klassik und Romantik, die russische Avantgarde in der Gegenwart an. Ja, für dich waren lateinamerikanische Kultur und die des deutschsprachigen Judentums wichtiger. Weißt du noch, wie wir über Wochen Béla Bartók hörten, dem Wahnsinn nahe? Es war unsere Überfahrt nach Amerika, von Pest nach Buda und zurück. Zu den ersten Platten und Kassetten, die ich mir aus dem Westen organisierte, gehörten die von Tom Waits. Ob es wirklich stimmt, daß sich die Moderne wie ein Vampir von außermodernen Kultursubstanzen ernährt? Wann immer die ausgehen, kommen Zitate der Zitate und damit Endzeitstimmungen auf. Osteuropa hätte als Nachtopfer noch eine Chance. Oder gibt es inzwischen längst eine Neuformierung der Kulturen, die bereits durchmodernisiert wurden? Der Schrei nach dem den Menschen im anthropologischen Sinne überhaupt noch Zumutbaren.

Fachlich waren die 80er Jahre für uns eine produktive Zeit, aber politisch um den Preis der Abstinenz vom Opponieren. Wäre Opposition legal vorgesehen gewesen, hätte unser Kleinmut wohl ausgereicht. Nein, ich meine nicht die, die sich heute als die Oppositionellen von damals inszenieren, seinerzeit gedeckt von Westjournalisten und häufig Funktionärskinder, denen im Ernstfalle nicht viel passieren konnte. Ich denke an diejenigen, die ohne doppelten Boden politischen Widerstand geleistet haben, oft um den Preis, ihre fachlichen Kompetenzen nicht weiter ausbilden zu können, und die sich auch heute in keine Öffentlichkeit drängen. Verfolgte und Inhaftierte können unsere Kompromisse moralisch zu Recht verwerfen. Hast du auch diese Rede- und Schreibhemmung? Mit trockener Zunge lispeln, mit nassen Händen in den Computer eintippen, ohne daß auf dem Monitor Sinn entstünde. – Mir ist seit Weihnachten 1989, als bliebe nichts als Scham.

Schweigen. Scham, sagt er, deine alte Achillesferse. Du bist noch auf jede Politik der Beschämung hereingefallen. Scham war schon immer die moralisch luxuriöse Art deiner Existenz. Seine Stimme durchschneidet den Raum. Du strickst seit langem an einer Legende, um vor dir gerade noch bestehen zu können. Erst der kindliche Unschuldsengel mit Begabung. Dann der jugendliche Aufbruch in den Heroismus der illegalen Opposition. Nach dem Scheitern, das du dir letztlich doch nicht verzeihst, der Sündenfall in die Politik des Unpolitischen. Dabei könnte gerade sie dich heute anempfehlen, es doch noch zum deutschen Wissenschaftsbeamten zu bringen. Zur Beruhigung des schlechten Gewissens die Selbsttäuschung, wenigstens gedacht zu haben, was zu tun gewesen wäre, und mindestens zu deuten, wie künftig gehandelt werden sollte. Du wolltest die Kehrseite deines Lebens nie wahr haben. Natürlich hast du im Augenwinkel bemerkt, wie dieses Regime funktioniert: Du hast die unangenehmen Rollen an andere wegdelegiert. In keiner Parteifunktion warst du je zu sehen. Die Demütigung, die Honeckers und Hagers zur Absicherung des Instituts zitieren zu müssen, hast du anderen überlassen. Du hast deine Bestrafung als eine symbolische Distanzierung ohne wirkliche Konsequenz vorzüglich zu nutzen gewußt. Du warst weder einzusetzen noch auszuschließen. Der Schwarze Peter, einen der in der DDR seltenen Fachmenschen behindert, gar zum Dissidenten provoziert zu haben, hätte in jedem Falle bei einem deiner funktionierenden Kollegen gelegen. Wie hast du es uns spüren lassen, daß einem etwas fehlt und unsereins deshalb zur Übernahme von Funktionen neigte. Einfach indem du da warst, freundlich und hilfsbereit, ohne den Kollegen eines Konkurrenzgefühles zu würdigen, ernst nehmend nur die wenigen sich selbst genügenden Autoren in dieser fernen Welt des Geistes da. Wie stark war ich zuweilen versucht, sie dir nach Strich und Faden heimzuzahlen, deine Politik der Beschämung anderer.

Ich kann ihn in den Rauchschwaden unserer Zigaretten nicht mehr erkennnen. Er spricht wie aus einer Quadro-Anlage auf mich ein: Wer denn hat dein Überleben gesichert, daß du Zeit hattest, aus schlechtem Gewissen zu arbeiten? Wer hat über dein befremdliches Verhalten andernorts Rechenschaft ablegen müssen und dich in kritischen Situationen zum Schweigen gebracht? Du wärest aus dir selbst doch nie das geworden, was du bist. Wenigstens einer mußte dir die Dreckarbeit abnehmen, dir die Wünsche von den Augen ablesen. Wenn schon du dich schämen mußt, soll ich mich jetzt aufhängen? – Ich wünsche mir, sein Ausbruch hörte auf, er gewönne die Fassung wieder.

Ihr letzten Gerechten, sagt er. Ihr sauberen Schampresser, die ihr plötzlich nichts mehr von eurem eigenen profanen Schmutz gewußt haben wollt. Ich habe euch aus Angst auf der Toilette sitzen sehen, die ihr heute das verpaßte Martyrium einklagt. Wannimmer ihr eine philosophische, lyrische, dramatische, prosaische, wissenschaftliche, essayistische, musikalische, malerische oder sonstwie den Eros der Welt erschütternde Krise hattet; ihr nicht mehr schreiben, malen, predigen, singen, ins Bett gehen oder anders Geschichte zu machen euch einreden konntet, tratet ihr die Flucht nach vorne ins politische Opponieren an. Ergreife die Gelegenheit, führe mich doch vor. Profiliere dich auf meine Kosten!

Es reicht, rufe ich. Meinst du, daß ich, der ich ihre Schwächen kenne, sie für überirdisch halte? Natürlich weiß ich um den amoralischen Anfang und um das amoralische Ende der Moralisierung von allem. Die heutige Vermarktung und Instrumentierung der Oppositionellen von damals sagt etwas über die neuen Verhältnisse aus. Und kommt nicht trotzdem die Kraft eines Beispieles herüber, anders gehandelt haben zu können? Ja, wie sollen sie denn jetzt überleben? Die dies mit sich geschehen lassen, profanisieren sich. Dies sagt uns Mutlosen, daß es noch immer besser sein wird, die Heldenrolle, wannimmer sie historisch nötig ist, wenigstens zeitweilig zu übernehmen als gar nicht. Ja, daß dies ganz normale Menschen wie du und ich überhaupt können. Sie sind ebenso profan, haben aber wenigstens einmal nicht versagt.

Hast du wirklich nie stillschweigend mitgespielt, fragt er mich, es nie geahnt und benützt: Ich war dein Informant. Du warst mein Verderben, fügt er kurz darauf hinzu. Ich verfluche die Stunde, in der wir nach Kinderferien und Studienzeit wieder einander begegnet sind. Seit diesem Tage ließen sie mich nicht mehr los.

Die Stasi-Verhöre sind wieder da. Ich trete neben meinen Körper, der unerträglich reagiert. So also sehen Machttechniker aus. Ich stehe vor ihnen, als hätte ich einen Gummi-Anzug an, ohne das kleinste Luftloch. Der eine hat Knopfaugen, die röntgen. Er könnte bei anderer Gelegenheit zu einer geselligen Klatschtante werden, die plötzlich messerscharf kombiniert und dich schachmatt setzt, nicht ohne Schadenfreude. Jetzt nur keine Panik. Ich muß spielen. Der andere ist schon in jungen Jahren feist. Er führt aus, greift nicht von sich aus an. Ohne Befehl ginge er nicht über Leichen. Er sieht nach Kaffee und Kartoffelsalat aus. Tief, langanhaltend und mehrfach durchatmen. Entspanne dich. Aber unauffällig. Vielleicht war der dritte und wohl ranghöchste wirklich ein antifaschistischer Widerstandskämpfer. Er hat das Verständnis eines gestrengen Vaters für die Kinderkrankheiten der kommunistischen Jugend. Falls sie nicht selbstkritisch lernt, muß sie gesäubert werden. Es ist nur Lampenfieber. Sie schlagen nicht, sie spielen Ängste durch. Ich bin ein schlechter Schachspieler. Ja, die Rolle kommt. Ich bin eine historische Figur. Ja, das Stichwort. Die Geschichte ist auf meiner Seite. Was verstehen die denn von Marx. Die Freunde halten dicht. Der Angstschweiß bricht aus den Innenseiten meiner Hände und Füße hervor. Ich sage ihnen die historische Wahrheit über die Schicksale des Sozialismus. Sie schreien, die Fragen hier stellten sie. Ich liebe mich. Ja, ich muß mich jetzt lieben. Ich stehe bis zum Hals in meinem Schweiß. Gewiß, sie riechen es. Ich rieche es. Die Büchertransporte. Die geheimen Manuskript-Deponien. Die Codes. Mein schlechtes und aufgeregtes Gedächtnis. Die Tarnnamen, die ich bestimmt wieder verwechsele. Warum wir denn ausgerechnet für die polnische Opposition Geld sammelten. Der das Verhör führt, nickt einen Minotaurus zur Tür hinaus. Es reiche fürs Gefängnis. Spurensicherungen, Fotos. Wieviel Jahre ich denn wolle. Nehmen Sie doch Platz.

Nein, der Verräter kann doch nicht er gewesen sein. Er gehörte nicht zu unserer Gruppe. Der uns alles eingebrockt hat, den hatten wir damals durch eine Rekonstruktion der Verhöre ermittelt. Er ist gut im Westen untergekrochen, jedenfalls geht es ihm besser als uns. Ich zünde mir eine Zigarette an. Seit wann, frage ich ihn. Von 1977 bis 1983. Also danach. Ja, danach. Mir fällt ein Stein vom Herzen. Hatten sie dich erst 1977 angeworben? Nein, 1973 als 19jährigen Studenten im ersten Jahr. Damals hatte ich noch die Kraft, nein zu sagen. Und warum 1977 nicht mehr? Ich hatte bei den Unterschriftenaktionen für Biermann Ende 1976 geholfen. Dies sollte mindestens die Beendigung meines Studiums bedeuten, eventuell Verhaftung. Lache nicht. Sie gaben zu verstehen, für Reformen zu sein. Das System sei auch in ihren Augen, denen eines Teils der Stasioffiziere, dysfunktional. Es fehlten Mechanismen der Konfliktlösung. Die Partei- und staatlichen Apparaturen seien zu ängstlich, Reformen einzuführen, weshalb ein Problemstau entstehe, der bei ihnen lande, ohne daß sie die richtige Adresse wären. Sie hätten die falschen, zu subjektiven oder einfach inkompetenten Informanten, woraus ständig Fehleinschätzungen entstünden. Ich solle ihnen helfen, die noch mit Reformen des Sozialismus verträglichen Kritiken von anderen zu unterscheiden. Damit aus ihrer Sicht kein Rückfall einträte, sollte ich dich positiv beeinflussen. Du warst nach eurem Hausarrest mit Publikations- und Lehrverbot, insgesamt fünfjähriger »Bewährungszeit«, gut weggekommen. Sie wollten damals keine weiteren Skandale. In Jena oder auch einige Jahre früher in Berlin hättet ihr alt ausgesehen.

War es denn schwer, frage ich. Du hast keinen Grund, dich darüber lustig zu machen, antwortet er. Nein, es war nicht schwer, da du nur selten Anwandlungen hattest, in die Opposition zurückkehren zu wollen. Ich habe entsprechend distanziert über deine Besserungen berichtet. Es ging vor allem um ein Management deiner Stellenwechsel, bis sie einsahen, daß man dich am besten in Ruhe läßt, da du dich am wirkungsvollsten selbst beschäftigst. Ein junger Intelligenzler in der ewigen Ausbildung seines Selbst. Es gibt an sich nichts Ungefährlicheres, käme nicht zuweilen eine ungünstige Kombination von Umständen zustande, der es vorzubeugen galt. Pünktlich nach 5 Jahren sollte deine Quarantäne beendet, solltest du bis auf Stichproben wieder deinem Schicksal überlassen werden. Ausgerechnet damals wolltest du in die Kirchenopposition. Die Stasi war an deiner Ambition, von der sie zu meiner Rüge auf anderem Wege erfahren hatte, interessiert. Es wäre unser Tod geworden. Ich mußte ihn verhindern. Wir säßen uns heute wie die in den Zeitungen vorgeführten Täter und Opfer gegenüber. Ich kappte Kontakte von dir, streute einmalig ein dich diskreditierendes Gerücht aus, stachelte deine Angstneurose und deinen fachlichen Ehrgeiz an. Ich konnte nicht mehr. Beklage dich nicht. Es mag sein, du wärest in der Dynamik der Gruppe ein Held geworden, aber um welchen Preis meiner- und deinerseits. Ich mußte dich in dein schlechtes Gewissen umleiten. Du hättest die totale Observierung, dann Zersetzung und Inhaftierung nicht überstanden. Es war deine geheimste, von dir selbst und vor dir selbst verborgene Intention. Ich war nur der Ausführende eines stillschweigenden Einverständnisses.

Er mußte lange gesprochen haben. An weiteres kann ich mich nicht erinnern. Plötzlich war er verschwunden, und mir schien, als wären wir wieder die Kinder auf der Dorfstraße. Es sind Ferien im märkischen Sand. Goldschopf neben Goldschopf. Wie gewöhnlich streiten wir uns. Zuerst darüber, was wir denn spielen. Sodann, wer welchen Part übernimmt. Geht es endlich los, wechseln wir bald die Rollen. Jetzt bin ich der Patient, und du bist der Arzt. Oder einer schlägt Änderungen des Reglements vor, die der andere skeptisch prüft. Der Kommissar darf einbrechen, und der Mörder darf Uniform tragen. Wird trotz der Annahme des Vorschlags eine Niederlage unvermeidlich, gleiten wir unmerklich in ein nächstes Spiel hinüber, um nicht den Triumpf, aber doch seine Auskostung dem anderen zu ersparen.

Irgendwann muß es ernst geworden sein. Ein Spiel unter Ausschluß aller anderen. Ein Reglement ohne Veränderungen. Eine Besetzung, die alle Falten festgelegt hat. Das Äderchen im Auge. Der Blick, der nicht mehr ansehen kann. Er wird aus Berlin weggehen, um neu anzufangen. Ich öffne die Fenster. Nein, er kommt nicht wieder. Es herrscht Zugluft. Ich schließe die Wohnungstür.

Drucknachweise

Das strukturelle Rätsel »DDR« und die protestantische Mentalität der ostdeutschen Mehrheit, in: Wolf Lepenies (Hrsg.) Wissenschaftskolleg zu Berlin. Jahrbuch 1990/91, Berlin 1992, S. 265–293 (Auszugsweiser Vorabdruck des 1. Teils: *Eine Krake im Kampf mit sich selbst*, in: Frankfurter Allgemeine Zeitung, 13. 6. 91, S. 35; auszugsweiser Vorabdruck des 2. und 3. Teils: *Die protestantische Mentalität der Ostdeutschen*, in: Frankfurter Rundschau, 25. 4. 92, S. ZB 3. *Die protestantische Mentalität der ostdeutschen Mehrheit. Zum großen historischen Kompromiß der kleinen DDR und ihres Beitritts*, in: Weimarer Beiträge, Wien, H. 3/1992)

Ohne Versöhnung handeln, nur nicht leben. Zur Diskussion um DDR-Intellektuelle, Vortrag im Gesprächskreis von Christa Wolf an der Akademie der Künste zu Berlin am 8. 10. 91, in: Sinn und Form, Berlin, H. 1/1992, S. 40–50 (Auszugsweiser Vorabdruck: *Im Widerspruch mit sich selbst. Zur Lebenssituation in der DDR*, in: Der Tagesspiegel, 25. 1. 92, S. 15)

Rückblick auf die DDR-Philosophie der 70er und 80er Jahre, in: Jauß, H. R./Mittelstraß, J. (Hrsg.): Geisteswissenschaften in der DDR. Eine erste Bilanz, München 1992 (Auszugsweiser Vorabdruck: *Rückblick auf die DDR-Philosophie. Ostberlin in den 70er und 80er Jahren*, in: Frankfurter Rundschau, 23. 2. 1991, S. ZB 3)

Galilei als »Held« und als »gesellschaftliches Individuum«, Vortrag auf den Internationalen Brecht-Tagen in Berlin/Ost im Februar 1985, in: Brecht-Zentrum der DDR (Hrsg.): Brecht 85. Zur Ästhetik Brechts, Berlin 1986, S. 235–243, 412f.

»Postmodernes« beim jungen Brecht?, in: Wolfgang Heise (Hrsg.): Brecht 88. Anregungen zum Dialog über die Vernunft am Jahrtausendende, Berlin 1987, S. 147–170, 338–341

Brechts Dialektik-Konzept in »Me-ti«, Vortrag auf den Internationalen Brecht-Tagen in Berlin/Ost im Februar 1983, in: Brecht-Zentrum der DDR (Hrsg.): Brecht 83. Brecht und Marxismus, Berlin 1983, S. 203–211, 381f.

Produktion und Kommunikation oder Marx und Habermas, Auszug aus der Einleitung in die Habilitationsschrift *Kritik der kommunikativen Vernunft* Berlin 1986, in: Sinn und Form, Berlin, H. 6/1989, S. 1183–1191

Moderne Gesellschaft und »Marxismus-Leninismus« schließen einander aus, Vortrag auf dem Forum junger Philosophen in Berlin/Ost am 2. 12. 89, in: Initial, Berlin, H. 2/1990, S. 149–154

Postmoderne als das kleinere Übel. Kritik und Affirmation in Lyotards „Widerstreit", geschrieben und von den „Weimarer Beiträgen" abgelehnt 1988, in: Deutsche Zeitschrift für Philosophie, Berlin, H. 7/1990, S. 609–628

Zur kulturellen Aufgabe öffentlicher Medien in einer modernen Demokratie, Vortrag auf den Internationalen Brecht-Tagen in Berlin/Ost im Februar 1990, in: Gellert, I./Wallburg, B., (Hrsg.): Brecht 90. Schwierigkeiten mit der Kommunikation? Kulturtheoretische Aspekte der Brechtschen Medienprogrammatik, Berlin 1991, S. 37–43, 235

A*t*V Texte zur Zeit

Band 8

Lew S. Klejn
Verkehrte Welt
In Breshnews Lagern

Essays

Aus dem Russischen von
Bernd Funck

Deutsche Erstveröffentlichung

176 Seiten
13,80 DM
ISBN 3-7466-0009-X

Lew Klejns Verhaftung im Jahre 1981 war
vom KGB inszeniert. Wegen Homosexuali-
tät angklagt, verbrachte der Leningrader
Archäologe fast zwei Jahre in Gefängnis
und Lager. Diese zweite Welt des stalinistischen Systems ist streng geteilt: Im äußeren
Kreis herrschen die Bewacher, im inneren
fristen die Häftlinge ihr Dasein nach den
Gesetzen des Ganovenehrenkodex.
Klejns fesselndes Psychogramm dieser Kasten-
ordnung weitet sich zur aufregenden
Analyse der Justiz und des Strafvollzugs in
der späten Breshnew-Zeit.

A*t*V Texte zur Zeit

Band 16

Gerhard Zwerenz
Der Widerspruch

Autobiograhischer Bericht

Erstmals als Taschenbuch

349 Seiten
16,80 DM
ISBN 3-7466-0017-0

Im Jahre 1974 schreibt der Leipziger
Schriftsteller Gerhard Zwerenz in Frankfurt
am Main: „In der BRD hätte der Arbeiter
Zwerenz weder studieren noch Schriftsteller
werden können. Beides gestattete ihm die
DDR, und diese Erfahrungen gehören zu
dem Fundus, den die späteren Konflikte
nicht zerstörten. Das Grundsätzliche im
Sozialismus, das auch unter Stalin nicht er-
starb, schafft Gemeinsamkeiten ... Es gehört
zur Bewältigung der stalinistischen Vergangenheit, die Kritiker sozialistischer Selbstent-
fremdung als das zu nehmen, was sie sind:
Analytiker von Zuständen, die sozialistisch
firmieren, aber ungerechter und ungerecht-
fertigter Massenterror waren."

A*t*V Texte zur Zeit

Band 29

Gisela Kraft
West-östliche Couch.
Zweierlei Leidensweisen
der Deutschen
Noten und Abhandlungen im Herbst 1990
Originalausgabe

147 Seiten
9,80 DM
ISBN 3-7466-0032-4

„Sodann gab es eine Revolution, jawohl, eine
deutsche, siegreich sogar. Denn nicht nur
hatte die greise Linke nicht mehr gewußt,
was die Rechte tut, sondern auch nicht bemerkt, daß sie selbst die Rechte geworden
war, und sich in Erz gehauen. Da schlug
ihre Stunde. Kurz darauf schlug dein Volk
wieder um. Es setzte für den bestimmten
Artikel den unbestimmten, der zugleich ein
Zahlwort ist."
Gisela Kraft, 1984 von Berlin (West) nach
Berlin (DDR) übergesiedelt, beschreibt mit
ihren besonderen Erfahrungen die Schwierigkeiten künftigen Zusammenlebens der
Menschen ehemals zweier Staaten.

A*t*V Texte zur Zeit

Band 42

Jan S. Skorupski
... um die Polen
zu verstehen

Meine Gespräche mit Andrzej Szczypiorski,
Andrzej Wajda, Izabella Cywińska, Lech
Wałęsa, Waldemar Fydrych, Wojciech
Jaruzelski, Jan Twarowski, Jerzy Urban

Aus dem Polnischen von Ingrid Buhl,
Joanna Diduszko, Sigrid Moser,
Siegfried Schmidt, Andrzej Szynka

Deutsche Erstveröffentlichung

238 Seiten
Mit 8 Schwarzweißfotos
16,80 DM
ISBN 3-7466-0045-6

Positionen und Befindlichkeiten seiner
Landsleute am Vorabend einer möglichen
Neuordnung Europas veanlaßten den polnischen Aventuristen Skorupski, Gespräche
mit prominenten Politikern, Intellektuellen
und Künstlern zu führen. Sie äußern sich
(selbst-) kritisch und skeptisch zur Geschichte
und Gegenwart, blicken aber auch hoff-
nungsvoll in die Zukunft ihres Volkes, die
angesichts der deutschen Vereinigung und
des Umbruchs in der Sowjetunion besonderes
Gewicht erlangt.

A*t*V **Texte zur Zeit**

Band 52

Christa Luft
Zwischen WEnde und Ende

Eindrücke, Erlebnisse, Erfahrungen eines
Mitgliedes der Modrow-Regierung

Originalausgabe

254 Seiten
19,80 DM
ISBN 3-7466-0055-3

121 Tage lang war Christa Luft, Professorin
für Außenwirtschaft, als stellvertretende
Chefin der Interimsregierung unter Hans
Modrow im Amt. Plötzlich stand sie im
Licht der Fernsehkameras, verhandelte mit
hohen und höchsten Chargen in Wirschaft
und Politik, als hätte sie dies schon immer
getan, und versuchte unter schwierigsten
Bedingungen, ein wirschaftliches Reform-
konzept ins Leben zu rufen. Hier sagt sie,
was sie damals empfand und was sie heute
denkt, blickt hinter die Kulissen und zeichnet ein anschauliches Bild von dieser historisch kurzen Zeit, die, nach ihren eigenen
Worten, die größte Herausforderung ihres
Lebens war.

A*t*V Dokument und Essay

Band 56

Kahlschlag
Das 11. Plenum des ZK
der SED 1965

Studien und Dokumente

Herausgegeben von Günter Agde

Originalausgabe

Mit 27 Fotos
400 Seiten
24,80 DM
ISBN 3-7466-0061-8

Die scharfe Abrechnung mit kritischen Künstlern auf dem 11. Plenum der SED 1965 beendete die tendenzielle Demokratisierung und innenpolitische Öffnung nach dem Bau der Mauer. Die äußere Bilanz: 12 verbotene Filme des DEFA-Jahrgangs 1965, Abbruch weiterer Projekte, Restriktionen im Fernsehen, in Literatur und bildender Kunst, Absetzung von Theaterinszenierungen, Auflösung von Beatgruppen. Die DDR wurde „ein sauberer Staat" (Erich Honecker).

AtV Dokument und Essay

Band 78

Militärische und zivile Mentalität

Ein literaturkritischer Report

Herausgegeben von Ursula Heukenkamp

Originalausgabe

320 Seiten
22,80 DM
ISBN 3-7466-0086-3

Kriege sind untauglich zur Lösung von Konflikten. Dennoch werden immer neue entfacht. Schriftsteller haben zum einen Sinne und Gefühle für die Bedrohung der Zivilisation durch militärische Auseinandersetzung geschärft, Völkerhaß, Gewalt und Zerstörung angeprangert und Friedensutopien wachgehalten. Zum anderen haben sie aus Patriotismus die „Sprache des Schwertes" propagiert, Leiden und Tod heroisiert. Literaturwissenschaftler aus Ost und West interpretieren kultursoziologische wie ästhetische Phänomene exemplarischer Werke.

AtV Dokument und Essay

Band 46

Tohuwabohu
Chaos und Schöpfung im
Spiegel der Wissenschaft

Essays

Herausgegeben von Klaus Meier und
Karl-Heinz Strech

Originalausgabe

309 Seiten
Mit Abbildungen und
Tabellen
21,80 DM
ISBN 3-7466-0049-9

„Tohu wabohu" – die Erde war wüst und
leer – das Chaos vor der göttlichen Schöp-
fung. Heute steht dieser Begriff weniger für
die Leere als für das Dickicht moderner Lebenswelt. Forschungen zu Chaos, Komplexität und Selbstorganisation haben in den
lichen Weltbild eingeleitet. Autoren verschiedener Disziplinen beschreiben Faszination
und Konsequenzen dieses neuen Forschungs-
ansatzes. Sie vermitteln Einblicke in Strukturen und Gestaltungsmuster von Natur
und Gesellschaft und thematisieren Chancen
für die individuelle Entfaltung und Verantwortung.